:: 中華文化促進會主持編纂

:: 國家"十一五"~"十四五"重點圖書出版規劃項目

:: 中國社會科學院哲學社會科學創新工程學術出版資助項目

出品人 王石 段先念

今注本二十四史

舊五代史

宋 薛居正等 撰

陳智超 紀雪娟 主持校注

中國社會科學出版社

七

唐書 【三】

舊五代史　卷四一

唐書十七

明宗紀第七

　　長興元年春正月丙寅朔，帝御明堂殿受朝賀，仗衛如常儀。[1]乙亥，國子監請以監學生束脩及光學錢備監中修葺公用，[2]從之。丙子，帝謂宰臣曰："時雪未降，如何？"馮道曰：[3]"陛下恭行儉德，憂及烝民，上合天心，必有春澤。"是夜降雪。其夕，右散騎常侍蕭希甫封狀申樞密，[4]稱得河堰衙官狀，告本都將校二十餘人欲謀不軌，至旦追問無狀，斬所告人。是日，幸至德宮。[5]辛卯，中書奏，[6]郊天有日，合差大內留守。詔以宣徽南院使朱弘昭充。[7]

　　[1]長興：後唐明宗李嗣源年號（930—933）。　明堂殿：宮殿名。位於今河南洛陽市。　國子監：官署名。掌邦國儒學訓導之政令。

　　[2]國子監請以監學生束脩及光學錢備監中修葺公用：《輯本

舊史》之影庫本粘籤："光學錢，原本作'充學'，今從《册府元龜》《五代會要》改正。"詳見《會要》卷一六國子監條天成五年（即長興元年，二月改元，930）正月五日（庚午）記事，《宋本册府》卷六二○《卿監部·舉職門》崔協條作："長興元年春，國子監又請以學生束脩及光學錢備監屯修茸公使。從之。"《輯本舊史》卷五八《崔協傳》載："朝廷以國庠事重，命協兼判祭酒事。"

[3]馮道：人名。瀛州景城（今河北滄縣）人。五代時官拜宰相，歷仕後唐、後晉、後漢、後周，亦曾臣服於契丹。傳見本書卷一二六、《新五代史》卷五四。

[4]右散騎常侍：官名。中書省屬官。掌侍奉規諷，備顧問應對。正三品下。　蕭希甫：人名。宋州（今河南商丘市睢陽區）人。後梁、後唐官員。傳見本書卷七一、《新五代史》卷二八。樞密：官名。樞密院長官，五代時以士人爲之，備顧問，參謀議，出納詔奏，權侔宰相。參見李全德《唐宋變革期樞密院研究》，國家圖書館出版社 2009 年版。

[5]至德宮：宮殿名。位於今河南洛陽市。

[6]中書：官署名。"中書門下"的簡稱。唐代以來爲宰相處理政務的機構。參見劉後濱《唐代中書門下體制研究——公文形態·政務運行與制度變遷》，齊魯書社 2004 年版。

[7]宣徽南院使：官名。唐始置。宣徽南院的長官。初用宦官，五代以後改用士人。與宣徽北院使通掌内諸司及三班内侍之名籍，郊祀、朝會、宴享供帳之儀，檢視内外進奉名物。參見王永平《論唐代宣徽使》，《中國史研究》1995 年第 1 期；王孫盈政《再論唐代的宣徽使》，《中華文史論叢》2018 年第 3 期。　朱弘昭：人名。太原（今山西太原市）人。後唐明宗朝樞密使、宰相。傳見本書卷六六、《新五代史》卷二七。

二月戊戌，幸稻田莊。[1]己亥，黑水國主兀兒遣使貢方物。[2]翰林學士劉昫奏："新學士入院，舊試五題，請今後停試詩賦，祇試麻制、答蕃書、批答共三道。仍請內賜題目，定字數，付本院召試。"從之。[3]有司奏："皇帝致齋於明堂，[4]按舊服通天冠、絳紗袍，文武五品已上著袴褶，近例祇著朝服。"從之。乙巳，中書奏："皇帝朝獻太微宮、太廟，[5]祭天地於圜丘，準禮例親王爲亞獻行事，受誓戒。"從之。以天雄軍節度使石敬瑭爲御營使。[6]壬子，帝宿齋於明堂殿。癸丑，朝獻太微宮。是日，宿齋於太廟，詰旦請行饗禮。甲寅，赴南郊齋宮。是夜微雨，三鼓後晴明如晝。乙卯，祀昊天上帝於圜丘，柴燎禮畢，郊宮受賀。是日，御五鳳樓，[7]宣制：改天成五年爲長興元年，[8]大赦天下，除十惡五逆、放火劫舍、屠牛、官典犯贓、僞行印信、合造毒藥外，罪無輕重，咸赦除之。天成四年終諸道所欠殘稅及場院欠折，並特放免。群臣職位帶平章事、侍中、中書令，並與改鄉名里號。朝臣及蕃侯郡守亡父母，及父母在并妻室未沾恩命者，並與恩澤。應私債出利已經倍者，祇許徵本，已經兩倍者，本利並放。河陽管內人户，每畝舊徵橋道錢五文，今後不徵。諸道州府每畝先徵麴錢五文，今特放二文云。商州吏民以刺史郭知瓊善政聞，詔褒之。

[1]稻田莊：地名。位於今河南洛陽市。

[2]黑水國：部族名。即黑水靺鞨。隋、唐時靺鞨七大部之一，居於今黑龍江中下游。傳見本書卷一三八、《新五代史》卷七四。

兀兒：人名。黑水靺鞨某部首領。漢籍中有時以此爲部名。後唐同光二年（924）、長興元年（930）遣使或親自來朝。事見《新五代史》卷七四。

[3]翰林學士：官名。由南北朝始設之學士發展而來，唐玄宗改翰林供奉爲翰林學士，備顧問、代王言。掌拜免將相、號令征伐等詔令的起草。　劉昫：人名。涿州歸義縣（今河北容城縣）人。五代大臣，曾任宰相、監修國史，領銜撰進《舊唐書》。傳見本書卷八九、《新五代史》卷五五。　"翰林學士劉昫奏"至"從之"：《舊五代史考異》："案《五代會要》載劉昫原奏云：'舊例，學士入院，除中書舍人不試，餘官皆先試麻制、答蕃、批答各一道，詩賦各一道，號曰五題，並于當日呈納。從前每遇召試，多預出五題，潛令宿搆，其無黨援者，即日起草，罕能成功。今請權停詩賦，祇試三道，仍內賜題，兼定字數。'從之。"見《會要》卷一三翰林院條長興元年二月載劉昫奏。其中，"答蕃"，中華書局本有校勘記："'答'，原作'各'，據《五代會要》卷一三改。"《會要》作"祇試麻制答共三道"。

[4]明堂：用於布政、祭祀的禮制建築。位於今河南洛陽市。

[5]太微宮：宮觀名。唐朝尊老子爲祖，建玄元廟奉祀。天寶二年（743）改西京玄元廟爲太清宮，東京爲太微宮，天下諸郡爲紫極宮，又改譙郡紫極宮爲太清宮。　太廟：帝王的祖廟。用以供奉、祭祀皇帝先祖。

[6]天雄軍：方鎮名。治所在魏州（今河北大名縣）。　節度使：官名。唐時在重要地區所設掌握一州或數州軍事、民事、財政的長官。　石敬瑭：人名。沙陀部人。五代後唐將領、後晉開國皇帝。紀見本書卷七五至八〇、《新五代史》卷八。　御營使：官名。五代皇帝多親自率兵征戰，故設御營使負責行營守衛，多由親信將領、寵臣充任。

[7]五鳳樓：樓名。唐始建，後梁太祖朱溫重修。位於今河南洛陽市。

[8]改天成五年爲長興元年：《輯本舊史》之影庫本粘籤："長

興元年，原本脱‘年’字，今據文增入。”見明本《册府》卷九三《帝王部·赦宥門一二》所載長興元年二月乙卯制，此爲書證，不需據文增入。

三月丁卯，幸會節園，遂幸河南府。[1]靈武奏，[2]殺戮蕃賊二千人。壬申，鳳翔節度使李從曘進封岐國公，移鎮汴州。[3]甲戌，延州節度使高允韜移鎮邢州。[4]丙子，以宣徽使朱弘昭爲鳳翔節度使；潞州節度使朱漢賓加檢校太傅，移鎮晉州；徐州節度使房知温移鎮鄆州；鄆州節度使王晏球移鎮青州。[5]宰臣馮道率百僚拜表，請上尊號曰聖明神武文德恭孝皇帝，詔報不允。壬午，許州節度使孔循移鎮滄州、陝州節度使張延朗移鎮許州，加檢校太傅；滄州節度使張虔釗移鎮徐州，加檢校太保。[6]癸未，詔貶右散騎常侍、集賢殿學士、判院事蕭希甫爲嵐州司户參軍，[7]仍馳驛發遣，坐誣告之罪也。宰臣馮道等再請上尊號，詔允之。丙戌，以侍衛親軍馬步軍都指揮使、河陽節度使康義誠爲襄州節度使、檢校太傅，以左武衛上將軍劉彦琮爲陝州節度使、檢校太保。[8]庚寅，制淑妃曹氏可立爲皇后，仍令擇日册命。[9]

[1]會節園：園林名。位於今河南洛陽市。　河南府：府名。治所在今河南洛陽市。

[2]靈武：方鎮名。治所在今寧夏吴忠市。

[3]鳳翔：方鎮名。治所在鳳翔府（今陝西鳳翔縣）。　李從曘：人名。深州博野（今河北蠡縣）人。李茂貞之子，後晉時封秦王。傳見本書卷一三二。　汴州：州名。治所在今河南開封市。

鳳翔節度使李從曖進封岐國公，移鎮汴州：《輯本舊史》之影庫本粘籤："李從曖移鎮汴州，據《通鑑》云：從曖因入朝陪祀，徙爲宣武節度使。《薛史》未及詳載，今附識于此。"《通鑑》卷二七七長興元年（930）三月壬申條載："鳳翔節度使兼中書令李從曖入朝陪祀，三月，壬申，制徙從曖爲宣武節度使。"

[4] 延州：州名。治所在今陝西延安市。　高允韜：人名。延州（今陝西延安市）人。五代將領。高萬興之子。傳見本書卷一三二。　邢州：州名。治所在今河北邢臺市。

[5] 宣徽使：官名。唐始置。宣徽南院使、北院使通稱宣徽使。初用宦官，五代以後改用士人。通掌内諸司及三班内侍之名籍，郊祀、朝會、宴享供帳之儀，檢視内外進奉名物。詳見王永平《論唐代宣徽使》，《中國史研究》1995 年第 1 期；王孫盈政《再論唐代的宣徽使》，《中華文史論叢》2018 年第 3 期。　潞州：州名。治所在今山西長治市。　朱漢賓：人名。亳州譙縣（今安徽亳州市）人。五代後梁、後唐將領。傳見本書卷六四、《新五代史》卷四五。　檢校太傅：官名。爲散官或加官，以示恩寵，無實際執掌。　潞州節度使朱漢賓加檢校太傅：中華書局本有校勘記："'潞州節度使'五字原闕，據殿本、孔本補。"　晋州：州名。治所在今山西臨汾市。　徐州：州名。治所在今江蘇徐州市。　房知温：人名。兗州瑕丘（今山東濟寧市兗州區）人。五代後唐將領。傳見本書卷九一、《新五代史》卷四六。　鄆州：州名。治所在今山東東平縣。　王晏球：人名。洛陽（今河南洛陽市）人。五代將領。傳見本書卷六四、《新五代史》卷四六。　青州：州名。治所在今山東青州市。

[6] 許州：州名。治所在今河南許昌市。　孔循：人名。籍貫不詳。五代後梁、後唐大臣。傳見《新五代史》卷四三。　滄州：州名。治所在今河北滄縣舊州鎮。　陝州：州名。治所在今河南三門峽市陝州區。　張延朗：人名。汴州（今河南開封市）人。五代後唐大臣，歷任三司使、宰相。傳見本書卷六九、《新五代史》卷

二六。　張虔釗：人名。遼州（今山西左權縣）人。後唐、後蜀將領。傳見本書卷七四。　檢校太保：官名。爲散官或加官，以示恩寵，無實際執掌。

[7]集賢殿學士：官名。唐中葉置，位在集賢殿大學士之下。掌修書之事。　嵐州：州名。治所在今山西嵐縣。　司户參軍：官名。即"司户參軍事"，簡稱"司户"。州級政府僚佐。掌本州屬縣之户籍、賦稅、倉庫受納等事。上州從七品下，中州正八品下，下州從八品下。

[8]都指揮使：官名。此處指宣武軍都指揮使。唐末、五代藩鎮皆置都指揮使、指揮使，爲統兵將領。　河陽：方鎮名。全稱"河陽三城"。治所在孟州（今河南孟州市）。　康義誠：人名。沙陀部人。五代後唐將領。傳見本書卷六六、《新五代史》卷二七。　襄州：州名。治所在今湖北襄陽市。　左武衛上將軍：官名。唐置，掌宮禁宿衛。唐代置十六衛，即左右衛、左右驍衛、左右武衛、左右威衛、左右領軍衛、左右金吾衛、左右監門衛、左右千牛衛，各置上將軍，從二品；大將軍，正三品；將軍，從三品。　劉彥琮：人名。雲中（今山西大同市）人。後唐將領。傳見本書卷六一。

[9]曹氏：即後唐明宗皇后曹氏。籍貫不詳。死後追册"和武顯皇后"，一作"和武憲皇后"。傳見本書卷四九、《新五代史》卷一五。

　　夏四月甲午朔，國子司業張溥奏，請復八館，以廣生徒。[1]按《六典》，監有六學，國子、太學、四門、律學、書學、算學是也，[2]而溥云八館，謬矣。丁酉，前汴州節度使、檢校太尉、兼侍中符習可太子太師致仕，[3]進封衛國公。戊戌，遂州節度使夏魯奇加同平章事。[4]皇子河中節度使從珂進位檢校太尉，封開國公。[5]

自是諸道節鎮皆次第加恩，以郊禋覃慶澤故也。己亥，幸會節園。壬寅，以樞密使安重誨爲留守、太尉、兼中書令，[6]使如故。青州節度使王建立加侍中，移鎮潞州。[7]皇子河中節度使從珂奏："臣今月五日，閱馬於黄龍莊，衙內指揮使楊彦溫據城叛，臣尋時詰問，稱奉宣命。[8]臣見在虞鄉縣。"[9]帝遣西京留守索自通、侍衛步軍都指揮使藥彦稠等攻之，仍授彦溫絳州刺史，冀誘而擒之也。[10]詔從珂赴闕。丁未，以户部尚書李鏻爲兖州行軍司馬，坐引淮南覘人貽安重誨寶帶也。[11]戊申，宰臣馮道加右僕射，趙鳳加吏部尚書。[12]己酉，[13]以左龍武統軍劉君鐸卒廢朝。[14]癸丑，索自通、藥彦稠等奏，收復河中，斬楊彦溫，傳首來獻。[15]初，彦稠出師，帝戒之曰："與朕生致彦溫，吾將自訊之。"及收城，斬首傳送，帝怒彦稠等。時議皆以爲安重誨方弄國權，從榮諸王敬事不暇，獨忌從珂威名，每於帝前屢言其短，巧作窺圖，冀能傾陷。彦溫既誅，從珂歸清化里第。重誨謂馮道等曰："蒲帥失守，責帥之義，法當如何？"翌日，道等奏："合行朝典。"帝不悦，趙鳳堅奏："故事有責帥之義，所以激勵藩守。"帝曰："皆非公等意也。"後數日，帝於中興殿見宰臣，[16]趙鳳承重誨意，又再論列，帝默然。翌日，重誨復自論奏，帝極言以拒之，語在《末帝紀》中。帝又曰："卿欲如何制置？"重誨曰："於陛下父子之間，臣不合言，一稟聖旨。"帝曰："從佗私第閑坐，何煩奏也！"乃止。以前邢州節度使、檢校司徒李從温爲左武衛上將軍。[17]丙辰，以西京留守、檢校司徒索自通爲河中節度使。丁巳，雲州奏，掩襲契丹，獲頭口萬計。[18]戊午，帝御文明殿受册徽號，[19]册曰：“維長興元年歲次庚寅四月甲午朔二十五日戊午，金紫光禄大夫、守尚書左僕射兼門下侍郎、同中書門下平章事、充太微宫使、弘文館大學士、上柱國、始平郡開國侯、食邑一千五百户、食實封一百户臣馮道，[20]銀青光禄大夫、門下侍郎兼吏部尚書、同中書門下平章事、監修國史、判集賢院事、上柱國、天水郡開國伯、食邑七百户臣趙鳳，[21]及文武百官特進、太子少傅、上柱國、酒泉郡開國侯、食邑一千户臣李琪等五千八百九十七人言：[22]

臣聞天不稱高而體尊，地不矜厚而形大，厚無不載，高無不覆。四時行於内，萬物生其間，總神祇之靈，叶帝王之運。日出而星辰自戢，龍飛而雷雨皆行，元氣和而天下和，庶事正而天下正。

伏惟皇帝陛下，天授一德，時歷多艱。翊太祖以興邦，佐先皇而定難，拯嗣昭於潞困，救德威於燕危，遏思遠而全鄴都，誅彦章而下梁苑。[23]成再造之業，由四征之功。洎纂鴻圖，每敷皇化。去内庫而省庖膳，出宫人而減伶官，輕寶玉之珍，却鷹鷂之貢。淳風既洽，嘉瑞自臻。故登極之前，人皆不足；改元之後，時便有年。遐荒旋斃於戎王，重譯徑來於蠻子，東巡而守殷殪，北討而王都殲，破契丹而燕、趙無虞，控靈武而瓜、沙並復。[24]

近以饗上元而薦太廟，就吉土而配昊天，輅已降而雨霑，事欲行而月見。燔柴禮畢，作解恩罩，帝命咸均，人情普悦。非陛下有道有德，至聖至明，動不疑人，靜惟恭己，常敦孝禮，每納忠言，則何以臨御五年，澄清四海！時久纏於災害，民驟見於和平。休徵備載於簡編，徽號過持於謙讓。三年不允，衆志皆堅。天不以上帝自崇，日不以大明自貴，於烝民有惠，於元后同符，列聖皆然，舊章斯在。今以明庭百辟，列土諸侯，中外同辭，再三瀝懇。臣等不勝大願，謹奉玉寶玉册，上號曰聖明神武文德恭孝皇帝。

伏惟皇帝陛下，體堯舜之至道，法日月於太虛，威於夷狄，恩及蟲魚。奉國者繼加榮寵，違天者咸就誅鋤。典禮當告成之後，夙夜思即位之初，千秋萬歲，永混車書。

宰臣馮道之辭也。庚申，以左金吾上將軍史敬鎔爲鄧州節度使，[25]以右金吾上將軍符彥超爲兗州節度使，[26]以左驍衛上將軍張敬詢爲滑州節度使，[27]以閬州防禦使孫岳爲鳳州節度使。[28]詔改鳳翔管内應州爲匡州、信州爲晏州，[29]改新州管内武州爲毅州。[30]

[1]國子司業：官名。隋始置。國子監次官。佐祭酒掌監事。從四品下。　張溥：人名。籍貫不詳。後唐官員。本書僅此一見。

[2]國子、太學、四門、律學、書學、算學是也：《輯本舊史》之影庫本粘籤："書學，原本作'署學'，今據《新唐書·百官志》改正。"見《唐六典》卷二一《國子監》，《新唐書》卷四四《選舉志上》、卷四八《百官志三》國子監條。

　　[3]檢校太尉：官名。爲散官或加官，以示恩寵，無實際執掌。太尉，與司徒、司空並爲三公。　　侍中：官名。秦始置。隋、唐前期爲門下省長官。唐後期多爲大臣加銜，不參與政務，實際職務由門下侍郎執行。正二品。　　符習：人名。趙州（今河北趙縣）人。五代後唐將領。傳見本書卷五九、《新五代史》卷二六。　　太子太師：官名。與太子太傅、太子太保統稱太子三師。隋、唐以後多作加官或贈官。從一品。

　　[4]遂州：州名。治所在今四川遂寧市。　　夏魯奇：人名。青州（今山東青州市）人。五代後唐將領。傳見本書卷七〇、《新五代史》卷三三。　　同平章事：官名。唐高宗以後，凡實際任宰相之職者，常在其本官後加同平章事的職銜。後成爲宰相專稱。

　　[5]河中：方鎮名。治所在河中府（今山西永濟市）。　　從珂：人名。即後唐廢帝李從珂。鎮州平山（今河北平山縣）人。本姓王，後唐明宗李嗣源擄其母魏氏，遂養爲己子。應順元年（934）四月，李從珂入洛陽即帝位。清泰三年（936）五月，石敬瑭謀反，廢帝自焚死，後唐亡。紀見本書卷四六至卷四八、《新五代史》卷七。

　　[6]留守：官名。在都城、陪都或軍事重鎮所設留守，由地方行政長官兼任。　　太尉：官名。與司徒、司空並爲三公，唐後期、五代時多爲大臣、勳貴加官。正一品。　　中書令：官名。漢代始置，隋、唐前期爲中書省長官，屬宰相之職；唐後期多爲授予元勳大臣的虛銜。正二品。

　　[7]王建立：人名。遼州榆社（今山西榆社縣）人。五代後唐、後晉大臣。傳見本書卷九一、《新五代史》卷四六。

　　[8]黃龍莊：地名。其地不詳，疑位於虞鄉縣（今山西永濟市）一帶。　　衙内指揮使：官名。唐、五代時期衙內指揮使爲節度使府衙內之牙將，統最親近衛兵。　　楊彥溫：人名。汴州（今河南開封市）人。後唐將領。傳見本書卷七四。　　稱奉宣命：《舊五代史考異》：“案：胡三省《通鑑》注云：樞密院用宣，三省用堂帖。”

見《通鑑》卷二七七長興元年四月戊戌條胡注。

[9]虞鄉縣：縣名。治所在今山西永濟市。

[10]西京：地名。指京兆府（今陝西西安市）。　索自通：人名。太原清源（今山西清徐縣）人。五代後唐將領。傳見本書卷六五。　藥彥稠：人名。沙陀部人。五代後唐將領。傳見本書卷六六、《新五代史》卷二七。　絳州：州名。治所在今山西新絳縣。刺史：官名。漢武帝時始置。州一級行政長官，總掌考覈官吏、勸課農桑、地方教化等事。唐中期以後，節度使、觀察使轄州而設，刺史爲其屬官，職任漸輕。從三品至正四品下。

[11]户部尚書：官名。户部長官。掌管全國土地、户籍、賦稅、財政收支諸事。正三品。　李鏻：人名。唐朝宗室。五代大臣。傳見本書卷一〇八、《新五代史》卷五七。　兗州：州名。治所在今山東濟寧市兗州區。　行軍司馬：官名。出征將領及節度使的屬官。掌軍籍符伍、號令印信，是藩鎮重要的軍政官員。　淮南：方鎮名。治所在揚州（今江蘇揚州市）。

[12]右僕射：官名。秦始置。隋、唐前期以左、右僕射佐尚書令總理六官，綱紀庶務；如不置尚書令，則總判省事，爲宰相之職。唐後期多爲大臣加銜。從二品。　趙鳳：人名。幽州（今北京市）人。後唐明宗朝宰相。傳見本書卷六七、《新五代史》卷二八。　吏部尚書：官名。尚書省吏部長官，與二侍郎分掌六品以下文官選授、勳封、考課之政令。正三品。

[13]己酉：《輯本舊史》原作“乙酉”，中華書局本有校勘記：“按是月甲午朔，無乙酉。此事繫於戊申、癸丑之間，疑是己酉。”未改。戊申十五，癸丑二十，己酉十六，今改。

[14]左龍武統軍：官名。唐置六軍，分左、右羽林，左、右龍武，左、右神武，即“北衙六軍”。興元元年（784），六軍各置統軍，以寵勳臣。其品秩，《唐會要》卷七一、《舊唐書》卷一二記載爲“從二品”，《通鑑》卷二二九記載爲“從三品”。　劉君鐸：人名。籍貫不詳。五代後梁、後唐官員。事見本書本卷、卷九。

[15]“癸丑”至“傳首來獻”：《舊五代史考異》：“案：《通鑑》作辛亥，索自通拔河中，斬楊彦温。癸丑，傳首來獻。《歐陽史》亦作辛亥，自通執彦温殺之。較《薛史》爲詳審。”《新五代史》卷六《明宗紀》載，長興元年（930）“夏四月戊戌，安重誨使河中衙内指揮使楊彦温逐其節度使從珂。壬寅，西京留守索自通、侍衛步軍指揮使藥彦稠討之。辛亥，自通執彦温殺之”。亦見《通鑑》卷二七七長興元年四月壬寅、辛亥、癸丑條。

[16]中興殿：宮殿名。在洛陽宮城内。位於今河南洛陽市。

[17]檢校司徒：官名。爲散官或加官，以示恩寵，無實際執掌。　李從温：人名。代州崞縣（今山西原平市）人。後唐明宗之侄。五代後唐、後晉將領。傳見本書卷八八、《新五代史》卷一五。

以前邢州節度使、檢校司徒李從温爲左武衛上將軍：《輯本舊史》之影庫本粘籤：“邢州，原本作‘涇州’，今從《歐陽史·家人傳》改正。”《新五代史》卷一五《唐明宗家人傳》載：明宗侄“從温字德基，初爲北京副留守。歷安國、忠武、義武、成德、武寧五節度使，封兖王”。其中，安國軍治在邢州。《輯本舊史》卷三九《唐明宗紀五》天成三年（928）三月：“丁巳，以邢州節度使王景戡爲華州節度使，以前北京副留守李從温爲邢州節度使。”

[18]雲州：州名。治所在今山西大同市。　契丹：古部族、政權名。公元4世紀中葉宇文部爲前燕攻破，始分離而成單獨的部落，自號契丹。唐貞觀中，置松漠都督府，以其首領爲都督。唐末强盛，916年迭剌部耶律阿保機建立契丹國（遼）。先後與五代、北宋並立，保大五年（1125）爲金所滅。參見張正明《契丹史略》，中華書局1979年版。

[19]文明殿：五代後梁開平三年（909）以貞觀殿改名，故址在今河南洛陽市。

[20]金紫光禄大夫：官名。本兩漢光禄大夫。魏晉以後，光禄大夫之位重者，加金章紫綬，因稱金紫光禄大夫。北周、隋時爲散官。唐貞觀後列入文散官。正三品。　尚書左僕射：官名。秦始

置。隋、唐前期，以左、右僕射佐尚書令總理六官、綱紀庶務；如不置尚書令，則總判省事，爲宰相之職。唐後期多爲大臣加銜。從二品。 門下侍郎：官名。門下省副長官。唐後期三省長官漸爲榮銜，中書侍郎、門下侍郎却因參議朝政而職位漸重，常常用爲以"同三品"或"同平章事"任宰相者的本官。正三品。 太微宫使：官名。唐朝尊老子爲祖，建玄元廟奉祀。天寶二年（743）改西京玄元廟爲太清宫，東京爲太微宫，天下諸郡爲紫極宫，又改譙郡紫極宫爲太清宫。設太清宫使。宋敏求《春明退朝録》："唐制，宰相四人，首相爲太清宫使，次三相皆帶館職，洪（正字犯宣祖廟諱。）文館大學士、監修國史、集賢殿大學士，以此爲次序。" 弘文館大學士：官名。弘文館爲唐代中央官學之一。設館主一人，總領館務；判館事一人，管理日常事務。學士無員限，掌校正圖籍，教授生徒，並參議政事。五品以上稱爲學士，六品以下稱爲直學士，又有文學直館學士，均以他官兼領。 上柱國：官名。北周武帝建德四年（575），置上柱國爲高級勳官。隋、唐沿置。五代後唐明宗天成三年（928）詔，今後凡加勳，先自武騎尉，經十二轉方授予上柱國。正二品。 "金紫光禄大夫"至"食實封一百户臣馮道"：《輯本舊史》之影庫本粘籤："始平，原本作'始興'，今據《册府元龜》改正。"明本《册府》卷七四《帝王部·命相門四》未見，但《輯本舊史》卷一二六《馮道傳》所載其長樂老自敘云："余世家宗族，本始平、長樂二郡。"故應爲始平。

[21]銀青光禄大夫：官名。唐、五代散官。從三品。 監修國史：官名。北齊始置史館，以宰相爲之。唐史館沿置，爲宰相兼職。

[22]太子少傅：官名。與太子少保、太子少師合稱"三少"，唐後期、五代時多爲大臣、勳貴加官。從二品。 李琪：人名。河西敦煌（今甘肅敦煌市）人。後梁、後唐官員。傳見本書卷五八、《新五代史》卷五四。

[23]嗣昭：人名。即李嗣昭。汾州（今山西汾陽市）人。唐

末、五代李克用義子、部將。傳見本書卷五二、《新五代史》卷三六。　德威：人名。即周德威。朔州馬邑（今山西朔州市朔城區東北）人。唐末五代李克用、李存勖部將。傳見本書卷五六、《新五代史》卷二五。　燕：此處指幽州，治所在今北京市。　思遠：人名。即戴思遠。籍貫不詳。五代後梁、後唐將領。傳見本書卷六四。　鄴都：地名。治所在今河北大名縣。五代後唐同光元年（923）改魏州爲興唐府，建號東京。三年，改東京爲鄴都。　彦章：人名。即王彦章。鄆州壽張（今山東梁山縣壽張集）人。五代後梁將領。傳見本書卷二一、《新五代史》卷三二。

［24］守殷：人名。即朱守殷。籍貫不詳。五代後唐將領。傳見本書卷七四、《新五代史》卷五一。　王都：人名。中山陘邑（今河北定州市）人。王處直養子。五代軍閥，曾爲義武軍節度使。傳見本書卷五四。　瓜：州名。治所在今甘肅瓜州縣。　沙：州名。治所在今甘肅敦煌市。　控靈武而瓜、沙並復：《輯本舊史》之影庫本粘籤："瓜沙，原本作'爪分'，考《通鑑》：天成四年，康福大破吐蕃，進至靈州，自是朔方始受代。'分'字當係'沙'字之誤，今改正。"見《通鑑》卷二七六天成四年十一月條。

［25］左金吾上將軍：官名。唐置，掌宮禁宿衛。唐代十六衛之一。從二品。　史敬鎔：人名。五代後唐將領。傳見本書卷五五。鄧州：州名。治所在今河南鄧州市。

［26］右金吾上將軍：官名。唐置，掌宮禁宿衛。唐代十六衛之一。從二品。　符彦超：人名。陳州宛丘（今河南淮陽縣）人。五代後唐將領，符存審之子。傳見本書卷五六、《新五代史》卷二五。

［27］左驍衛上將軍：官名。唐置，掌宮禁宿衛。唐代置十六衛之一。從二品。　張敬詢：人名。勝州金河縣（今內蒙古和林格爾縣）人。後唐將領。傳見本書卷六一。　滑州：州名。治所在今河南滑縣。　以左驍衛上將軍張敬詢爲滑州節度使：中華書局本有校勘記："'左'字原闕，據本書卷四〇《唐明宗紀六》、卷六一《張敬詢傳》補。"見《輯本舊史》卷四〇《唐明宗紀六》天成四年十

月庚子條，卷六一《張敬詢傳》：天成四年，“徵爲左驍衛上將軍。明年，授滑州節度使”。

　　[28]閬州：州名。治所在今四川閬中市。　防禦使：官名。唐代始置，設有都防禦使、州防禦使兩種。常由刺史或觀察使兼任，實際上爲唐代後期州或方鎮的軍政長官。　孫岳：人名。稷州（今陝西武功縣）人，一本作“冀州”（今河北衡水市冀州區）人。五代後唐大臣。傳見本書卷六九。　鳳州：州名。治所在今陝西鳳縣。　以閬州防禦使孫岳爲鳳州節度使：中華書局本有校勘記：“‘閬州’，原作‘閬中’，據殿本改。按《舊唐書》卷四一《地理志四》，閬中係閬州屬縣，不設防禦使。”見《舊唐書》卷四一《地理志》四劍南道閬州閬中條。又，《輯本舊史》卷三九《唐明宗紀五》天成三年二月甲辰條作“以耀州團練使孫岳爲閬州團練使”，《輯本舊史》卷六九《孫岳傳》作“天成中，爲潁、耀二州刺史、閬州團練使，所至稱治，遷鳳州節度使”，皆作孫岳爲閬州團練使。

　　[29]應州、信州：今地待考。另有，應州治所在今山西應縣；信州，治所在今江西上饒市信州區。　詔改鳳翔管內應州爲匡州：《輯本舊史》之影庫本粘籤：“匡州，原本‘匡’字分注‘御名’二字，蓋《薛史》原書之體，今改正。”

　　[30]新州：州名。治所在今河北涿鹿縣。　武州：州名。唐光啓中置，治所在文德縣（今河北張家口市宣化區）。後改名毅州，五代後唐時復名武州。後晉時割與契丹，改名歸化州。

　　五月乙丑，鄭州防禦使張進、副使咸繼威並停任，[1]以盜掠城中居人故也。丙寅，以少府監韋肅爲洺州刺史，以潞州節度使王建立爲太傅致仕。[2]建立素與安重誨不協，因其入朝，乃言建立自鎮歸朝過鄴都，日有扇搖之言，[3]以是罪之，故令致仕。丁卯，以前興元節度使劉仲殷權知潞州軍州事。[4]戊辰，以安州節度使高行珪卒輟朝。[5]有司上言：“皇后受册，内外命婦並合奉賀。今未有命婦準例上表稱賀。”中書門下奏：[6]“諸道節度使但進表上言皇帝，外命婦上皇后賀牋表，進呈訖，無報。應皇親或有慶賀及起居章表，内中進呈後，祇宣示來使，並不合答復。”從之。壬申，以權知昭義軍軍州事劉仲殷爲潞州節度使、檢校太傅。[7]丁丑，帝臨軒，命使册淑妃曹氏爲皇后。禮院上言，[8]百官上疏於皇后曰“皇后殿下”，及六宫及率土婦人慶賀祇呼“殿下”，不言“皇后”。中書覆奏，若祇呼“殿下”，恐與皇太子無所分别，凡上中宫表章呼“皇后殿下”，若不形文字，尋常祇呼“皇后”。從之。癸未，太子少傅蕭頃卒，[9]廢朝。甲申，迴鶻可汗仁裕遣使貢方物。[10]辛卯，以翰林承旨、兵部侍郎李愚爲太常卿。[11]壬辰，以前滑州節度使李從璋爲右驍衛上將軍。[12]

[1]鄭州：州名。治所在今河南鄭州市。　張進：人名。籍貫不詳。本書僅此一見。　咸繼威：人名。籍貫不詳。本書僅此一見。

[2]少府監：官名。少府監長官。隋初置，唐初廢，太宗時復置。掌百工技巧之事。從三品。　韋肅：人名。籍貫不詳。五代後唐官員。事見本書本卷、卷五八。　洺州：州名。治所在今河北邯鄲市永年區。　太傅：官名。與太師、太保合稱三師，唐後期、五代時多爲大臣、勳貴加官。正一品。

[3]日有扇搖之言：《輯本舊史》之影庫本粘籤：“扇搖，《通鑑》作‘搖衆’，考《册府元龜》亦作‘扇搖’，今仍其舊。”明本《册府》卷一一八《帝王部·親征門三》後唐明宗天成二年（927）

十月條、《宋本册府》卷四四九《將帥部・專殺門》孟知祥條等均有"扇搖"之用語。《通鑑》卷二七七長興元年（930）五月丙寅條載"王建立過魏州有搖衆之語"。

　　[4]興元：府名。治所在今陝西漢中市。　劉仲殷：人名。籍貫不詳。後唐將領。事見本書本卷、卷三五、卷三六、卷三八、卷四二、卷四四、卷四五、卷四六。

　　[5]安州：州名。治所在今湖北安陸市。　高行珪：人名。幽州（今北京市）人。五代將領，高思繼之侄。傳見本書卷六五、《新五代史》卷四八。

　　[6]中書門下奏：中華書局本有校勘記："'門下奏'三字原闕，據《五代會要》卷四補。"見《會要》卷四牋表例條。

　　[7]昭義軍：方鎮名。治所在潞州（今山西長治市）。

　　[8]禮院：官署名。唐代太常寺有禮院，爲太常博士議禮之處。

　　[9]蕭頃：人名。京兆萬年（今陝西西安市長安區）人。唐末進士，五代後梁宰相、後唐大臣。傳見本書卷五八。

　　[10]迴鶻：古部族名。原係突厥鐵勒部的一支。唐天寶三載（744）建立回鶻汗國，9世紀中葉，回鶻汗國瓦解。其中一支爲甘州回鶻，據有河西地區，勢力漸盛並建立政權。11世紀初，甘州回鶻爲西夏所滅。參見楊蕤《回鶻時代：10—13世紀陸上絲綢之路貿易研究》，中國社會科學出版社2015年版。　仁裕：人名。又作"仁喻"。五代甘州回鶻可汗。本名阿咄欲，仁美之弟。後唐同光二年（924），兄仁美卒後，權知國事，稱權知可汗。天成三年（928）被後唐明宗册封爲順化可汗。後晉天福四年（939）被後晉高祖册封爲奉化可汗。事見本書卷三九。

　　[11]翰林承旨：官名。爲翰林學士之首。掌拜免將相、號令征伐等詔令的起草。《舊唐書・職官志二・翰林院》："例置學士六人，内擇年深德重者一人爲承旨，所以獨承密命故也。"　兵部侍郎：官名。尚書省兵部次官。協助兵部尚書掌武官銓選、勳階、考課之政。正四品下。　李愚：人名。渤海無棣（今山東慶雲縣）人。唐

末進士，唐末、五代大臣。傳見本書卷六七、《新五代史》卷五四。

太常卿：官名。西漢置太常，南朝梁始置太常卿。太常寺長官。掌宗廟祭祀禮樂及教育等。正三品。

[12]李從璋：人名。後唐明宗從子。五代後唐、後晉將領。傳見本書卷八八、《新五代史》卷一五。　右驍衛上將軍：官名。唐置，掌宮禁宿衛。唐代十六衛之一。從二品。

六月丁酉，以護駕馬軍都指揮使、貴州刺史安從進爲宣州節度使，充護駕馬軍都指揮使；以護駕步軍都指揮使、澄州刺史藥彥稠爲壽州節度使兼護駕步軍都指揮使。[1]甲辰，以皇城使安崇緒爲河陽留後，重誨子也。[2]鳳翔奏：“所管良、晏、匡三州並無屬縣，[3]請却改爲縣。”從之，仍舊爲軍鎮。前振武節度使安金全卒。[4]壬子，中書門下奏：“詳覆到禮部院今年及第進士李飛、樊吉、夏侯琪、吳泪、王德柔、李毅等六人，[5]望放及第。其盧價等七人及賓貢鄭朴，[6]望許令將來就試。知貢舉張文寶，試士不得精當，望罰一季俸。”[7]從之。丁巳，皇子北京留守、河東節度使從厚移領鎮州，[8]以左武衛上將軍李從溫爲許州節度使。

[1]貴州：州名。治所在今廣西貴港市。　安從進：人名。索葛部人。五代後唐、後晉將領。傳見本書卷九八、《新五代史》卷五一。　宣州：州名。治所在今安徽宣城市。　澄州：州名。治所在今廣西上林縣。　壽州：州名。治所在今安徽壽縣。　以護駕步軍都指揮使：中華書局本有校勘記：“‘駕’字原闕，據殿本及本卷上文補。”

[2]皇城使：官署名。五代後唐時開始成爲皇帝倚重的部門。

掌皇宮警衛、侍從監察等。參見趙雨樂《從武德使到皇城使——唐宋政治變革的個案研究》，載《唐研究》第6卷，北京大學出版社2000年版。　安崇緒：人名。安重誨之子。五代後唐官員。事見本書卷四二。　留後：官名。唐、五代節度使多以子弟或親信爲留後，以代行節度使職務，亦有軍士、叛將自立爲留後者。掌一州或數州軍政。　重誨：人名。即安重誨。應州（今山西應縣）人。五代後唐大臣。傳見本書卷六六、《新五代史》卷二四。

[3]良、晏、匡：地名。今地待考。

[4]振武：方鎮名。後梁貞明二年（916）以前，治所位於單于都護府城（今内蒙古和林格爾縣）。貞明二年單于都護府城爲契丹占據。此後至後唐清泰三年（936），治所位於朔州（今山西朔州市朔城區）。後晉時隨燕雲十六州割予契丹，改名順義軍。　安金全：人名。代北（今山西代縣）人。唐末、五代後唐將領。傳見本書卷六一、《新五代史》卷二五。

[5]李飛、樊吉、夏侯珙、吳泂：人名。籍貫不詳。後唐進士。本書僅此一見。　王德柔：人名。籍貫不詳。後唐進士。後晉時任即墨縣令。事見本書卷八三、卷八七。　李穀：人名。穎州汝陰（今安徽阜陽市）人。後唐進士。歷仕後晉、後漢、後周、宋朝。傳見《宋史》卷二六二。　盧價：人名。祖籍范陽（今河北涿州市）人，世居懷州河内（今河南沁陽市）。五代大臣。事見羅火金《五代時期盧價墓誌考》，《中國歷史文物》2009年第2期。

[6]鄭朴：人名。籍貫不詳。本書僅此一見。

[7]張文寶：人名。籍貫不詳。五代後唐官員。傳見本書卷六八。　知貢舉張文寶，試士不得精當：《輯本舊史》影庫本粘籤："張文寶，原本作'人寶'，今據《五代會要》改正。"《會要》卷五獻俘條天成四年（929）二月載"尚書刑部侍郎張文寶奏"，但《輯本舊史》卷六八有《張文寶傳》，本不需從《會要》求證。

[8]北京：地名。指五代後唐的北都太原（今山西太原市）。河東：方鎮名。治所在太原（今山西太原市）。　從厚：人名。

即後唐愍帝（閔帝）李從厚。小名菩薩奴，明宗第三子。長興四年（933）十二月，李從厚即皇帝位，是爲後唐閔帝。應順元年（934）四月，李從珂入洛陽即帝位，令人毒殺閔帝。紀見本書卷四五、《新五代史》卷七。　鎮州：州名。治所在今河北正定縣。

　　秋七月甲子，以宣徽北院使、行右衛上將軍、判三司馮贇爲北京留守、太原尹。[1]己巳，以鄧州節度使史敬鎔卒廢朝。甲戌，以右威衛上將軍梁漢顒爲鄧州節度使，前兗州節度使趙在禮爲左驍衛上將軍。[2]庚辰，[3]奉國軍節度使兼威武軍節度副使、檢校太尉、兼侍中王延禀加兼中書令。[4]詔：“諸州得替防禦、團練使、刺史並宜於班行比擬，如未有員闕，可隨常參官逐日立班。”新例也。辛巳，詔揀年少宮人及西川宮人並還其家，[5]無家可歸者，任從所適。甲申，以前齊州防禦使孫璋爲郴州節度使。[6]戊子，以右散騎常侍陸崇卒廢朝。[7]崇爲福建册使，卒於明州，贈兵部尚書。[8]宿州進白兔，安重誨謂其使曰：“豐年爲上瑞，兔懷狡性，雖白何爲！”[9]命退歸。

　　[1]宣徽北院使：中華書局本有校勘記：“《通鑑》卷二七七作‘宣徽北院使’。按《新五代史》卷二七《馮贇傳》：‘明宗即位，即爲客省使、宣徽北院使。’”但未改。今據《新五代史》及《通鑑》改。《通鑑》卷二七七長興元年（930）十月癸卯條作“以宣徽北院使馮贇爲左衛上將軍、北都留守”。　右衛上將軍：官名。唐置，掌宮禁宿衛。唐代十六衛之一。從二品。　三司：官署名。五代後唐明宗天成元年（926）合鹽鐵、度支、户部爲一職，始稱三司，爲中央最高之理財機構。　馮贇：人名。太原（今山西太原

市）人。五代後唐明宗朝宰相、三司使。傳見本書附録、《新五代史》卷二七。　太原尹：官名。唐開元十一年（723）改并州爲太原府，治所在今山西太原市。太原尹總其政務。從三品。

［2］右威衛上將軍：官名。唐置，掌宮禁宿衛。唐代十六衛之一。從二品。《輯本舊史》原作“左威衛上將軍”，中華書局本有校勘記：“‘左’，本書卷三九《唐明宗紀五》、梁漢顒墓誌（拓片刊《洛陽出土歷代墓誌輯繩》）作‘右’。”但未改。《輯本舊史》卷三九《唐明宗紀五》天成三年九月：“丙申，以邠州節度使梁漢顒爲右威衛上將軍。”今據改。　梁漢顒：人名。太原（今山西太原市）人。後唐將領。傳見本書卷八八。　趙在禮：人名。涿州（今河北涿州市）人。五代後唐、後晉將領。傳見本書卷九〇、《新五代史》卷四六。

［3］庚辰：中華書局本有校勘記：“原作‘庚寅’，據殿本、劉本改。影庫本粘籤：‘庚寅，以《長曆》推之，當作庚辰。’按是月壬戌朔，此事繫於甲戌、辛巳間，當是庚辰。”長興元年七月壬戌朔，庚辰爲十九日，在甲戌十三日和辛巳二十日間，而庚寅則爲二十九日，故應改爲庚辰。

［4］奉國軍：方鎮名。治所在蔡州（今河南汝南縣）。　威武軍：方鎮名。治所在福州（今福建福州市）。　節度副使：官名。唐、五代方鎮屬官。位於行軍司馬之下、判官之上。　王延稟：人名。籍貫不詳。王審知養子。與王延鈞聯合叛殺王延翰。事見《新五代史》卷六八。

［5］西川：方鎮名。治所在成都府（今四川成都市）。

［6］齊州：州名。治所在今山東濟南市。　孫璋：人名。齊州歷城（今山東濟南市歷城區）人。五代將領。傳見本書卷六一。鄜州：州名。治所在今陝西富縣。

［7］陸崇：人名。籍貫不詳。五代大臣。事見本書卷三〇《唐莊宗紀》、卷三六《唐明宗紀》、卷一二八《裴羽傳》。

［8］福建：方鎮名。治所在福州（今福建福州市）。　明州：

州名。治所在今浙江寧波市。　兵部尚書：官名。尚書省兵部主官。掌兵衛、武選、車輦、甲械、厩牧之政令。正三品。

[9]宿州：州名。治所在今安徽宿州市。　豐年爲上瑞：《輯本舊史》之影庫本粘籤：“豐年，原本作‘豐止’，今據《歐陽史》改正。”《新五代史》卷二四《重誨傳》載此事云：“宿州進白兔，重誨曰：‘兔陰且狡，雖白何爲?’遂却而不白。”《新五代史·重誨傳》並未提豐年事，《通鑑》卷二六七開平四年（910）四月丁卯條有“豐年爲上瑞”之語。

　　八月甲午，以前鄧州節度使盧文進爲左衛上將軍。[1]北京奏，吐渾千餘帳內附，於天池川安置。[2]禁在京百司影射州縣稅户。乙未，捧聖軍使李行德、十將張儉、告密人邊彥温並族誅，[3]以其誣告安重誨私市兵仗故也。以前許州節度使張延朗爲檢校太傅、行兵部尚書，充三司使。[4]三司之有使額，自延朗始也。初，中書覆奏，授延朗諸道鹽鐵轉運等使，兼判户部度支事。奏入，宣旨曰：“會計之司，國朝重事，將總成其事額，俾專委於近臣，貴便一時，何循往例，兼移內職，可示新規。張延朗可充三司使，班在宣徽使下。”[5]癸卯，北京奏，生吐渾內附，欲於嵐州安族帳。都官員外郎、知制誥張昭遠奏：[6]“請依國朝舊例，選郎官、御史分行天下，宣問風俗，興利除害。”不報。壬寅，皇子河南尹、判六軍諸衛事從榮封秦王，仍令所司擇日册命。[7]戊申，兗州奏：“淮南海州都指揮使王傳拯殺本州刺史陳宣，[8]焚燒州城，以所部兵士及家口五千人歸國，至沂州。”[9]帝遣使慰納之。庚戌，正衙命使册福慶長公主孟氏。[10]

以前雄武軍節度使王思同爲左武衛上將軍,[11]以前鳳州節度使陳皋爲右威衛上將軍。[12]壬子,正衙命使赴太原,册永寧公主石氏。[13]乙卯,以左監門衛上將軍陳延福卒廢朝。[14]丙辰,皇子鎮州節度使從厚封宋王,仍令擇日册命。

[1]盧文進:人名。范陽(今河北涿州市)人。五代後唐、後晋、吳國、南唐將領。傳見本書卷九七、《新五代史》卷四八。左衛上將軍:官名。唐置,掌宫禁宿衛。唐代十六衛之一。從二品。

[2]吐渾:部族名。吐谷渾的省稱。源出鮮卑,後游牧於今甘肅、青海一帶。參見周偉洲《吐谷渾資料輯録》(增訂本),商務印書館2017年版。天池川:水名。位於今山西寧武縣。

[3]捧聖軍使:官名。所部統兵將領,位次於都指揮使。捧聖爲部隊番號。李行德:人名。籍貫不詳。五代後唐將領。事見本書本卷。十將:官名。五代低級軍職。張儉:人名。籍貫不詳。五代後唐將領。事見本書本卷。邊彦温:人名。籍貫不詳。後唐官員。事見本書本卷、卷六六。捧聖軍使李行德、十將張儉、告密人邊彦温並族誅:《輯本舊史》之影庫本粘籤:"捧聖軍使,原本作'章使',考《歐陽史》作捧聖都軍使,《通鑑》作軍使,今從《通鑑》改正。"見《新五代史》卷六《唐明宗紀》長興元年(930)八月壬寅條、《通鑑》卷二七七長興元年八月乙未條。《舊五代史考異》:"案:李行德等族誅,《歐陽史》作壬寅,與《薛史》異。"見《新五代史》卷六《唐明宗紀》。

[4]以前許州節度使張延朗爲檢校太傅、行兵部尚書:"行工部尚書",《輯本舊史》原作"行兵部尚書",中華書局本有校勘記:"'兵部',《職官分紀》卷一三引《五代史》同,本書卷四二《唐明宗紀八》、卷六九《張延朗傳》、卷一四九《職官志》、《新五代

史》卷二六《張延朗傳》、《通鑑》卷二七七作‘工部’。”但未改。
見《職官分紀》卷一三使條，《輯本舊史》卷四二《唐明宗紀八》
長興二年五月庚申條、卷六九《張延朗傳》、卷一四九《職官志·
內職》，《新五代史》卷二六《張延朗傳》，《通鑑》卷二七七長興
元年八月乙未條。今據上述諸書改。　三司使：官名。五代後唐明
宗天成元年（926）將晚唐以來的戶部、度支、鹽鐵三部合爲一職，
設三司使統之。主管國家財政。

　　[5]張延朗可充三司使，班在宣徽使下：《舊五代史考異》：“案
《宋史·職官志》：三司使在宣徽使後，蓋仍後唐之制。”見《宋
史》卷一六八《職官志八》建隆以後合班之制，《輯本舊史·職官
志·內職》已載此事。

　　[6]都官員外郎：官名。尚書省刑部都官司副長官。輔佐都官
郎中掌配役隸，簿錄俘囚，以給衣糧藥療，以理訴競雪冤。從六品
上。　知制誥：官名。掌起草皇帝的詔、誥之事，原爲中書舍人之
職。唐開元末置學士院，翰林學士入院一年，則加知制誥銜，專掌
任免宰相、册立太子、宣布征伐等特殊詔令，稱爲內制。而中書舍
人所撰擬的詔敕稱爲外制。兩種官員總稱兩制官。　張昭遠：人
名。籍貫不詳。五代官員。事見本書本卷。

　　[7]河南尹：官名。唐開元元年（713）改洛州爲河南府，治
所在今河南洛陽市，河南府尹總其政務。從三品。　判六軍諸衛
事：官名。五代後唐沿唐代舊制，置六軍諸衛，以判六軍諸衛事爲
禁軍六軍與諸衛的最高統帥。　壬寅，皇子河南尹、判六軍諸衛事
從榮封秦王，仍令所司擇日册命：《舊五代史考異》：“案《五代會
要》，長興元年九月，太常禮院奏，革定秦王儀注。博士段顒議曰：
據《開元禮》，臨軒册禮命諸王大臣，其日受册者朝服從第鹵簿，
與百官俱集朝堂，就次受册訖，通事舍人引，不載謁朝還第之儀。
自開元以後，册拜諸王，皆正衙命使，詣延英進册，皇帝御內殿，
高品引王入立于位，高品宣制讀册，王受册訖，歸院，亦無乘輅謁
朝之禮。臣按《五禮精義》云：‘古者皆因禘嘗而班爵祿，所以示

無自專，稟之于祖宗也。’今雖冊命，不在烝嘗，然拜大官封大邑，必至殿廷，敬慎之道也。今當司欲準《開元禮》，其日秦王服朝服，自理所乘輅車、備鹵簿，與群臣俱集朝堂，就次受冊訖，至應天門外，奉冊置于載冊之車，秦王升輅，出謁太廟訖，歸理所，儀仗、鹵簿如來時之儀。從之。”見《會要》卷二諸王條後之雜錄條。對《舊五代史考異》所引之《會要》中“草定冊秦王儀注”，中華書局本有校勘記：“‘冊’字原闕，據《五代會要》卷二補。”“臨軒冊命諸王大臣”，中華書局本有校勘記：“‘冊’下原有‘禮’字，據《五代會要》卷二、《大唐開元禮》卷一〇八刪。”見《大唐開元禮》卷一〇八《嘉禮》臨軒冊命諸王大臣條。“通事舍人引出”，中華書局本有校勘記：“‘出’字原闕，據《冊府》卷五九三、《大唐開元禮》卷一〇八補。”“不載謁廟還第之儀”，中華書局本有校勘記：“‘廟’，原作‘朝’，據《五代會要》卷二改。”“亦無乘輅謁廟之禮”，中華書局本有校勘記：“‘廟’，原作‘朝’，據《五代會要》卷二改。”“不在禘嘗”，中華書局本有校勘記：“‘禘’，原作‘烝’，據《五代會要》卷二改。”

[8]淮南：方鎮名。此處代指楊吳。　海州：州名。治所在今江蘇連雲港市海州區。　王傳拯：人名。一作“王傳極”。吳江（今江蘇蘇州市吳江區）人。初事楊溥。五代楊吳、後唐、後晉將領。傳見本書卷九四。《舊五代史考異》：“案：《歐陽史》作傳極，考《薛史》列傳及《通鑑》並作傳拯，疑《歐陽史》傳刻之訛。”見《新五代史》卷六《唐明宗紀》長興元年八月戊申條。《輯本舊史》卷九四有《王傳拯傳》，《通鑑》卷二七七長興元年八月己亥條亦作“傳拯”，他書亦有作“傳拯”者，但無作“傳極”。　陳宣：人名。籍貫不詳。五代十國吳國將領。事見本書本卷。

[9]沂州：州名。治所在今山東臨沂市。

[10]福慶長公主孟氏：後唐莊宗妹，孟知祥妻。事見《大唐福慶長公主墓誌》（拓片刊《成都出土歷代墓銘券文圖錄綜釋》）。

[11]雄武軍：方鎮名。治所在秦州（今甘肅天水市）。　王思

同：人名。幽州（今北京市）人。王敬柔之子。五代後唐將領。傳見本書卷六五、《新五代史》卷三三。　以前雄武軍節度使王思同爲左武衛上將軍：中華書局本有校勘記："'右'，原作'左'，據本書卷六五《王思同傳》、《新五代史》卷三三《王思同傳》、《册府》卷三六〇及本卷下文改。"見本卷九月庚寅條、《宋本册府》卷三六〇《將帥部·立功門一三》王思同條。

[12]陳皋：人名。籍貫不詳。後唐將領。事見本書本卷、卷三九、卷四〇、卷四二、卷四六。

[13]永寧公主石氏：即後唐明宗李嗣源之女，石敬瑭之妻。後唐時封永寧公主。晋出帝即位，尊爲皇太后。與晋出帝一同被俘至遼國。傳見本書卷八六、《新五代史》卷一七。

[14]左監門衛上將軍：官名。唐置，掌宮禁宿衛。唐代十六衛之一。從二品。　陳延福：人名。籍貫不詳。本書僅此一見。

九月乙丑，階州刺史王弘贊上言："一州主客户纔及千數，並無縣局，臣今檢括得新舊主客已及三千二百，欲依舊額立將利、福津二縣，請置令佐。"[1]從之。丁丑，詔天下諸州府，不得奏薦著紫衣官員爲州縣官。戊寅，升尚書右丞爲正四品。[2]癸未，利、閬、遂三州奏，東川節度使董璋謀叛，結連西川孟知祥。[3]甲申，以鎮州節度使范延光爲檢校太傅、守刑部尚書，充樞密使。[4]利州、閬州進納東川檄書，言將兵擊利、閬，責以間諜朝廷爲名。乙酉，以左驍衛上將軍趙在禮爲同州節度使兼西南行營馬步軍都指揮使。[5]樞密院直學士、守工部侍郎閻至，樞密院直學士、守尚書右丞史圭，並轉户部侍郎，依前充職。[6]以翰林學士、守户部侍郎李懌爲尚書右丞，以翰林學士、户部侍郎劉昫爲兵部侍郎,以翰林學士、中書舍人竇夢徵爲工部侍郎,依前充職。[7]以中書舍人劉贊爲御史中丞,以御史中丞許光義爲兵部侍郎,以兵部侍郎姚顗爲吏部侍郎。[8]丙戌,詔東川節度使董璋可削奪在身官爵,仍徵兵進討。丁亥,以西川節度使孟知祥兼西南面供饋使,[9]天雄軍節度使石敬瑭兼東川行營都招討使,以遂州節度使夏魯奇兼東川行營招討副使。[10]庚寅,以右武衛上將軍王思同爲京兆尹,[11]充西京留守、兼西南行營馬步都虞候。

[1]階州:州名。治所在今甘肅隴南市武都區。　王弘贄:人名。籍貫不詳。後唐將領。傳見本書附錄、《新五代史》卷四八。　將利:縣名。治所在今甘肅成縣。　福津:縣名。治所在今甘肅隴南市武都區。

[2]尚書右丞:官名。尚書省佐貳官。唐中期以後,與尚書左丞實際主持尚書省日常政務,權任甚重。後梁開平二年(908)改爲右司侍郎,後唐同光元年(923)復舊爲右丞。唐時爲正四品下,後唐長興元年(930)升爲正四品。

[3]利:州名。治所在今四川廣元市利州區。　利、閬、遂三州奏:《輯本舊史》之影庫本粘籤:"利、閬、遂三州,《通鑑》作三鎮,考利帥爲李彦琦,閬帥爲李仁矩,遂州爲夏魯奇,今附識于此。"見《通鑑》卷二七七長興元年(930)九月癸亥條。　東川:方鎮名。治所在梓州(今四川三臺縣)。　董璋:人名。籍貫不詳。五代後梁、後唐將領。傳見本書六二、《新五代史》卷五一。　孟知祥:人名。邢州龍岡(今河北邢臺市)人。五代十國後蜀開國君主。傳見本書卷一三六、《新五代史》卷六四。

[4]范延光:人名。鄴郡臨漳(今河北臨漳縣)人。五代後唐、後晉將領。傳見本書卷九七、《新五代史》卷五一。　刑部尚

書：官名。尚書省刑部主官。掌天下刑法及徒隸、勾覆、關禁之政令。正三品。　樞密使：官名。樞密院長官，五代時以士人爲之，備顧問、參謀議、出納詔奏、權侔宰相。參見李全德《唐宋變革期樞密院研究》，國家圖書館出版社 2009 年版。

[5]同州：州名。治所在今陝西大荔縣。　以左驍衛上將軍趙在禮爲同州節度使兼西南行營馬步軍都指揮使：中華書局本有校勘記："'西南'，原作'四面'，據彭校、《冊府》卷一二三改。"見明本《冊府》卷一二三《帝王部·征討門三》。

[6]樞密院直學士：官名。五代後唐同光元年（923），改直崇政院置，選有政術文學者充任。充皇帝侍從，備顧問應對。　工部侍郎：官名。尚書省工部次官。協助尚書掌管百工山澤水土之政令，考其功以詔賞罰，總所統各司之事。正四品下。　閻至：人名。籍貫不詳。後唐、後晉官員。事見本書本卷、卷三八、卷四〇、卷七六、卷七八、卷八〇、卷九二。　史圭：人名。常山石邑（今河北石家莊市鹿泉區）人。後唐官員。傳見本書卷九二、《新五代史》卷五六。　户部侍郎：官名。尚書省户部次官。協助户部尚書掌天下田户、均輸、錢穀之政。正四品下。

[7]李懌：人名。京兆（今陝西西安市）人。五代官員。傳見本書卷九二、《新五代史》卷五五。　中書舍人：官名。中書省屬官，掌起草文書、呈遞奏章、傳宣詔命等。正五品上。　竇夢徵：人名。同州（今陝西大荔縣）人，一作"棣州"（今山東惠民縣）人。唐末進士，五代後梁、後唐官員。傳見本書卷六八。

[8]劉贊：人名。魏州（今河北大名縣）人。後唐官員。傳見本書卷六八、《新五代史》卷二八。　御史中丞：官名。如不置御史大夫，則爲御史臺長官。掌司法監察。正四品下。　許光義：人名。籍貫不詳。後唐官員。事見本書本卷、卷四〇。　姚顗：人名。京兆萬年（今陝西西安市長安區）人。唐末進士，五代後梁、後唐、後晉大臣。傳見本書卷九二、《新五代史》卷五五。　吏部侍郎：官名。尚書省吏部次官。協助吏部尚書掌文選、勳封、考課

之政。正四品上。

　　[9]西南面供饋使：《通鑑》卷二七七作“西南供饋使”。

　　[10]招討副使：官名。爲招討使副將，多以大臣、將帥或地方軍政長官兼任，掌管鎮壓起義、抗禦外敵、討伐叛亂等事。

　　[11]右武衛上將軍：官名。此處指領軍將軍。唐置，掌宮禁宿衛。唐代十六衛之一。從二品。中華書局本有校勘記：“‘武’字原闕，據本書卷六五《王思同傳》、《新五代史》卷三三《王思同傳》、《通鑑》卷二七七及本卷上文補。”見本卷八月庚戌條，《通鑑》卷二七七長興元年九月庚寅條作“以右武衛上將軍王思同爲西都留守兼行營馬步都虞候，爲伐蜀前鋒”。　京兆尹：官名。唐開元元年（713）改雍州置京兆府，治所在今陝西西安市。以京兆尹總其政務。從三品。

　　冬十月壬辰，以太子少傅李琪卒廢朝。癸巳，以鄜州節度使米君立卒廢朝。[1]詔：“凡賵贈布帛，言段不言端匹，段者二丈也，宜令三司依此給付。”甲午，正衙命使册興平公主於宋州節度使、駙馬都尉趙延壽之私第。[2]己亥，以右驍衛上將軍李從璋爲陝州節度使，陝州節度使劉彥琮移鎮邠州。[3]尚書博士田敏請依舊典藏冰、頒冰，以銷陰陽愆伏之沴，詔從之。[4]乙巳，供奉官張仁暉自利州迴，奏董璋攻陷閬州，節度使李仁矩舉家遇害。[5]丁未，宮苑使董光業并妻子並斬於都市，[6]璋之子也。辛亥，以武安軍節度副使、洪鄂道行營副都統、檢校太尉馬希聲爲武安軍節度使，[7]加兼侍中。時湖南馬殷奏，[8]久病不任軍政，乞以男希聲爲帥，故有是命。中書奏：“吏部流内銓諸色選人，所試判兩節，欲委定其等第，文優者超一資，其次者次資，又次者以同類，道理全疏者於同類中少人户處注擬。"從之。[9]

[1]米君立：人名。籍貫不詳。後唐莊宗時賜名李紹能。後唐將領。事見本書本卷、卷三六。

[2]興平公主：後唐明宗李嗣源之女，趙延壽之妻。事見本書卷九八。　宋州：州名。治所在今河南商丘市睢陽區。　駙馬都尉：官名。漢武帝時始置，魏晉以後，公主夫婿多加此稱號。從五品下。　趙延壽：人名。本姓劉，恒山（今河北正定縣）人。後唐明宗李嗣源女婿，後降契丹，引導契丹攻滅後晉。傳見本書卷九八、《遼史》卷七六。

[3]以右驍衛上將軍李從璋爲陝州節度使："右"，《輯本舊史》原作"左"，中華書局本有校勘記："'左'，本書卷八八《李從璋傳》、《新五代史》卷一五《唐明宗家人傳》作'右'。按本卷上文：'（長興元年五月）以前滑州節度使李從璋爲右驍衛上將軍。'"但未改，今據上述諸書改。　邠州：州名。治所在今陝西彬縣。

[4]田敏：人名。淄州鄒平（今山東鄒平縣）人。五代宋初大臣、學者。傳見《宋史》卷四三一。　"尚書博士田敏請依舊典藏冰、頒冰"至"詔從之"：《輯本舊史》之影庫本粘籤："考《歐陽史》作十月丁酉始藏冰，《薛史》繫于己亥之後，與《歐陽史》先後殊異，今附識于此。"見《新五代史》卷六《唐明宗紀》長興元年（930）十月丁酉條。《舊五代史考異》："案《五代會要》載原敕云：藏冰之制，載在前經；獻廟之禮，廢于近代。既朝臣之特舉，案典禮以宜行。田敏所奏祭司寒獻羔事宜依。其桃弧棘矢，事久不行，理難備創。其諸侯亦宜準往制藏冰。"見《會要》卷一六虞部條。

[5]供奉官：官名。泛指侍奉皇帝左右的臣僚，亦爲東、西頭供奉官通稱。　張仁暉：人名。籍貫不詳。本書僅此一見。　奏董

璋攻陷閬州：《舊五代史考異》："案：董璋陷閬州，《通鑑》作九月庚辰，《歐陽史》作十月乙巳，蓋以奏聞之日爲據也。"見《新五代史》卷六《唐明宗紀》長興元年十月乙巳條、《通鑑》卷二七七長興元年九月庚辰條。　李仁矩：人名。籍貫不詳。後唐明宗舊將。傳見本書卷七〇、《新五代史》卷二六。

[6]宮苑使：官名。唐朝中期始置，以宦官充任。五代後梁亦置，掌京城苑囿園地。宋初屬西班諸司使，多不領本職，僅爲武臣遷轉之階。　董光業：人名。籍貫不詳。五代後唐東川節度使董璋之子。事見本書六二、《新五代史》卷五一。

[7]武安軍：方鎮名。治所在潭州（今湖南長沙市）。　行營副都統：官名。唐末設諸道行營都統、副都統，作爲各道出征兵士的正、副統帥。　馬希聲：人名。馬殷之子，五代十國南楚君主。傳見本書卷一三三、《新五代史》卷六六。

[8]湖南：方鎮名。治所在潭州（今湖南長沙市）。　馬殷：人名。許州鄢陵（今河南鄢陵縣）人，一説上蔡（今河南上蔡縣）人。五代十國南楚開國君主。傳見本書卷一三三、《新五代史》卷六六。

[9]"中書奏"至"從之"："所試判兩節"，中華書局本有校勘記："'節'下原有'度'字，據本書卷一四八《選舉志》、《五代會要》卷二二、《册府》卷六三三删。"見《會要》卷二二雜處置條、《輯本舊史》卷一四八《選舉志》。《宋本册府》卷六三三《銓選部·條制門五》，"欲委定其等第"作"並委本官優劣等第申奏"，"文優者超一資，其次者次資"作"文優者宜超二資注擬，其次者以同類官注擬"。可互參互校。

十一月庚申朔，帝御文明殿，册皇子秦王，仗衛樂懸如儀。甲子，正衙命使册皇子宋王於鎮州。是日，幸龍門。翌日，馮道奏曰："陛下宮中無事，遊幸近郊則可矣，若涉歷山險，萬一馬足蹉跌，則貽臣下之憂。臣聞千金之子，坐不垂堂；百金之子，立不倚衡。況貴爲天子，豈可自輕哉！"帝斂容謝之。退令小黄門至中書問道垂堂、倚衡之義，[1]道因注解以聞，帝深納之。己巳，故太子少保致仕封舜卿贈太子少傅。[2]庚午，應州節度使張敬達移雲州，以捧聖都指揮使、守恩州刺史沙彦珣爲應州節度使；以潁州團練使高行周爲安北都護，充振武節度使。[3]壬申，黔南節度使楊漢賓棄城奔忠州，[4]爲董璋所攻也。乙亥，制西川節度使孟知祥削奪官爵，以其同董璋叛也。丙子，以前同州節度使羅周敬爲左監門上將軍。[5]丁丑，故兵部侍郎許光義贈禮部尚書。辛巳，西面軍前奏，今月十三日，階州刺史王弘贄、瀘州刺史馮暉，自利州取山路出劍門關外倒下，殺敗董璋守關兵士三千人，收復劍州。[6]甲申，日南至，帝御文明殿受朝賀。丙戌，以給事中鄭韜光爲左散騎常侍。[7]青州奏，得登州狀，契丹阿保機男東丹王突欲越海來歸國。[8]

[1]小黄門：官名。東漢始置，由宦官擔任，掌侍皇帝左右。

[2]太子少保：官名。與太子少傅、太子少師合稱"三少"，唐後期、五代時多爲人臣、勳貴加官。從二品。　封舜卿：人名。籍貫不詳。五代官員。傳見本書卷六八。

[3]應州：州名。治所在今山西應縣。　張敬達：人名。代州（今山西代縣）人。五代後唐將領。傳見本書卷七〇、《新五代史》卷三三。　恩州：州名。治所在今廣東陽江市。　沙彦珣：人名。籍貫不詳。五代後唐將領。事見本書卷四七、卷四八。中華書局本

有校勘記："原作'沙彦詢',據本書卷四七《唐末帝紀中》、卷四八《唐末帝紀下》、卷九四《吳巒傳》改。按《正德大同府志》卷四載明正德六年出土《沙彦珣墓碣》作'沙彦珣'。"見《輯本舊史》卷四七《唐末帝紀中》清泰二年（935）六月丙戌條、七月甲辰條、八月辛巳條,卷四八《唐末帝紀下》清泰三年七月丁酉條、八月己巳條。《吳巒傳》在卷九五,中華書局本誤。　潁州：州名。治所在今安徽阜陽市。　團練使：官名。唐代中期以後,於不設節度使的地區設團練使,掌本區各州軍事。　高行周：人名。媯州懷戎（今河北懷來縣）人。五代後唐至後周將領。傳見本書卷一二三、《新五代史》卷四八。　安北都護：官名。安北都護府長官。據《通鑑》卷二六九胡三省注,唐中葉以後,振武節度使皆帶安北都護。參見李大龍《都護制度研究》,黑龍江教育出版社 2003 年版。

　　[4]黔南：方鎮名。治所在黔州（今重慶彭水苗族土家族自治縣）。　楊漢賓：人名。籍貫不詳。五代後唐、後晉將領。事見《通鑑》卷二七七、卷二八○。中華書局本有校勘記："原作'楊漢章',據邵本校、《册府》卷四五○、《通鑑》卷二七七改。按本書卷四○《唐明宗紀六》：'（天成四年五月）以黔州留後楊漢賓為本州節度使。'影庫本粘籤：'楊漢章,原本脱"章"字,今據《通鑑》增入。'"見《輯本舊史》卷四○《唐明宗紀六》天成四年（929）五月乙酉條、《宋本册府》卷四五○《將帥部·失守門》、《通鑑》卷二七七長興元年（930）十一月甲申條。《通鑑》本作"楊漢賓",影庫本粘籤誤。　忠州：州名。治所在今重慶市忠縣。

　　[5]羅周敬：人名。魏州貴鄉（今河北大名縣）人。五代將領。傳見本書卷九一。

　　[6]瀘州：州名。治所在今四川瀘州市江陽區。　馮暉：人名。魏州（今河北大名縣）人。五代後唐至後周將領。傳見本書卷一二五、《新五代史》卷四九。　劍門關：關隘名。位於今四川劍閣縣北六十里劍門鎮北大劍山口。　劍州：州名。治所在今四川劍閣

縣。 "辛巳"至"收復劍州"：《舊五代史考異》："案：《通鑑考異》引《唐實錄》作今月十三日，大軍進攻入劍門次。十七日，收下劍州。《薛史》統繫于十三日，疑有舛誤。"見《通鑑》卷二七七長興元年十一月甲戌條《考異》引《唐實錄》。《輯本舊史》之影庫本粘籤："據《通鑑考異》引《唐實錄》云：軍前奏：'今月十三日，王弘贄、馮暉自利州入山路出劍門關外倒下，殺董璋把關兵士約三千人，獲都指揮使齊彥溫，大軍進攻入劍門次。'又，丙戌奏：'今月十七日，收下劍州，破賊千餘人，獲指揮使劉太。'是進攻劍門，收復劍州，先後殊日。《薛史》統繫於十三日，疑有舛誤，今附識于此。"見《通鑑》卷二七七長興元年十一月甲戌條《考異》引《唐實錄》。

[7]給事中：官名。秦始置。隋、唐以來，爲門下省屬官。掌讀署奏抄，駁正違失。正五品上。 鄭韜光：人名。河清（今河南孟津縣）人。 左散騎常侍：官名。門下省屬官。掌侍奉規諷，備顧問應對。正三品下。

[8]登州：州名。治所在今山東蓬萊市。 阿保機：人名。姓耶律。契丹迭剌部人。唐末契丹族首領、遼開國皇帝。紀見《遼史》卷一、卷二。 突欲：人名。本名耶律倍，小名突欲。遼太祖耶律阿保機長子，封東丹王。其弟耶律德光即位，是爲遼太宗。突欲憤而降後唐，明宗賜名李贊華。傳見《遼史》卷七二。中華書局本有校勘記："原作'托允'，注云：'舊作"突欲"，今改正。'按此係輯錄《舊五代史》時所改，今恢復原文。"又可據《新五代史》卷六《唐明宗紀》長興元年十一月丙戌條、卷七三《四夷附錄二》。《舊五代史考異》："案《遼史·太宗紀》：十一月戊寅，東丹奏：'人皇王浮海適唐。'又，《義宗傳》：'太宗既立，見疑。唐明宗聞之，遣人跨海持書密召倍，倍因畋海上。使再至，倍立木海上，刻詩曰："小山壓大山，大山全無力。羞見故鄉人，從此投外國。"攜高美人載書浮海而去。'《薛史》不載明宗密召之事，當日人皇王自以見疑出奔，當不待明宗之召也。"《遼史》卷三《太宗

紀上》天顯二年（927）十一月壬戌條載人皇王倍請述律后立太宗，亦見卷七二《義宗倍傳》。《輯本舊史》之案語：“《契丹國志》：時東丹王失職怨望，因率其部四十餘人越海歸唐。”見《契丹國志》卷二《太宗嗣聖皇帝上》天顯四年十一月條，文字稍異，又見《通鑑》卷二七七長興元年十一月條，云“契丹東丹王突欲自以失職，帥部曲四十人越海自登州來奔”。

十二月乙未，荊南奏，湖南節度使、楚國王馬殷薨，[1]廢朝三日。庚子，以前襄州節度使安元信爲宋州節度使。[2]辛丑，幸苑中。丁未，以二王後、秘書丞、襲酇國公楊仁矩卒輟朝，贈工部郎中。[3]庚戌，湖南節度使馬希聲起復，加兼中書令。壬子，以樞密院直學士、户部侍郎閣至爲澤州刺史，樞密院直學士、户部侍郎史圭爲貝州刺史。[4]甲寅，[5]遣樞密使安重誨赴西面軍前。時帝以蜀路險阻，進兵艱難，潼關已西，[6]物價甚賤，百姓輓運至利州，率一斛不得一斗，謂侍臣曰：“關西勞擾，未有成功，誰能辦吾事者！[7]朕須自行。”安重誨曰：“此臣之責也，臣請行。”帝許之。言訖而辭，翌日遂行。故西川兵馬都監、泗州防禦使李嚴贈太傅。[8]丙辰，車駕畋於西山，臘也。[9]丁巳，迴鶻遣使來朝貢。戊午，故荊南節度使、檢校太尉、兼尚書令、南平王高季興贈太尉。[10]《永樂大典》卷七千一百六十五。[11]

[1]楚國王馬殷薨：《舊五代史考異》：“案《五代春秋》：十二月，楚王殷薨。據《通鑑》，殷卒于十一月己巳，至十二月始奏聞耳。”見《五代春秋》卷上明宗仁德皇帝長興元年（930）十二月

條、《通鑑》卷二七七長興元年十一月己巳條。

[2]安元信：人名。代北（今山西代縣）人。五代後唐、後晉將領。事見本書卷三二。

[3]秘書丞：官名。三國魏始置。秘書省主官。掌圖書文籍。從五品上。　楊仁矩：人名。隋朝楊氏後裔。五代後唐官員。事見本書卷四〇。　工部郎中：官名。尚書省屬官，位在侍郎之下、員外郎之上。主持尚書省工部工部司事務。從五品上。

[4]澤州：州名。治所在今山西澤州縣。　貝州：州名。治所在今河北清河縣。

[5]甲寅：甲寅兩見。前一甲寅，記遣安重誨赴西面軍前事，後一甲寅記李嚴贈太傅事。《輯本舊史》兩甲寅之間，無其他日之記事。長興元年，十二月庚寅朔，甲寅為二十五日。其後之丙辰、丁巳、戊午分別為二七、二八、二九日，故後一“甲寅”應删。中華書局本有校勘記：“按本卷上文已有十二月甲寅，此處不當復見。”但未删。

[6]潼關：地名。關隘重地。位於今陝西潼關縣東北。

[7]誰能辦吾事者：中華書局本有校勘記：“‘誰’字原闕，據殿本、劉本、孔本、《通鑑》卷二七七補。《册府》卷一二三、卷三八九敘其事作‘孰能辦吾事者’。”見明本《册府》卷一二三《帝王部·征討門三》、《宋本册府》卷三八九《將帥部·請行門》、《通鑑》卷二七七長興元年十二月壬子條。

[8]泗州：州名。治所在今江蘇泗洪縣東南。　李嚴：人名。幽州（今北京市）人。五代後唐官員。傳見本書卷七〇、《新五代史》卷二六。

[9]臘也：中華書局本有校勘記：“‘臘’，原作‘獵’，據殿本、邵本校、《册府》卷一一五改。”明本《册府》卷一一五《帝王部·蒐狩門》，載：“十二月丙辰，車駕出金耀門，獵於西山下，臘辰故也。至晚還宮。”

[10]荊南：又稱南平。五代十國之一。後梁開平元年（907）

朱温命高季興爲荆南節度使，梁末帝時封季興爲渤海王。同光二年（924）受後唐封爲南平王。　尚書令：官名。秦始置。隋、唐前期爲尚書省長官，與中書令、侍中並爲宰相。因以李世民爲之，後皆不授，唐高宗廢其職。唐後期以李適、郭子儀有功而特授此職，爲大臣榮銜，不參與政務。五代因之。唐時爲正二品，後梁開平三年（909）升爲正一品。　高季興：人名。原名高季昌，陝州硤石（今河南三門峽市陝州區）人。南平（即荆南）開國君主。傳見本書卷一三三、《新五代史》卷六九。

[11]《大典》卷七一六五“唐”字韻“明宗（二）”事目。

舊五代史　卷四二

唐書十八

明宗紀第八

　　長興二年春正月庚申朔，帝御明堂殿受朝賀，仗衛如儀。[1]乙丑，詔曰：“故天策上將軍、守太師、尚書令、楚國王馬殷，[2]品位俱高，封崇已極，無官可贈，宜賜謚及神道碑文，仍以王禮葬。”壬申，契丹東丹王突欲自渤海國率衆到闕，[3]帝慰勞久之，錫賚加等，百僚稱賀。丙子，以沙州節度使曹義金兼中書令。[4]丁丑，東丹王突欲進本國印三紐。庚辰，以靜江軍節度使馬賓卒廢朝，[5]贈尚書令。丙戌，荆南節度使高從誨落起復，[6]加兼中書令。

　　[1]長興：後唐明宗李嗣源年號（930—933）。　明堂殿：宮殿名。位於今河南洛陽市。

　　[2]天策上將軍：官名。唐武德四年（621）置，掌國之征討，總判府事。正一品。　太師：官名。與太傅、太保合稱三師，唐後

期、五代時多爲大臣、勳貴加官。正一品。　尚書令：官名。秦始置。隋、唐前期爲尚書省長官，與中書令、侍中並爲宰相。因以李世民爲之，後皆不授，唐高宗廢其職。唐後期以李適、郭子儀有功而特授此職，爲大臣榮銜，不參與政務。五代因之。唐時爲正二品，後梁開平三年（909）升爲正一品。　馬殷：人名。許州鄢陵（今河南鄢陵縣）人，一説上蔡（今河南上蔡縣）人。五代十國時期南楚開國君主。傳見本書卷一三三、《新五代史》卷六六。

　[3]契丹：古部族、政權名。公元 4 世紀中葉宇文部爲前燕攻破，始分離而成單獨的部落，自號契丹。唐貞觀中，置松漠都督府，以其首領爲都督。唐末强盛，916 年迭剌部耶律阿保機建立契丹國（遼）。先後與五代、北宋並立，保大五年（1125）爲金所滅。參見張正明《契丹史略》，中華書局 1979 年版。　突欲：即東丹王李贊華。本名耶律倍，小名突欲。遼太祖耶律阿保機長子，封東丹王。其弟耶律德光即位，是爲遼太宗。突欲慎而降後唐，明宗賜名李贊華。傳見《遼史》卷七二。　渤海國：古國名。武周聖曆元年（698），粟末靺鞨首領大祚榮建立政權。先天二年（713），唐朝册封大祚榮爲渤海郡王，其國遂以渤海爲名。傳見本書卷一三八、《新五代史》卷七四。　契丹東丹王突欲自渤海國率衆到闕：中華書局本有校勘記：“‘王’字原闕，據殿本、《五代會要》卷二九、《册府》卷一七〇、《通鑑》卷二七七補。本卷下文同。”見《會要》卷二九契丹條、明本《册府》卷一七〇《帝王部・來遠門》、《通鑑》卷二七七長興元年（930）十一月條。《舊五代史考異》：“案：托雲歸唐，《五代春秋》作二年正月，蓋以到闕之日爲據。《歐陽史》作四年十一月丙戌，蓋以奏聞之日爲據。”見《五代春秋》明宗仁德皇帝條，《新五代史》卷六《唐明宗紀》實繫於長興元年（即天成五年）十一月丙戌。《舊五代史考異》所謂“托雲”，爲乾隆時對“突欲”之改譯。“歐陽史作四年十一月丙戌”，中華書局本有校勘記：“《新五代史》卷六《唐本紀》繫其事於長興元年十一月丙戌。”未指出其與《舊史・本紀》之差異。

[4]沙州：州名。治所在今甘肅敦煌市。《舊五代史考異》：
"案：原本作'汝州'，今據《通鑑》改正。"《通鑑》卷二七三同
光二年（924）五月乙丑條載："以權知歸義留後曹義金爲節度使。
時瓜、沙與吐蕃雜居，義金遣使間道入貢，故命之。"歸義軍節度
使駐沙州，據改。　曹義金：人名。即曹議金。祖籍亳州（今安徽
亳州市），世居敦煌。五代歸義軍節度使。參見榮新江《歸義軍史
研究：唐宋時代敦煌歷史考索》，上海古籍出版社 2015 年版。　中
書令：官名。漢代始置，隋、唐前期爲中書省長官，屬宰相之職；
唐後期多爲授予元勳大臣的虛銜。正二品。

　　[5]靜江軍：方鎮名。治所在今廣西桂林市。　馬賓：人名。
許州鄢陵（今河南鄢陵縣）人。馬殷之弟。事見本書卷三一、卷三
七。中華書局本有校勘記："原作'馬賓'，據彭校、本書卷三一
《唐莊宗紀五》、《册府》卷一七八、《新五代史》卷六六《楚世家》
改。"見《輯本舊史》卷三一《唐莊宗紀五》同光二年四月癸巳
條、《宋本册府》卷一七八《帝王部·姑息門三》長興二年二月
條、《新五代史》卷六六《楚世家》馬殷條。

　　[6]荊南：方鎮名。治所在荊州（今湖北荊州市）。　高從誨：
人名。陝州硤石（今河南三門峽市陝州區）人，南平國主，高季興
長子。傳見本書卷一三三、《新五代史》卷六九。

　　二月己丑朔，以宋州節度使趙延壽爲左武衛上將
軍，充宣徽北院使。[1]癸巳，詔貢院舊例夜試進士，今
後晝試，排門齊入，即日試畢。丁酉，幸至德宮，又幸
安元信、東丹王突欲之第。[2]辛丑，以鴻臚卿致仕賈馥
卒廢朝。[3]以樞密院使、守太尉、兼中書令安重誨爲檢
校太師、兼中書令，充河中節度使，進封沂國公。[4]己
酉，[5]以右威衛上將軍陳皋爲洋州節度使。[6]詔諸府少尹

上佐，以二十五月爲限。[7]諸州刺史、諸道行軍司馬、副使、兩使判官已下賓職，團防軍事判官、推官、府縣官等，並以三十月爲限。[8]幕職隨府者不在此例。癸丑，邠州節度使李敬周移鎮徐州。[9]詔禁天下開發無主墳墓。

[1]宋州：州名。治所在今河南商丘市睢陽區。　節度使：官名。唐時在重要地區所設掌握一州或數州軍事、民事、財政的長官。　趙延壽：人名。常山（今河北正定縣）人，本姓劉，爲後唐將領趙德鈞養子。仕至後唐樞密使，遼朝幽州節度使、燕王。傳見本書卷九八、《遼史》卷七六。　左武衛上將軍：官名。唐置，掌宮禁宿衛。唐代置十六衛，即左右衛、左右驍衛、左右武衛、左右威衛、左右領軍衛、左右金吾衛、左右監門衛、左右千牛衛，各置上將軍，從二品；大將軍，正三品；將軍，從三品。　宣徽北院使：官名。唐始置。宣徽北院的長官。初用宦官，五代以後改用士人。與宣徽南院使通掌內諸司及三班內侍之名籍，郊祀、朝會、宴享供帳之儀，檢視內外進奉名物。參見王永平《論唐代宣徽使》，《中國史研究》1995年第1期；王孫盈政《再論唐代的宣徽使》，《中華文史論叢》2018年第3期。

[2]至德宮：宮殿名。位於今河南洛陽市。　安元信：人名。代北（今山西代縣）人。五代後唐、後晉將領。事見本書卷三二。

[3]鴻臚卿：官名。秦時稱典客，漢初改大行令，漢武帝時改大鴻臚，北齊置鴻臚寺，以鴻臚寺卿爲主官，後代沿置。掌四夷朝貢、宴飲賞賜、送迎外使等禮儀活動。從三品。　賈馥：人名。籍貫不詳。故鎮州節度使王鎔判官。傳見本書卷七一。

[4]樞密院使：官名。唐代宗時始以宦官掌機密，至昭宗時借朱溫之力盡誅宦官，始改以士人任樞密使。參見李全德《唐宋變革期樞密院研究》，國家圖書館出版社2009年版。　太尉：官名。與司徒、司空並爲三公，唐後期、五代時多爲大臣、勳貴加官。正一

品。 安重誨：人名。應州（今山西應縣）人。五代後唐大臣。傳
見本書卷六六、《新五代史》卷二四。 檢校太師：官名。爲散官
或加官，以示恩寵，無實際執掌。 河中：方鎮名。治所在河中府
（今山西永濟市）。

[5]己酉：中華書局本有校勘記：“原作‘己丑’，據殿本、劉
本改。影庫本粘籤：‘己丑，以長曆推之，當作己酉。’按是月己丑
朔，此事繫於辛丑、癸丑間，當是己酉。”辛丑爲十二日，癸丑爲
二十四日，己酉爲二十一日。

[6]右威衛上將軍：官名。唐置，掌宮禁宿衛。唐代十六衛之
一。從二品。 陳皋：人名。籍貫不詳。後唐將領。事見本書本
卷、卷三九、卷四〇、卷四六。 洋州：州名。治所在今陝西
洋縣。

[7]詔諸府少尹上佐：“上佐”，中華書局本有校勘記：“原作
‘上任’，據《五代會要》卷二五、《册府》卷六三三改。影庫本粘
籤：‘上任，原作“尚佐”，今從《五代會要》改正。’”見《會
要》卷二五幕府條長興二年（931）二月中書門下奏文、《宋本册
府》卷六三三《銓選部・條制門五》長興二年正月條。 以二十
五月爲限：中華書局本有校勘記：“‘月’，原作‘日’，據《五代
會要》卷二五、《册府》卷六三三改。”

[8]刺史：官名。漢武帝時始置。州一級行政長官，總掌考覈
官吏、勸課農桑、地方教化等事。唐中期以後，節度使、觀察使轄
州而設，刺史爲其屬官，職任漸輕。從三品至正四品下。 行軍司
馬：官名。出征將領及節度使的屬官。掌軍籍符伍、號令印信，是
藩鎮重要的軍政官員。 副使：官名。即節度副使。唐、五代方鎮
屬官。位在行軍司馬之下、判官之上。 兩使判官：節度判官與觀
察判官。節度判官，唐、五代方鎮僚屬，位在行軍司馬下。分掌使
衙內各曹事，並協助使職官員通判衙事。觀察判官，唐肅宗以後
置，五代沿置。觀察使屬官，參理田賦事，用觀察使印、署狀。
軍事判官：官名。唐中期節度使、觀察使及設團練使、防禦使之州

皆置爲幕職，由各使自行辟舉。五代後唐明宗時設刺史之州亦改防禦判官而置，不得兼録事參軍。　推官：官名。唐肅宗以後置，五代沿置。爲節度、觀察、團練、防禦等使的屬官。度支、鹽鐵等使也置推官掌理刑案之事。　並以三十月爲限：中華書局本有校勘記："'月'，原作'日'，據《五代會要》卷二五、《册府》卷六三三改。"

[9]邠州：州名。治所在今陝西彬縣。　李敬周：人名。避後晋高祖石敬瑭諱改名李周。邢州内丘（今河北内丘縣）人。五代後唐、後晋將領。傳見本書卷九一、《新五代史》卷四七。　徐州：州名。治所在今江蘇徐州市。

　　三月辛酉，詔渤海國人皇王突欲宜賜姓東丹，名慕華，仍授檢校太保、安東都護，充懷化軍節度、瑞慎等州觀察等使。[1]其從慕華歸國部校，各授懷化、歸德將軍中郎將。[2]先於定州擒獲蕃將，惕隱宜賜姓狄，名懷惠，則骨宜賜姓列，名知恩，並授檢校右散騎常侍。[3]舍利則剌宜賜姓原，名知感，械骨宜賜姓服，名懷造，奚王副使竭失訖宜賜姓乙，名懷宥，三人並授檢校太子賓客。[4]甲子，以前鴻臚卿王瓊爲太僕卿。[5]丙寅，以皇子從珂爲左衛大將軍。[6]從珂自河中失守，歸清化里第，[7]至是安重誨出鎮河中，帝召見，泣而謂之曰："如重誨意，爾安得更相見耶！"因有是命。壬申，以滄州節度使孔循卒廢朝。[8]乙亥，以西京留守、權知興元軍府事王思同爲山南西道節度使，充西面行營馬步軍都虞候。[9]庚辰，以少府監聶延祚爲殿中監，以前雲州節度使楊漢章爲安州節度使。[10]乙酉，太師致仕錢鏐復授天

下兵馬都元帥、尚父、吳越國王，以其子兩浙節度使元
瓘等上表首罪，故有是命。[11]丁亥，以太常卿李愚爲中
書侍郎、平章事、集賢殿大學士。[12]

　　[1]檢校太保：官名。爲散官或加官，以示恩寵，無實際執掌。
太保，與太師、太傅合稱三師。　安東都護：唐六大都護府之一。
總章元年（668）置，治所在平壤城（今朝鮮平壤市）。　懷化軍：
方鎮名。後唐置，治所在今北京市房山區良鄉鎮。　瑞：羈縻州。
唐貞觀十年（636）於營州界置，隸營州都督。處突厥烏突汗達幹
部落。神龍初隸幽州都督。治所爲來遠縣，後移治於良鄉縣之廣陽
城（今北京市房山區良鄉鎮東北廣陽城村）。　慎：羈縻州。唐朝
始置。隸於營州，領粟末靺鞨烏素固部落。萬歲通天年間，營州陷
於契丹，因以南遷淄、青州之境，神龍初僑治良鄉之都鄉城（今北
京市房山區西南）。後廢。　觀察：官名。即觀察使。唐代後期出
現的地方軍政長官。唐玄宗開元二十一年（733）置十五道採訪使，
唐肅宗乾元元年（758）改爲觀察使。無旌節，故地位低於節度使。
掌一道州縣官的考績及民政。　瑞慎等州觀察等使：中華書局本有
校勘記：“‘慎’，原作‘鎮’，據《五代會要》卷二九、《册府》卷
一七〇、《新五代史》卷七二《四夷附錄》、《通鑑》卷二七七改。
按《通鑑》卷二七七胡注：‘時置懷化軍於慎州。瑞州領遠來一縣，
慎州領逢龍一縣，蓋皆後唐所置。《薛史》：“瑞、慎二州本遼東之
地，唐末爲懷化節度。”’”見《會要》卷二九契丹條長興元年
（930）十二月記事、明本《册府》卷一七〇《帝王部·來遠門》
長興二年三月辛酉條、《新五代史》卷七二《契丹傳》、《通鑑》卷
二七七長興二年三月辛酉條及該條胡注。
　　[2]懷化中郎將：唐代武散官。專授歸唐少數民族將領。正四
品下。　歸德將軍：官名。唐代武散官。專授歸唐少數民族將領。
從三品下。　定州：州名。治所在今河北定州市。　惕隱：人名。

契丹族。後唐明宗賜名狄懷惠。事見本書卷四〇。　則骨：人名。契丹族。後唐明宗賜名列懷造。事見本書卷四〇。中華書局本有校勘記：“原作‘哲爾格’，殿本作‘札古’。殿本考證：‘“扎古”舊作“則骨”。’按此係輯録《舊五代史》時所改，今恢復原文。”“則骨”，《册府》卷一七〇作“擔列”。

　[3]檢校右散騎常侍：官名。爲散官或加官，以示恩寵，無實際執掌。

　[4]舍利：官名。又作“沙里”，即“郎君”。隸著帳郎君院，屬北面官。管理宮中雜役等。　則剌：人名。契丹族。後唐明宗賜名原知感。事見本書卷四三、卷四七。　舍利則剌宜賜姓原：“舍利則剌”，中華書局本有校勘記：“原作‘錫里扎拉’，殿本考證：‘“錫里扎拉”舊作“舍利則剌”。’按此係輯録《舊五代史》時所改，今恢復原文。”　椷骨：人名。契丹族。後唐明宗賜名服懷造。本書僅此一見。中華書局本有校勘記：“原作‘英格’，殿本作‘裕勒古’。殿本考證：‘“裕勒古”舊作“椷骨”。’按此係輯録《舊五代史》時所改，今恢復原文。”《册府》卷一七〇、《新五代史》卷七二均作“福郎”。　奚：部族名。源出鮮卑宇文部。原稱庫莫奚，後省稱奚。參見畢德廣《奚族文化研究》，科學出版社 2016 年版。

　竭失訖：人名。奚族。後唐明宗賜名乙懷宥。本書僅此一見。檢校太子賓客：官名。太子賓客爲太子官屬，掌侍從規諫、贊相禮儀。檢校太子賓客爲散官或加官，以示恩寵，無實際執掌。

　[5]鴻臚卿：官名。秦時稱典客，漢初改大行令，漢武帝時改大鴻臚，北齊置鴻臚寺，以鴻臚寺卿爲主官，後代沿置。掌四夷朝貢、宴飲賞賜、送迎外使等禮儀活動。從三品。　王瓊：人名。籍貫不詳。事見本書本卷、卷九九。　太僕卿：官名。西漢置太僕，南朝梁始置太僕卿。太僕寺長官。掌管車馬及牲畜之政令。從三品。

　[6]從珂：人名。即後唐廢帝李從珂。鎮州（今河北正定縣）人。本姓王，後唐明宗李嗣源擄其母魏氏，遂養爲己子。應順元年

（934）四月，李從珂入洛陽即帝位。清泰三年（936）五月，石敬瑭謀反，廢帝自焚死，後唐亡。紀見本書卷四六至卷四八、《新五代史》卷七。　左衛大將軍：官名。唐置，掌宮禁宿衛。唐代十六衛之一。從二品。

[7]清化里：里坊名。位於今河南洛陽市。《輯本舊史》之影庫本粘籤："清化，原本作'情化'，今從《通鑑》注所引《薛史》改正。"見《通鑑》卷二七七長興元年四月壬寅條胡注。

[8]滄州：州名。治所在今河北滄縣舊州鎮。　孔循：人名。籍貫不詳。五代後唐大臣。傳見《新五代史》卷四三。

[9]西京：地名。指京兆府（今陝西西安市）。　留守：官名。古代皇帝出巡或親征時指定親王或大臣留守京城，綜理國家軍事、行政、民事、財政等事務，稱京城留守。在陪都或軍事重鎮也常設留守，以地方長官兼任。　權知：官名。簡稱爲"知州"。州級行政長官。參見閆建飛《唐後期五代宋初知州制的實施過程》，《文史》2019年第1期。　興元：府名。治所在今陝西漢中市。　王思同：人名。幽州（今北京市）人。後唐將領。傳見本書卷六五、《新五代史》卷三三。　山南西道：方鎮名。治所在興元府（今陝西漢中市）。　行營馬步軍都虞候：官名。五代時期出征軍隊高級統兵官。

[10]少府監：官名。少府監長官，隋初置，唐初廢，太宗時復置。掌百工技巧之事。從三品。　聶延祚：人名。籍貫不詳。五代後唐、後晉官員。事見本書卷四八、卷八〇、卷八二。　殿中監：官名。殿中省長官。掌宮廷供奉之事。從三品。　雲州：州名。治所在今山西大同市。　楊漢章：人名。籍貫不詳。五代將領。事見《通鑑》卷二八〇。　安州：州名。治所在今湖北安陸市。　以前雲州節度使楊漢章爲安州節度使：《輯本舊史》之影庫本粘籤："楊漢章，原本作'漢童'，今從《通鑑》改正。"見《通鑑》卷二八〇天福元年（936）十一月丁酉條。《輯本舊史》卷四〇《唐明宗紀六》天成四年（929）六月壬寅條載"楊漢章移鎮雲州"。

[11]錢鏐：人名。杭州臨安（今浙江杭州市臨安區）人。五代時期吳越國的建立者。傳見本書卷一三三、《新五代史》卷六七。

尚父：尊號名。意爲可尊尚的父輩。　兩浙：方鎮名。治所在今浙江杭州市。　元瓘：人名。即錢元瓘。杭州臨安（今浙江杭州市臨安區）。錢鏐之子。五代十國吳越國國主，932年至941年在位。傳見本書卷一三三、《新五代史》卷六七。

[12]太常卿：官名。太常寺長官。掌祭祀禮儀等事。正三品。李愚：人名。渤海無棣（今山東慶雲縣）人。唐末進士，五代大臣。傳見本書卷六七、《新五代史》卷五四。　中書侍郎：官名。中書省副長官。唐後期三省長官漸爲榮銜，中書侍郎、門下侍郎却因參議朝政而職位漸重，常常用爲以"同三品"或"同平章事"任宰相者的本官。正三品。　平章事：官名。唐高宗以後，實際任宰相之職者，常在其本官後加同平章事的職銜。後成爲宰相專稱。

集賢殿大學士：官名。唐中葉置，位在學士之上，以宰相兼。掌修書之事。

　　夏四月辛卯，制德妃王氏進位淑妃。詔錢鏐依舊賜不名。誅内官安希倫，[1]以其受安重誨密指，令於内中伺帝起居故也。丁酉，幸會節園宴群臣，因幸河南府。[2]詔罷州縣官到任後率斂爲地圖。又禁人毀廢所在碑碣，恐名賢遺行失所考也。[3]戊戌，詔今年四月禘饗太廟。[4]故昭義節度使李嗣昭、故幽州節度使周德威、故汴州節度使符存審，並配饗莊宗廟庭。[5]己亥，以前徐州節度使張虔釗爲鳳翔節度使。[6]癸卯，以汴州節度副使藥縱之爲户部侍郎，前宗正卿李諧爲將作監。[7]甲辰，以宣徽北院使、左衛上將軍趙延壽爲檢校太傅、行禮部尚書，充樞密使。[8]乙巳，潞州節度使劉仲殷移鎮秦州。[9]帝幸龍門佛寺祈雨。[10]己酉，[11]天雄軍節度使石敬瑭兼六軍諸衛副使。[12]辛亥，[13]以前鳳翔節度使朱弘昭爲左武衛上將軍，充宣徽南院使。[14]壬子，以兵部尚書盧質爲河陽節度使。[15]甲寅，以遂州節度使夏魯奇没於王事廢朝。[16]乙卯，[17]詔曰："久愆時雨，深疚予心。宜委諸州府長吏親問刑獄，省察冤濫，見禁囚徒，除死罪外，並放。"[18]

[1]安希倫：人名。籍貫不詳。五代後唐宦官。本書僅此一見。

[2]會節園：園林名。位於今河南洛陽市。　河南府：府名。治所在今河南洛陽市。

[3]恐名賢遺行失所考也：中華書局本有校勘記："以上九字原闕，據殿本補。"

[4]太廟：帝王的祖廟。用以供奉、祭祀皇帝先祖。

[5]昭義：方鎮名。治所在潞州（今山西長治市）。　李嗣昭：人名。汾州（今山西汾陽市）人。唐末、五代李克用義子、部將。傳見本書卷五二、《新五代史》卷三六。　幽州：州名。治所在今北京市。　周德威：人名。馬邑（今山西朔州市東北馬邑村）人。唐末、五代河東將領。傳見本書卷五六、《新五代史》卷二五。汴州：州名。治所在今河南開封市。　符存審：人名。陳州宛丘人（今河南淮陽縣）。後唐將領。傳見本書卷五六、《新五代史》卷二五。　莊宗：即後唐莊宗李存勖。五代後唐王朝的建立者。紀見本書卷二七至卷三四、《新五代史》卷五。

[6]張虔釗：人名。遼州（今山西左權縣）人。後唐、後蜀將領。傳見本書卷七四。　鳳翔：方鎮名。治所在鳳翔府（今陝西鳳翔縣）。

[7]節度副使：官名。唐、五代方鎮屬官。位於行軍司馬之下、判官之上。　藥縱之：人名。太原（今山西太原市）人。後唐官

員。傳見本書卷七一。　户部侍郎：官名。尚書省户部次官。協助户部尚書掌天下田户、均輸、錢穀之政令。正四品下。　宗正卿：官名。秦始置宗正，南朝梁始有宗正卿之官。由宗室充任。掌皇族外戚屬籍。正三品。　李諧：人名。籍貫不詳。本書僅此一見。將作監：官名。秦代設將作少府，唐代改將作監，其長官即爲將作監。掌宮廷器物置辦及宮室修建事宜。從三品。

[8]左衛上將軍：官名。唐置，掌宮禁宿衛。唐代十六衛之一。從二品。中華書局本有校勘記："'左衛上將軍'，本卷上文作'左武衛上將軍'。"見二月乙丑條。　檢校太傅：官名。爲散官或加官，以示恩寵，無實際執掌。　禮部尚書：官名。尚書省禮部主官。掌禮儀、祭享、貢舉之政。正三品。

[9]樞密使：官名。樞密院長官。五代時以士人爲之，備顧問，參謀議，出納詔奏，權侔宰相。參見李全德《唐宋變革期樞密院研究》，國家圖書館出版社 2009 年版。

[10]潞州：州名。治所在今山西長治市。　劉仲殷：人名。籍貫不詳。後唐將領。事見本書本卷、卷三五、卷三六、卷三八、卷四一、卷四四、卷四五、卷四六。　秦州：州名。治所在今甘肅天水市。　龍門：地名。位於今河南洛陽市。因兩山相對如闕，伊河從中流過，又名伊闕。唐以後習稱龍門。

[11]己酉：中華書局本有校勘記："原作'乙酉'，據殿本、劉本、孔本改。影庫本粘籤：'以《長曆》推之，乙酉當作己酉。'按是月己丑朔，無乙酉，己酉爲二十一日。"

[12]天雄軍：方鎮名。治所在魏州（今河北大名縣）。　石敬瑭：人名。沙陀部人。五代後唐將領、後晉開國皇帝。紀見本書卷七五至八〇、《新五代史》卷八。　六軍諸衛副使：官名。後唐沿唐代舊制，置六軍、諸衛。以判六軍諸衛事爲禁軍六軍與諸衛的最高統帥，六軍諸衛副使爲其貳。

[13]辛亥：中華書局本有校勘記："原作'己亥'，據殿本、劉本改。影庫本粘籤：'以《長曆》推之，己亥當作辛亥。'按是月己

丑朔，此事繫於己酉、壬子間，當是辛亥。"壬子爲二十四日，辛亥爲二十三日。

[14]朱弘昭：人名。太原（今山西太原市）人。五代後唐明宗朝樞密使、宰相。傳見本書卷六六、《新五代史》卷二七。 宣徽南院使：官名。唐始置。宣徽南院的長官。初用宦官，五代以後改用士人。與宣徽北院使通掌内諸司及三班内侍之名籍，郊祀、朝會、宴享供帳之儀，檢視内外進奉名物。參見王永平《論唐代宣徽使》，《中國史研究》1995 年第 1 期；王孫盈政《再論唐代的宣徽使》，《中華文史論叢》2018 年第 3 期。

[15]兵部尚書：官名。尚書省兵部主官。掌兵衛、武選、車輦、甲械、厩牧之政令。正三品。 盧質：人名。河南（今河南洛陽市）人。五代大臣。傳見本書卷九三、《新五代史》卷五六。河陽：方鎮名。治所在孟州（今河南孟州市）。

[16]遂州：州名。治所在今四川遂寧市。 夏魯奇：人名。青州（今山東青州市）人。五代後唐將領。傳見本書卷七〇、《新五代史》卷三三。 甲寅，以遂州節度使夏魯奇没於王事廢朝：《舊五代史考異》："案：《通鑑》：正月庚午，李仁罕陷遂州，夏魯奇自殺。《歐陽史》作四月甲寅，董璋陷遂州，武信軍節度使夏魯奇死之，與《通鑑》異。以《薛史》考之，《歐陽史》蓋誤以奏聞之日爲城陷之日，宜從《薛史》。"見《新五代史》卷六《唐明宗紀》長興二年（931）四月甲寅條、《通鑑》卷二七七長興二年正月庚午條。又，《舊五代史考異》所云"歐陽史蓋誤以奏聞之日爲城陷之日"，中華書局本有校勘記："下一'日'字，原作'月'，據彭校改。"

[17]乙卯：中華書局本有校勘記："以上二字原闕，據《册府》卷九三、卷一四五、《新五代史》卷六《唐本紀》補。《舊五代史考異》卷二：'案《歐陽史》作乙卯，以旱赦流罪以下囚。與《薛史》作壬子異。'"見明本《册府》卷九三《帝王部·赦宥門一二》長興二年四月乙卯條、《宋本册府》卷一四五《帝王部·弭災

門三》長興二年四月乙卯條、《新五代史・唐明宗紀》長興二年四月乙卯條。

　　[18]"詔曰"至"並放"：中華書局本有校勘記："以上三十五字原闕，據殿本、孔本補。"《册府》卷九三、卷一四五，"並放"均作"疏放"。

　　五月戊午朔，帝御文明殿受朝。[1]庚申，以三司使、行工部尚書張延朗爲兖州節度使。[2]辛酉，詔："近聞百執事等，或親居内職，或貴列廷臣，或宣達君恩，或勾當公事，經由列鎮，干撓諸侯，指射職員，安排親昵，或潛示意旨，或顯發書題。自今後一切止絶，有所犯者，發薦人貶官，求薦人流配。如逐處長吏自徇人情，只仰被替人詣闕上訴，[3]長吏罰兩月俸，發薦人更加一等，被替人却令依舊。"甲子，都官郎中、知制誥崔梲上言，請搜訪宣宗已來野史，以備編修。[4]從之。丁卯，詔："諸州府城郭内依舊禁麴，其麴官中自造，減舊價之半貨賣。應田畝上所徵麴錢並放，鄉村人户一任私造。"時甚便之。戊辰，中書奏，應朝臣丁憂者，望加頒賚。從之。丁丑，以祕書監劉岳爲太常卿。[5]己卯，以武德使孟漢瓊爲右衛大將軍、知内侍省，充宣徽北院使。[6]辛巳，以前相州刺史孟鵠爲左驍衛大將軍，[7]充三司使。甲申，以權知朗州軍州事、守永州刺史馬希範爲洪州節度使、檢校太傅，以權知桂州軍府事、富州刺史馬希彝爲鄂州節度使、檢校司徒。[8]乙酉，以左金吾大將軍薄文爲晋州留後。[9]鴻臚卿柳膺將齋郎文書賣與同姓人柳居則，[10]伏罪，大理寺斷當大辟，[11]緣經赦減死，追奪見任官，終身不齒。詔："應見任前資守選官等，所有本朝及梁朝出身歷任告身，並仰送納，委所在磨勘，換給公憑，只以中興已來官告，及近受文書敍理。其諸色蔭補子孫，如非虛假，不計庶嫡，並宜敍録；如實無子孫，別立人繼嗣，已補得身名者，只許敍蔭一人。[12]其不合敍使文書，限百日内焚毀須絶。此後更敢將合焚文書參選求仕，其所犯之人並傳者，並當極法。應合得資蔭出身人，並須依格依令施行。"

[1]文明殿：五代後梁開平三年（909）以貞觀殿改名，故址在今河南洛陽市。

[2]三司使：官名。五代後唐明宗天成元年（926）將晚唐以來的户部、度支、鹽鐵三部合爲一職，設三司使統之。主管國家財政。　工部尚書：官名。尚書省工部主官。掌百工、屯田、山澤之政令。正三品。　張延朗：人名。汴州（今河南開封市）人。五代後唐大臣，歷任三司使、宰相。傳見本書卷六九、《新五代史》卷二六。　兗州：州名。治所在今山東濟寧市兗州區。

[3]只仰被替人詣闕上訴：《輯本舊史》之影庫本粘籤："被替，原本作'被贊'，今從《五代會要》改正。"見《會要》卷二四諸使雜録條所載長興二年（931）五月敕，又據明本《册府》卷六六《帝王部·發號令門五》、《宋本册府》卷一六〇《帝王部·革弊門二》長興二年五月條。"人"，《會要》卷二四、《册府》卷六六作"本人"。

[4]都官郎中：官名。尚書省刑部都官司長官。掌徒刑流放配隷等事。從五品上。　知制誥：官名。掌起草皇帝的詔、誥之事，原爲中書舍人之職。唐開元末置學士院，翰林學士入院一年，則加知制誥銜，專掌任免宰相、册立太子、宣布征伐等特殊詔令，稱爲

内制。而中書舍人所撰擬的詔敕稱爲外制。兩種官員總稱兩制。

崔梲：人名。博陵安平（今河北安平縣）人。唐末、五代官員。傳見本書卷九三。 宣宗：即唐宣宗李忱。憲宗第十三子。846年至859年在位。紀見《舊唐書》卷一八下、《新唐書》卷八。

[5]祕書監：官名。秘書省長官。掌圖書秘記等。從三品。劉岳：人名。洛陽（今河南洛陽市）人。五代後唐官員。傳見本書卷六八、《新五代史》卷五五。

[6]武德使：官名。五代後唐置，爲武德司長官，掌檢校皇城啓閉與警衛。 孟漢瓊：人名。籍貫不詳。五代後唐宦官，時任宣徽南院使。傳見本書卷七二。 右衛大將軍：官名。唐置，掌宮禁宿衛。唐代十六衛之一。正三品。 内侍省：官署名。西漢宮官，多用士人，後漢始用宦者。晋置大長秋卿爲後宮官。隋時爲内侍省，煬帝改爲長秋監，武德復爲内侍。龍朔時改爲内侍監，光宅時改爲司宫臺，神龍時復爲内侍省。掌在内侍奉、出入宫掖宣傳之事，總掖廷、宫闈、奚官、内僕、内府五局之官屬。

[7]相州：州名。治所在今河南安陽市。 孟鵠：人名。魏州（今河北大名縣）人。後唐官員。傳見本書卷六九。 左驍衛大將軍：官名。唐置，掌宮禁宿衛。唐代十六衛之一。正三品。 以前相州刺史孟鵠爲左驍衛大將軍：《輯本舊史》之影庫本粘籤："相州刺史，原本脱'刺史'二字，今從《冊府元龜》增入。"見《宋本冊府》卷五一一《邦計部·曠敗門》，又見《通鑑》卷二七七長興二年五月辛巳條。

[8]朗州：州名。治所在今湖南常德市。 永州：州名。治所在今湖南永州市。 馬希範：人名。許州鄢陵（今河南鄢陵縣）人，一説上蔡（今河南上蔡縣）人。五代十國南楚開國君主馬殷之子。傳見本書卷一三三、《新五代史》卷六六。 洪州：州名。治所在今江西南昌市。 桂州：州名。治所在今廣西桂林市。 富州：羈縻州。治所在今湖北來鳳縣。 馬希萼：人名。許州鄢陵（今河南鄢陵縣）人，一説上蔡（今河南上蔡縣）人。五代十國南

楚開國君主馬殷親屬。本書僅此一見。　鄂州：州名。治所在今湖北武漢市。　檢校司徒：官名。爲散官或加官，以示恩寵，無實際執掌。

[9]左金吾大將軍：官名。唐置，掌宮禁宿衞。唐代十六衞之一。正三品。　薄文：人名。籍貫不詳。五代軍閥。事見本書本卷、卷四四。　晋州：州名。治所在今山西臨汾市。　留後：官名。唐、五代節度使多以子弟或親信爲留後，以代行節度使職務，亦有軍士、叛將自立爲留後者。掌一州或數州軍政。

[10]柳膺：人名。籍貫不詳。本書僅此一見。

[11]大理寺：官署名。掌邦國折獄詳刑之事。

[12]只許敘蔭一人：《輯本舊史》之影庫本粘籖："敘蔭，原本作'緒蔭'，今從《五代會要》改正。"未見於《會要》記載，明本《册府》卷六六《帝王部·發號令門五》長興二年五月敕、《宋本册府》卷六三三《銓選部·條制門五》長興四年五月詔皆作"緒蔭"。

閏月庚寅，制河中節度使、檢校太師、兼中書令安重誨可太子太師致仕。[1]是日，重誨男崇緒等潛歸河中。[2]以右散騎常侍張文寶爲兵部侍郎。[3]夔州節度使安崇阮棄城歸闕，[4]待罪於閤門，詔釋之。時董璋寇峽内諸州，[5]崇阮望風遁走。壬辰，陝州節度使李從璋移鎮河中。[6]癸巳，[7]升廬州爲昭順軍。[8]甲午，以衡州刺史姚彥章爲昭順軍節度使。[9]丁酉，安重誨奏："男崇贊、崇緒等到州，臣已拘送赴闕。"崇緒至陝州，詔令下獄。己亥，詔安重誨宜削奪在身官爵，並妻阿張、男崇贊崇緒等並賜死，[10]其餘親不問。壬寅，以尚書左丞崔居儉爲工部尚書，以吏部侍郎王權爲尚書左丞。[11]丙午，以隨駕馬軍都指揮使、宣州節度使安從進爲陝州節度使。[12]丁未，以前中書舍人楊凝式爲右散騎常侍。[13]戊申，以右龍武統軍王景戡爲新州節度使。[14]己酉，以右領軍上將軍李肅爲左金吾大將軍。[15]壬子，以隨駕步軍都指揮使藥彥稠爲邠州節度使。[16]癸丑，以邠州節度使劉彥琮卒廢朝，[17]贈太傅。詔有司及天下州縣，於律令格式、《六典》中録本局公事，書於廳壁，令其遵行。

[1]太子太師：官名。與太子太傅、太子太保統稱太子三師。隋、唐以後多作加官或贈官。從一品。

[2]崇緒：人名。即安崇緒。安重誨之子。五代後唐官員。事見本書本卷。　重誨男崇緒等潛歸河中：《輯本舊史》之影庫本粘籤：“崇緒，原本作‘宗諸’，今從《通鑑》改正。又，下文兼言崇贊、崇緒，疑此處有脱文，考《册府元龜》所引《薛史》亦作崇緒等，今仍其舊。”《宋本册府》卷一五四《帝王部・明罰門三》長興二年（931）閏五月條作崇緒、崇贊“偷歸本道”，《通鑑》卷二七七長興二年閏五月庚寅條作“其子崇贊、崇緒逃奔河中”。

[3]右散騎常侍：官名。中書省屬官。掌侍奉規諷，備顧問應對。正三品下。　張文寶：人名。籍貫不詳。五代後唐官員。傳見本書卷六八。　兵部侍郎：官名。兵部副長官，與尚書分掌武官銓選、勳階、考課之政。正四品下。

[4]夔州：州名。治所在今重慶市奉節縣。　安崇阮：人名。潞州上黨（今山西長治市）人。五代後唐、後晋將領。傳見本書卷九〇。

[5]董璋：人名。籍貫不詳。五代後梁、後唐將領。傳見本書卷六二、《新五代史》卷五一。　陝州：州名。治所在今河南三門峽市陝州區。

[6]李從璋：人名。五代後唐明宗從子。後唐、後晋將領。傳

見本書卷八八、《新五代史》卷一五。

[7]癸巳：《輯本舊史》原作“癸丑”，中華書局本有校勘記：“按本卷下文是月復見‘癸丑’，‘壬辰’‘甲午’之間僅‘癸巳’一日。《通鑑》卷二九三胡注引《薛史》作‘己丑’。是月戊子朔，己丑爲初二。”未改。長興二年閏五月戊子朔，此條之前爲壬辰（初五）記事，之後爲甲午（初七）記事。癸巳則爲初六。故改。《通鑑》卷二九三顯德四年（957）三月辛亥條胡注引《薛史》云“長興二年閏五月己丑，升廬州爲昭順軍”，與此差四日。

[8]廬州：州名。治所在今安徽合肥市。中華書局本有校勘記：“‘廬州’，原作‘盧州’，據邵本校改。按本書卷四四《唐明宗紀十》：‘以廬州節度使兼武安軍副使姚彥章爲檢校太尉、同平章事。’《太平寰宇記》卷一二六：‘廬州，後唐爲昭順軍節度。’”見《輯本舊史》卷四四《明宗紀十》長興四年二月丁巳條、《太平寰宇記》卷一二六《淮南道四·廬州》。　昭順軍：方鎮名。治所在今安徽合肥市。

[9]衡州：州名。治所在今湖南衡陽市。中華書局本有校勘記：“‘衡州’，《通鑑》卷二六七、《九國志》卷一一作‘橫州’。”《通鑑》卷二六七開平四年（910）條載，姚彥章爲楚王馬殷之橫州刺史，《九國志》卷一一《楚姚彥章傳》略同。　姚彥章：人名。汝南（今河南汝南縣）人。五代十國楚國官員。傳見本書附錄。

[10]己亥，詔安重誨宜削奪在身官爵，並妻阿張、男崇贊崇緒等並賜死：《舊五代史考異》：“案：《五代春秋》作五月，誅安重誨，《歐陽史》作閏五月丁酉，與《薛史》異。”見《五代春秋》卷上後唐明宗仁德皇帝條長興二年五月記事、《新五代史》卷六《唐明宗紀》閏五月丁酉條。

[11]尚書左丞：官名。尚書省佐貳官。唐中期以後，與尚書右丞實際主持尚書省日常政務，權任甚重。正四品上。後梁開平二年（908）改爲左司侍郎，後唐同光元年（923）復舊爲左丞。正四品。　崔居儉：人名。清河（今河北清河縣）人。五代後梁至後晉

官員。傳見本書附録、《新五代史》卷五五。　吏部侍郎：官名。尚書省吏部次官。協助吏部尚書掌文選、勳封、考課之政。正四品上。　王權：人名。太原（今山西太原市）人。五代官員。傳見本書卷九二、《新五代史》卷五六。

[12]都指揮使：官名。此處指宣武軍都指揮使。唐末、五代藩鎮皆置都指揮使、指揮使，爲統兵將領。　宣州：州名。治所在今安徽宣城市。　安從進：人名。五代藩鎮軍閥。傳見本書卷九八、《新五代史》卷五一。

[13]中書舍人：官名。中書省屬官。掌起草文書、呈遞奏章、傳宣詔命等。正五品上。　楊凝式：人名。籍貫不詳。唐哀帝時宰相楊涉之子。歷事後梁、後唐、後晉、後漢、後周。事見《新五代史》卷三五。　以前中書舍人楊凝式爲右散騎常侍：中華書局本有校勘記："'右'，原作'左'，據本書卷四三《唐明宗紀九》、卷一二八《楊凝式傳》改。按長興三年正月《李德休墓誌》（拓片刊《隋唐五代墓誌匯編·洛陽卷》第十五冊）署'朝散大夫守右散騎常侍柱國賜紫金魚袋楊凝式撰'。"見《輯本舊史》卷四三《唐明宗紀九》長興三年十一月己亥條。

[14]右龍武統軍：官名。唐置六軍，分左、右羽林，左、右龍武，左、右神武，即"北衙六軍"。興元元年（784），六軍各置統軍，以寵勳臣。五代沿之。其品秩，《唐會要》卷七一、《舊唐書》卷一二記載爲"從二品"；《通鑑》卷二二九記載爲"從三品"。王景戩：人名。籍貫不詳。後唐將領。事見本書本卷、卷三四、卷三七、卷三九。　新州：州名。治所在今河北涿鹿縣。

[15]右領軍上將軍：官名。唐置，掌宮禁宿衛。唐代十六衛之一。從二品。　李肅：人名。籍貫不詳。五代將領。事見本書卷一〇、卷三四、卷四五、卷四六。

[16]藥彥稠：人名。沙陀部人。五代後唐將領。傳見本書卷六六、《新五代史》卷二七。

[17]劉彥琮：人名。雲中（今山西大同市）人。後唐將領。

傳見本書卷六一。中華書局本有校勘記：“原作‘劉行琮’，據本書卷六一《劉彥琮傳》改。按本書卷四一《唐明宗紀七》：‘（長興元年十月）陝州節度使劉彥琮移鎮邠州。’劉行琮係後梁時人。”劉彥琮亦見《輯本舊史》卷四一長興元年十月己亥條。劉彥琮則見於明本《册府》卷二一四《閏位部·權略門》開平五年二月條，爲蔡州右廂指揮使，因作亂被誅。尚有一劉行琮，爲漢劉景巖之次子，亦因作亂被誅。

六月丁巳朔，復置明法科，同《開元禮》。乙丑，以皇子左衞大將軍從珂依前檢校太傅，加同平章事、行京兆尹，充西都留守。[1]庚午，以洋州節度使張温爲右龍武統軍。[2]甲戌，以魏徵八代孫韶爲安定縣主簿。[3]乙亥，以鎮州節度使、宋王從厚爲興唐尹，以天雄軍節度使石敬瑭爲河陽節度使，依前六軍諸衞副使。[4]丙子，詔諸道觀察使均補苗税，將有力人户出剩田苗，補貧下不迨頃畝，有詞者排改檢括，[5]自今年起爲定額。乙卯，[6]定州節度使李從敏移鎮州節度使，盧質爲滄州節度使。[7]庚辰，皇孫太子舍人重美授司勳員外郎，重真已下六人並授同正將軍及檢校官。[8]壬午，以前秦州節度使李德玢爲定州節度使兼北面行營副招討使。[9]太原地震。詔天下州府斷獄，先於案牘之上坐所該律令、格式及新敕，然後區分。乙酉，以前黔州節度使楊漢賓爲羽林統軍。[10]詔止絶請射係省店宅莊園。[11]

[1]京兆尹：官名。唐開元元年（713）改雍州置京兆府，治所在今陝西西安市。以京兆尹總其政務。從三品。　西都：地名。

後唐恢復唐制，以洛陽爲東都，長安爲西都。 洋州：《輯本舊史》原作“邠州”，中華書局本有校勘記：“按本卷上文，時任邠州節度使者爲藥彥稠，據本書卷四〇《唐明宗紀六》、卷五九《張溫傳》，張溫自洋州節度使入爲右龍武統軍。邠州疑爲洋州之誤。”但未改。《輯本舊史》卷四〇《明宗紀六》天成四年（929）五月乙酉條：“以左驍衛上將軍張溫爲洋州節度使”卷五九《張溫傳》：“授洋州節度使、右龍武統軍。”今據改。

[2]張溫：人名。魏縣（今河北大名縣）人。五代官員。傳見本書卷五九。

[3]魏徵：人名。一說曲陽（今河北曲陽縣）人，一說館陶（今河北館陶縣）人。唐朝大臣，以直言敢諫而聞名，襄助唐太宗締造“貞觀之治”。傳見《舊唐書》卷七一、《新唐書》卷九七。

韶：人名。即魏韶。魏徵八世孫。本書僅此一見。 安定：縣名。治所在今甘肅涇川縣北涇河北岸。《五代會要》卷一一：以唐文正公魏徵八代孫韶爲涇州安定縣主簿。則安定縣屬涇州。唐至德元載（756）安定縣已改名爲保定縣。此處稱安定縣，有兩種可能：一是用舊稱，二是後唐時曾回改爲安定縣。 主簿：官名。漢代以後歷朝均置。唐代京城百司和州縣官署，均設主簿。管理文書簿籍，參議本署政事，爲官署中重要佐官。此處指縣主簿。

[4]鎮州：州名。治所在今河北正定縣。 從厚：人名。即後唐閔帝李從厚。小名菩薩奴，明宗第三子。長興四年（933）十二月，李從厚即皇帝位。應順元年（934）四月，李從珂入洛陽即帝位，令人毒殺閔帝。紀見本書卷四五、《新五代史》卷七。 興唐尹：官名。五代後唐同光元年（923），改魏州爲興唐府。以興唐尹總其政務。從三品。 以天雄軍節度使石敬瑭爲河陽節度使：《輯本舊史》原作“以石敬瑭爲河陽天雄軍節度使以天雄軍節度使石敬班爲河陽節度使”，中華書局本有校勘記：“邵本校作‘以天雄軍節度使石敬瑭爲河陽節度使’。按本書卷七五《晉高祖紀一》及《冊府》卷八載敬瑭本月自天雄軍節度使移鎮河陽。五代史無石敬班其

人，‘以石敬瑭爲河陽天雄軍節度使’一句疑爲衍文，‘石敬班’當是‘石敬瑭’之訛。影庫本粘籤：‘以天雄軍節度使石敬班爲河陽節度使，與上文複互，疑有舛錯。考《册府元龜》所引《薛史》與《永樂大典》同，今姑仍其舊，附識於此。’今檢《册府》未記此事。”但未改。《册府》及其他文獻均無“石敬班”其人，今據《輯本舊史》卷七五《晋高祖紀一》長興二年六月條及《宋本册府》卷八《帝王部·創業門》晋高祖條天成三年四月及長興二年六月記事改。

[5]有詞者排改檢括：中華書局本有校勘記：“‘有詞’，原作‘有嗣’，據《册府》卷四八八、卷四九五（宋本）、《五代會要》卷二五改。影庫本粘籤：‘有嗣，原本作“有祠”，今從《五代會要》改正。’‘段’，原作‘改’，據《册府》卷四八八、卷四九五、《五代會要》卷二五改。”見《會要》卷二五租稅條、明本《册府》卷四八八《邦計部·賦稅門二》、《宋本册府》卷四九五《邦計部·田制門》。

[6]己卯：《輯本舊史》原作“乙卯”，中華書局本有校勘記：“按是月丁巳朔，無乙卯。此事繫於丙子、庚辰之間，疑是己卯。”但未改。該月丙子爲二十日，己卯爲二十三日，庚辰爲二十四日，今改。

[7]李從敏：人名。後唐明宗之侄。傳見本書卷一二三、《新五代史》卷一五。　河陽節度使盧質爲滄州節度使：《輯本舊史》原無“河陽節度使”五字，中華書局本有校勘記：“句上邵本校有‘河陽節度使’五字。按本卷上文：‘（長興二年四月）以兵部尚書盧質爲河陽節度使。’本書卷九三《盧質傳》：‘長興二年，授檢校太保、河陽節度使，未幾，移鎮滄州。’”但未加，今據加。

[8]重美：人名。即李重美。後唐廢帝李從珂之子。傳見本書卷五一、《新五代史》卷一六。　司勳員外郎：官名。吏部司勳司副長官。掌邦國官人之勳級。從六品上。　重真：人名。即李重真。後唐明宗孫。本書僅此一見。　檢校官：唐中後期逐漸確立，

五代沿用。多作爲使府或方鎮僚佐秩階、升遷的階官，非正式官銜。參見賴瑞和《論唐代的檢校官制》，《漢學研究》2006 年第 24 卷第 1 期。

[9]李德玭：人名。應州金城（今山西應縣）人。五代後唐、後晉將領。傳見本書卷九〇。　副招討使：官名。行營統兵官。位次行營都統、招討使。掌招撫討伐事務。

[10]黔州：州名。治所在今重慶彭水苗族土家族自治縣。　楊漢賓：人名。籍貫不詳。五代後唐、後晉將領。事見《通鑑》卷二七七、卷二八〇。《舊五代史考異》：“案：原本作‘漢章’，考上文有雲州節度使楊漢章，不應黔州節度使與之同名，今據《通鑑》改正。”見《通鑑》卷二七七長興元年十一月甲申條，又見《宋本册府》卷四五〇《將帥部·失守門》楊漢賓條。　羽林統軍：官名。唐置六軍，分左、右羽林，左、右龍武，左、右神武，即“北衙六軍”。興元元年（784），六軍各置統軍，以寵勳臣。五代沿之。其品秩，《唐會要》卷七一、《舊唐書》卷一二記載爲“從二品”，《通鑑》卷二二九記載爲“從三品”。

[11]詔止絕請射係省店宅莊園：中華書局本有校勘記：“‘請’，原作‘諸’，據《册府》卷六六改。”見明本《册府》卷六六《帝王部·發號令門五》長興二年六月敕。

秋七月庚寅，以權侍衛馬軍都指揮使、登州刺史張從賓爲壽州節度使兼侍衛步軍都指揮使。[1]壬辰，福建王延鈞上言：[2]“當境廟七所，乞封王號。”敕：“無諸史傳有名，[3]宜封爲閩越富義王，其餘任自於境內祭享。”乙未，詔：“諸道奏薦州縣官，使相先許一年薦三人，今許薦五人；不帶使相先許薦二人，今許薦三人；直屬京防禦、團練使先許薦一人，[4]今許薦二人。”詔：“應州縣官内，有曾在朝行及曾佐幕府，罷任後，準前資朝官賓從例處分。[5]其帶省銜，并内供奉、裏行及諸色出選門者，[6]或降授令録，罷任日，並依出選門例處分，便與除官，更不在赴常調。州縣官其間書得十六考者，準格敘加朝散階，亦準出選門例處分。"三司奏：[7]"先許百姓造麴，不來官場收買。伏恐課額不逮，請復已前麴法，鄉户與在城條法一例指揮，仍據已造到麴納官，量支還麥本。"從之。甲辰，前晋州節度使朱漢賓授太子少保致仕。[8]庚戌，大理正劇可久責授登州司户，刑部員外郎裴選責授衛尉寺丞，刑部侍郎李光序、判大理卿事任贊各降一官，罰一季俸，坐斷罪失入也。[9]

　　[1]登州：州名。治所在今山東蓬萊市。　張從賓：人名。籍貫不詳。五代將領。後晋時起兵響應范延光叛亂，兵敗溺亡。傳見本書卷九七。　壽州：州名。治所在今安徽壽縣。　以權侍衛馬軍都指揮使、登州刺史張從賓爲壽州節度使兼侍衛步軍都指揮使：中華書局本有校勘記："'登州'，本書卷九七《張從賓傳》作'澄州'。'張從賓'，原作'張從實'，據本書卷九七《張從賓傳》改。"

　　[2]福建：方鎮名。治所在福州（今福建福州市）。　王延鈞：人名。即王鏻。初名延鈞，王審知次子，五代十國閩國君主。傳見本書卷一二四、《新五代史》卷六八。

　　[3]無諸：人名。先秦時期閩越王。相傳爲越王句踐之後，姓騶氏。傳見《史記》卷一一四《東越列傳》。中華書局本有校勘記："'無諸'，原作'如諸'，據《册府》卷三四、《五代會要》卷一一改。按無諸事見《史記》卷一一四《東越列傳》。"見《史記》卷一一四《東越列傳》閩越條、《會要》卷一一《封嶽瀆》長興二

年（931）七月條、明本《册府》卷三四《帝王部·崇祭祀門三》長興二年七月條。

[4]防禦：官名。唐代始置，設有都防禦使、州防禦使兩種。常由刺史或觀察使兼任，實際上爲唐代後期州或方鎮的軍政長官。

團練使：官名。唐代中期以後，於不設節度使的地區設團練使，掌本區各州軍事。

[5]準前資朝官賓從例處分：中華書局本有校勘記：“‘例’，原作‘別’，據《册府》卷六三三、《五代會要》卷二二改。”見《會要》卷二二吏曹裁製條、《宋本册府》卷六三三《銓選部·條制門五》。

[6]諸色出選門者：原作“諸已出選門者”，今據劉本、《會要》卷二二吏曹裁製條改，“出選門者”，《會要》作“出選門官”。

[7]三司：官署名。五代後唐明宗天成元年（926）合鹽鐵、度支、户部爲一職，始稱三司，爲中央最高之理財機構。

[8]朱漢賓：人名。譙（今安徽亳州市）人。五代後唐將領。傳見本書卷六四、《新五代史》卷四五。　太子少保：官名。與太子少傅、太子少師合稱“三少”，唐後期、五代時多爲大臣、勳貴加官。從二品。

[9]大理正：官名。大理寺屬官。正掌參議刑辟，詳正科條之事。從五品下。　劇可久：人名。涿州范陽（今河北涿州市）人。五代官員。事見本書本卷、卷一一二、卷一一六、卷一四七。　司户：官名。州級政府僚佐。掌本州屬縣之户籍、賦税、倉庫受納等事。上州從七品下，中州正八品下，下州從八品下。　刑部員外郎：官名。協助刑部主官掌貳尚書、侍郎，舉其典憲，而辨其輕重。從六品上。　裴選：人名。籍貫不詳。本書僅此一見。　衛尉寺丞：官名。秦置衛尉。梁置十二卿，衛尉加寺字。唐龍朔年間改爲司衛寺，咸亨復也。丞掌判寺事，辨器械出納之數。從六品上。

刑部侍郎：官名。尚書省刑部次官。協助刑部尚書掌天下刑法及徒隸、勾覆、關禁之政令。正四品下。　李光序：人名。籍貫不詳。事見本書本卷、卷三二、卷三三。　大理卿：官名。大理寺長官。負責大理寺的具體事務，掌邦國折獄詳刑之事。從三品。　任贊：人名。籍貫不詳。五代後唐官員。事見本書卷四四。

八月丙辰朔，[1]詔天下州府商稅務，並委逐處差人依省司年額勾當納官。以故鎮州節度使、趙王王鎔男昭誨爲朝議大夫、司農少卿，賜紫金魚袋，繼絕也。[2]辛酉，[3]升虔州爲昭信軍。[4]癸亥，以太常少卿盧文紀爲祕書監，以祕書監馬縞爲太子賓客，左監門上將軍羅周敬爲右領軍上將軍，前懷州刺史婁繼英爲左監門上將軍。[5]乙丑，詔：“今後大理寺官員，[6]宜同臺省官例升進，法直官比禮直官任使。仍於諸道贓罰錢內，每月支錢一百貫文，賜刑部、大理兩司，[7]其刑部於所賜錢三分與一分。”丙寅，以武平軍節度使馬希振依前檢校太尉、兼侍中，[8]充虔州昭信軍節度使。詔：“百官職吏，應選授外官者，考滿日，並委本州申奏，追還本司，依舊執行公事。”己巳，太傅致仕王建立、太子少保致仕朱漢賓皆上章求歸鄉里。[9]詔內外致仕官，凡要出入，不在拘束之限。辛未，以翰林學士、兵部侍郎劉昫守本官，充端明殿學士，以左拾遺、直樞密院李崧充樞密直學士。[10]壬申，以左龍武統軍李承約爲潞州節度使。[11]癸酉，詔：“文武百官，五日內殿起居仍舊，其輪次轉對宜停。[12]若有封事，許非時上表，朔望入閣，待制候對，一依舊制。”乙亥，翰林學士、工部侍郎竇夢徵卒。[13]丁丑，以前西京副留守梁文矩爲兵部尚書。[14]己卯，[15]詔不得薦銀青階爲州縣官。壬午，詔應有朝臣、藩侯、郡守，凡欲營葬，未曾封贈，許追封贈。禮部尚書致仕李德休卒。

[1]八月丙辰朔：《輯本舊史》原作"八月丙寅"，中華書局本有校勘記："'丙寅'，本卷下文是月復見'丙寅'，兩者或有一誤，按丙寅不當在癸亥、乙丑前，是月丙辰朔，'丙寅'疑爲'丙辰'之訛。"但未改，今改，並據正史本紀記時規則在"丙辰"下加"朔"字。

[2]王鎔：人名。回鶻人。唐末、五代軍閥，朱溫封其趙王。傳見本書卷五四、《新五代史》卷三九。　昭誨：人名。即王昭誨。回鶻人。王鎔之子，後唐莊宗李存勗婿。事見本書本卷。　朝議大夫：官名。文散官。正五品下。　司農少卿：官名。唐司農寺次官。佐司農卿掌管倉廩、籍田、苑囿諸事。從四品。　紫金魚袋：輿服制度。皇帝頒賜紫色官服。唐代官員三品以上服紫。特殊情況下，京官散階未及三品者可以賜紫。五品已上賜新魚袋，並飾以銀，三品已上各賜金裝刀子礪石一具。

[3]辛酉：《輯本舊史》原作"辛丑"，中華書局本有校勘記："按是月丙辰朔，無辛丑。此事繫於癸亥前，疑爲'辛酉'。"但未改，今改。辛酉爲初六，下兩條記事分別爲癸亥（初八）、乙丑（初十）。

[4]虔州：州名。治所在今江西贛州市贛縣區。　昭信軍：方鎮名。治所在虔州（今江西贛州市贛縣區）。

[5]太常少卿：官名。太常寺次官。佐太常卿掌宗廟祭祀禮樂及教育等。正四品上。　盧文紀：人名。京兆萬年（今陝西西安市長安區）人。唐末進士，五代宰相。傳見本書卷一二七、《新五代史》卷五五。　馬縞：人名。籍貫不詳。五代官員。傳見本書卷七一、《新五代史》卷五五。　太子賓客：官名。爲太子官屬。唐高宗顯慶元年（656）始置。掌侍從規諫，贊相禮儀。正三品。　左

監門上將軍：官名。唐置，掌宮禁宿衛。唐代十六衛之一。從二品。　羅周敬：人名。魏州貴鄉（今河北大名縣）人。五代將領。傳見本書卷九一。　右領軍上將軍：中華書局本有校勘記："'右'，羅周敬墓誌（拓片刊《北京圖書館藏中國歷代石刻拓本匯編》第三十六冊）作'左'。"　懷州：州名。治所在今河南沁陽市。婁繼英：人名。籍貫不詳。五代後梁、後唐、後晉將領。傳見《新五代史》卷五一。

[6]今後大理寺官員：中華書局本有校勘記："'今後'二字原闕，據本書卷一四九《職官志》、《御覽》卷二三一引《五代史·後唐書》、《五代會要》卷一六補。《冊府》卷五〇八作'此後'。"見《會要》卷一六大理寺條、《太平御覽》卷二三一《職官部二九·大理卿》、《宋本冊府》卷五〇八《邦計部·俸祿門四》。

[7]刑部：官署名。掌天下刑法及徒隸、勾覆、關禁之政令。

[8]武平軍：方鎮名。治所在朗州（今湖南常德市）。　馬希振：人名。籍貫不詳。五代馬楚政權官員。事見本書卷三一、卷三七、卷四四、卷四七、卷八一。　檢校太尉：官名。爲散官或加官，以示恩寵，無實際執掌。　侍中：官名。秦始置。隋、唐前期爲門下省長官。唐後期多爲大臣加銜，不參與政務，實際職務由門下侍郎執行。正二品。

[9]太傅：官名。與太師、太保並爲三師。唐後期、五代時多爲大臣、勳貴加官。正一品。　王建立：人名。遼州榆社（今山西榆社縣）人。五代後唐、後晉大臣。傳見本書卷九一、《新五代史》卷四六。

[10]翰林學士：官名。由南北朝始設之學士發展而來，唐玄宗改翰林供奉爲翰林學士，備顧問、代王言。掌拜免將相、號令征伐等詔令的起草。　劉昫：人名。涿州歸義縣（今河北容城縣）人。五代大臣，曾任宰相、監修國史，領銜撰進《舊唐書》。傳見本書卷八九、《新五代史》卷五五。　端明殿學士：官名。後唐明宗始置，以翰林學士充任，負責誦讀四方書奏。　左拾遺：官名。唐代

門下省所屬的諫官。掌規諫，薦舉人才。從八品上。　直樞密院：官名。五代後唐置，莊宗同光二年（924）將崇政院復舊爲樞密院，以宰臣兼樞密使，置直樞密院一人，主持日常事務。　李崧：人名。深州饒陽（今河北饒陽縣）人。後晉宰相，歷仕後唐至後漢。傳見本書卷一〇八、《新五代史》卷五七。　樞密直學士：官名。五代後唐莊宗同光元年，改直崇政院置，選有政術文學者充任。備顧問應對。

［11］左龍武統軍：官名。唐置六軍，分左、右羽林，左、右龍武，左、右神武等，即“北衙六軍”。興元元年（784），六軍各置統軍，以寵勳臣。其品秩，《唐會要》卷七一、《舊唐書》卷一二記載爲“從二品”，《通鑑》卷二二九記載爲“從三品”。　李承約：人名。薊州（今天津市薊州區）人。五代將領。傳見本書卷九〇、《新五代史》卷四七。　以左龍武統軍李承約爲潞州節度使：《輯本舊史》之影庫本粘籤：“統軍，原本作‘統車’；承約，原本作‘丞約’，今從《薛史》列傳改正。”見《輯本舊史》卷九〇《李承約傳》，又見《新五代史》卷四七《李承約傳》。

［12］其輪次轉對宜停：中華書局本有校勘記：“‘宜停’二字原闕，據《五代會要》卷五、《冊府》卷一〇八補。”見《會要》卷五待制官條、明本《冊府》卷一〇八《帝王部·朝會門二》。

［13］工部侍郎：官名。尚書省工部次官。協助尚書掌管百工山澤水土之政令，考其功以詔賞罰，總所統各司之事。正四品下。竇夢徵：人名。同州（今陝西大荔縣）人，一作棣州（今山東惠民縣）人。唐末進士，五代後梁、後唐官員。傳見本書卷六八。

［14］副留守：官名。古代皇帝出巡或親征時指定親王或大臣留守京城，綜理國家軍事、行政、民事、財政，稱京城留守。在陪都或軍事重鎮也常設留守。時鄴都爲陪都，常設留守以守衛京師，以地方長官兼任。副留守即其副貳。　梁文矩：人名。鄆州（今山東東平縣）人。五代官員。傳見本書卷九二。

［15］己卯：中華書局本有校勘記：“原作‘乙卯’，據殿本改。

影庫本粘籤：'乙卯，以前後干支推之，當作己卯。'按是月丙辰朔，無乙卯，己卯爲二十四日。"其上條記事丁丑爲二十二日，下條記事壬午爲二十七日，當改。

　　九月丙戌，以前兗州節度使符彥超爲左龍武統軍。[1]己亥，懷化軍節度使東丹慕華賜姓名李贊華，改封隴西縣開國公。[2]應有先配諸軍契丹並賜姓名。詔天下營田務，只許耕無主荒田及召浮客，[3]不得留占屬縣編户。辛丑，樞密使、檢校太傅、刑部尚書范延光加同平章事，[4]使如故。壬寅，以中書舍人封翹爲禮部侍郎，禮部侍郎盧詹爲户部侍郎。[5]癸卯，許州節度使李從溫移鎮河東。[6]詔天下州縣官不得與部内富民於公廳同坐。辛亥，詔五坊見在鷹隼之類並可就山林解放，[7]今後不許進獻。

[1]符彥超：人名。陳州宛丘（今河南淮陽縣）人。五代後唐將領，符存審之子。傳見本書卷五六、《新五代史》卷二五。

[2]改封隴西縣開國公：中華書局本有校勘記："'縣'，《册府》卷一七〇作'郡'。"見明本《册府》卷一七〇《帝王部·來遠門》。

[3]只許耕無主荒田及召浮客：中華書局本有校勘記："'及'，原作'各'，據《五代會要》卷一五、《册府》卷四九五改。"見《會要》卷一五户部條、《宋本册府》卷四九五《邦計部·田制門》。

[4]刑部尚書：官名。尚書省刑部主官。掌天下刑法及徒隸、勾覆、關禁之政令。正三品。　范延光：人名。相州臨漳（今河北臨漳縣）人。五代後唐、後晉將領。傳見本書卷九七、《新五代

史》卷五一。　封翹：人名。籍貫不詳。事見本書卷九、卷三〇。

[5]禮部侍郎：官名。尚書省禮部次官。協助禮部尚書掌禮儀、祭享、貢舉之政。正四品下。　盧詹：人名。京兆長安（今陝西西安市）人。五代官員。傳見本書卷九三。《輯本舊史》原作“盧澹”，中華書局本有校勘記：“本書卷四〇《唐明宗紀六》：‘以中書舍人盧詹爲禮部侍郎。’”但未改。《輯本舊史》卷四〇《唐明宗紀六》天成四年（929）八月丁未條載：“以中書舍人盧詹爲禮部侍郎。”《輯本舊史》卷九三有《盧詹傳》，言：“天成中，拜禮部侍郎、知貢舉，歷御史中丞、兵部侍郎、尚書左丞、工部尚書”，“天福初，拜禮部尚書”。今據改。

[6]許州：州名。治所在今河南許昌市。　李從溫：人名。代州崞縣（今山西原平市）人。後唐明宗之侄。五代後唐將領。傳見本書卷八八、《新五代史》卷一五。　河東：方鎮名。治所在太原（今山西太原市）。

[7]辛亥，詔五坊見在鷹隼之類並可就山林解放：《舊五代史考異》：“案：《歐陽史》作丁亥，《通鑑》從《薛史》。”見《新五代史》卷六《唐明宗紀》長興二年（931）九月丁亥條、《通鑑》卷二七七長興二年九月辛亥條。長興二年九月乙酉朔，丁亥爲初三，辛亥爲二十七日。

冬十月戊午，以前北京留守、太原尹馮贇爲許州節度使。[1]辛酉，左補闕李詳上疏：[2]“以北京地震多日，請遣使臣往彼慰撫，察問疾苦，祭祀山川。”從之。先是，太原留後密奏，無敢言者，及詳有是奏，帝甚嘉之，改賜章服。丙寅，詔：“應在朝臣僚、藩侯、郡守，準例合得追贈者，新授命後，便於所司投狀，旋與施行。封妻蔭子，準格合得者，亦與施行。外官曾任朝

班，據在朝品秩格例，合得封贈敘封者，並與施行。其
補蔭，據資蔭合得者，先受官者先與收補，後受官者據
月日次第施行。"從之。

[1]北京：指五代後唐的北都太原（今山西太原市）。　太原
尹：官名。唐開元十一年（723）改并州爲太原府，治所在今山西
太原市。太原尹總其政務。從三品。　馮贇：人名。太原（今山西
太原市）人。五代後唐明宗朝宰相、三司使。傳見本書附錄、《新
五代史》卷二七。

[2]左補闕：官名。唐代諫官。武則天時始置。分爲左右，左
補闕隸於門下省，右補闕隸於中書省。掌規諫諷諭，大事可以廷
議，小事則上封奏。從七品上。　李詳：人名。籍貫不詳。五代後
唐至後周官員，歷任左補闕、中書舍人、尚書右丞、吏部侍郎。事
見本書本卷、卷七七、卷八四、卷一一一。

十一月甲申朔，日有蝕之。己丑，日南至，帝御文
明殿受賀。丁酉，以翰林學士、起居郎張礪爲兵部員外
郎、知制誥充職，以汝州防禦使張希崇爲靈州兩使留
後。[1]庚子，以左威衛上將軍華溫琪爲華州節度使。[2]福
州節度使王延鈞奏，誅建州節度使王延稟及其子繼
雄。[3]壬寅，詔今後諸道兩使判官罷任一年與比擬，書
記、支使、防禦團練判官二年，[4]推巡、軍事判官並三
年後與比擬。仍每遇除授，量與改轉官資或階勳、職次
云。以御史中丞劉贊爲刑部侍郎，以鳳州節度使孫岳充
西面閣道使。[5]壬子，鄆州奏，[6]黃河暴漲，漂溺四千餘
戶。癸丑，以給事中崔衍爲御史中丞。[7]

[1]起居郎：官名。唐代始置，屬門下省。與中書省起居舍人同掌起居注，記皇帝言行。從六品上。 張礪：人名。籍貫不詳。後唐翰林學士。後入契丹，爲翰林學士。傳見本書卷九八。 兵部員外郎：官名。兵部郎中之副職，協理諸項軍務。從六品上。 汝州：州名。治所在今河南汝州市。 張希崇：人名。薊（今天津市薊州區）人。五代官員。傳見本書卷八八、《新五代史》卷四七。

[2]左威衛上將軍：官名。唐置，掌宮禁宿衛。唐代十六衛之一。從二品。 華溫琪：人名。宋州下邑（今河南夏邑縣）人。五代將領。傳見本書卷九〇、《新五代史》卷四七。 華州：州名。治所在今陝西渭南市華州區。

[3]福州：州名。治所在今福建福州市。 建州：州名。治所在今福建建甌市。 王延稟：人名。籍貫不詳。王審知養子。與王延鈞聯合叛殺王延翰。事見《新五代史》卷六八。 繼雄：人名。即王繼雄。籍貫不詳。王延稟子。事見《新五代史》卷六八。

[4]書記：官名。唐、五代方鎮僚屬，位在判官下。掌表奏書檄等文辭之事。 支使：官名。唐、五代節度使、觀察使等下屬官員中有支使，其職掌與書記同。位在副使、判官之下，推官之上。掌表奏書檄等。 判官：官名。唐中期後，凡觀察、防禦、團練、節度各使及元帥府，設判官爲其僚屬。協理政事，或備差遣。

[5]御史中丞：官名。如不置御史大夫，則爲御史臺長官。掌司法監察。正四品下。 劉贊：人名。魏州（今河北大名縣）人。五代後唐官員。傳見《新五代史》卷二八。 鳳州：州名。治所在今陝西鳳縣。 孫岳：人名。稷州（今陝西武功縣）人。五代後唐大臣。傳見本書卷六九。

[6]鄆州：州名。治所在今山東東平縣。

[7]給事中：官名。秦始置。隋唐以來，爲門下省屬官。掌讀署奏抄，駁正違失。正五品上。 崔衍：人名。籍貫不詳。事見本書卷四四。

十二月甲寅朔，詔開鐵禁，許百姓自鑄農器、什器之屬，於秋夏田畝上，每畝輸農器錢一文五分。乙卯，畋於西郊。丁巳，以彰武軍節度使劉訓卒廢朝。[1]庚午，以前利州節度使康思立爲陝州節度使。[2]秦州地震。丁丑，詔三司，隔過兩川兵士家屬，[3]常令贍給。《永樂大典》卷七千一百六十五。[4]

[1]彰武軍：方鎮名。治所在延州（今陝西延安市）。　劉訓：人名。隰州永和（今山西永和縣）人。五代將領。傳見本書卷六一。

[2]利州：州名。治所在今四川廣元市。　康思立：人名。晉陽（今山西太原市）人。五代後唐將領。傳見本書卷七〇、《新五代史》卷二七。

[3]兩川：東川節度使與西川節度使。《輯本舊史》原作“西川”，中華書局本有校勘記：“‘隔過’，原作‘所過’，據孔本改。按本書卷四三《唐明宗紀九》：‘兩川隔過朝廷兵士不下三萬人。’”但未改“西川”爲“兩川”。見《輯本舊史》卷四三《唐明宗紀九》長興三年（932）十月己酉條。今改。

[4]《大典》卷七一六五“唐”字韻“明宗（二）”事目。

舊五代史　卷四三

唐書十九

明宗紀第九

　　長興三年春正月癸未朔，帝御明堂殿受朝賀，仗衛如式。[1]丁亥，陝州節度使安從進移鎮延州。[2]己丑，遣邠州節度使藥彥稠、靈武節度使康福率步騎七千往方渠討党項之叛者。[3]庚寅，以前北京副留守呂夢奇爲户部侍郎。[4]辛卯，以前彰國軍留後孫漢韶爲利州節度使，充西面行營副都部署兼步軍都指揮使。[5]庚子，契丹遣使朝貢。[6]辛丑，秦王從榮加開府儀同三司、兼中書令。[7]戊申，詔選人文解不合式樣，罪在發解官吏，舉人落第，次年免取文解。[8]中書門下奏：[9]“請親王官至兼侍中、中書令，則與見任宰臣分班定位，宰臣居左，諸親王居右。[10]如親王及諸使守侍中、中書令，亦分行居右，其餘使相依舊。”[11]從之。渤海、迴鶻、吐蕃遣使朝貢。[12]大理正張居琭上言：[13]“所頒諸州新定格式律令，請委逐處各差法直官一人，專掌檢討。”[14]從之。

[1]長興：後唐明宗李嗣源年號（930—933）。　明堂殿：宮殿名。後唐莊宗李存勗改朝元殿爲明堂殿，位於今河南洛陽市。受朝賀：即大朝會典禮。大朝會之日，有司排辦盛大的儀仗，在京文武百官以及地方官員在京者、藩國使人，共同向皇帝朝參、致賀、上壽，並以宴會結束典禮。

[2]陝州：州名。治所在今河南三門峽市陝州區。　節度使：官名。唐時在重要地區所設掌握一州或數州軍事、民事、財政的長官。　安從進：人名。索葛部人。五代後唐、後晉將領。傳見本書卷九八、《新五代史》卷五一。　延州：州名。治所在今陝西延安市。《輯本舊史》之影庫本粘籤：“原本作‘逮州’，今據《通鑑》改正。”檢《通鑑》未見，但五代多見延州，無逮州。

[3]邠州：州名。治所在今陝西彬縣。《舊五代史考異》：“《歐陽史》作靜難軍。”見《新五代史》卷六《唐本紀六》。按靜難軍節度使治邠州。　藥彥稠：人名。沙陀部人。五代後唐將領。傳見本書卷六六、《新五代史》卷二七。　靈武：郡名。治所在今寧夏吳忠市。乾元元年（758），改名靈州。此處代指治所在靈州的方鎮朔方軍。“靈武節度使”，中華書局本有校勘記：“本卷下文作‘前靈武節度使’。按《通鑑》卷二七七敘其事作‘前朔方節度使’，本書卷四二《唐明宗紀八》‘（長興二年十一月）以汝州防禦使張希崇爲靈州兩使留後’，則康福時已受代。句上疑脫‘前’字。”見《通鑑》卷二七七長興三年（932）正月己丑條。　康福：人名。蔚州（今河北蔚縣）人。五代後唐將領。傳見本書卷九一、《新五代史》卷四六。　方渠：縣名。治所在今甘肅環縣。　党項：部族名。源出羌族，時活躍於今甘肅東部、寧夏、陝西北部一帶。參見湯開建《党項西夏史探微》，商務印書館 2013 年版。

[4]北京：指五代後唐的北都太原。《新五代史》卷五《莊宗紀》載，同光元年（923）“十一月乙巳，復北都爲鎮州，太原爲北都”。　留守：官名。古代皇帝出巡或親征時指定親王或大臣留守京城，綜理國家軍事、行政、民事、財政，稱京城留守。在陪都

或軍事重鎮也常設留守，以地方長官兼任。副留守即其副貳。　呂
夢奇：人名。籍貫不詳。五代後唐官員。事見本書卷七三、《新五
代史》卷二六。　户部侍郎：官名。尚書省户部次官。協助户部尚
書掌天下田户、均輸、錢穀之政令。正四品下。

[5]彰國軍：方鎮名。治所在應州（今山西應縣）。　留後：
官名。唐五代節度使多以子弟或親信爲留後，以代行節度使職務，
亦有軍士、叛將自立爲留後者。掌一州或數州軍政。　孫漢韶：人
名。太原（今山西太原市）人。後唐、後蜀將領。傳見《孫漢韶
墓誌》（拓片刊《成都出土歷代墓銘券文圖録綜釋》，文物出版社
2012年版）。　利州：州名。治所在今四川廣元市。　行營副都部
署：官名。行營都部署的副官。行軍征討，掛帥率軍戰鬥，協助都
部署總管行營事務。　步軍都指揮使：官名。行營步軍長官。五代
軍隊編制，五百人爲一指揮，設指揮使、副指揮使；十指揮爲一
軍，設都指揮使、副都指揮使。中華書局本有校勘記："'都'字原
闕，據《册府》卷一二三、孫漢韶墓誌（拓片刊《成都出土歷代
墓銘券文圖録綜釋》）補。"見明本《册府》卷一二三《帝王部·
征討門三》長興三年正月條。

[6]契丹：部族、政權名。公元4世紀中葉宇文部爲前燕攻破，
始分離而成單獨的部落，自號契丹。唐貞觀中，置松漠都督府，以
其首領爲都督。唐末强盛，916年迭刺部耶律阿保機建立契丹國
（遼）。先後與五代、北宋並立，保大五年（1125）爲金所滅。參
見張正明《契丹史略》，中華書局1979年版。　朝貢：藩屬國或外
國使臣朝見君主，貢獻禮物。

[7]從榮：人名。即李從榮。沙陀部人。後唐明宗李嗣源次子。
傳見本書卷五一、《新五代史》卷一五。　開府儀同三司：官名。
魏晋始置，隋唐時爲散官之最高官階。多授功勳重臣。從一品。
中書令：官名。漢代始置，隋、唐前期爲中書省長官，屬宰相之
職；唐後期多爲授予元勳大臣的虛銜。正二品。

[8]選人：此處指獲得科舉資格，由地方解送往京城的舉人。

文解：唐宋時由州府發給舉人入京應試的證明文書。唐制，地方解試取中者，例由官府發給文解，發解入京。舉子赴京後要先繳文解，覈對無誤方可應試。

[9]中書門下：官署名。唐代以來爲宰相處理政務的機構。參見劉後濱《唐代中書門下體制研究——公文形態·政務運行與制度變遷》，齊魯書社 2004 年版。

[10]侍中：官名。秦始置。隋、唐前期爲門下省長官。唐後期多爲大臣加銜，不參與政務，實際職務由門下侍郎執行。正二品。

班：即班次、班序、班位。官員參與朝會時所在班行次序。

[11]諸使：唐前期常於省臺寺監之外，置專使處置專項事務；唐後期設置日多，各部、寺、監事務多歸諸使。唐時諸使多以内侍省官員或將軍兼充，唐末、五代方用外朝大臣。　使相：官名。唐朝後期，宰相常兼節度使，節度使亦常加宰相銜，皆稱使相。五代時，節度使多帶宰相銜，但不預朝廷政事。

[12]渤海：政權名。武周聖曆元年（698），粟末靺鞨首領大祚榮建立政權。先天二年（713），唐朝册封大祚榮爲渤海郡王，其國遂以渤海爲名。傳見本書卷一三八、《新五代史》卷七四。　迴鶻：部族名、政權名。又作“回鶻”“回紇”。原係突厥鐵勒部的一支。唐天寶三載（744）建立回鶻汗國，8 世紀末 9 世紀初，回鶻與吐蕃爭奪北庭和安西並最終取勝，統治西域。9 世紀中葉，回鶻汗國瓦解。參見楊蕤《回鶻時代：10—13 世紀陸上絲綢之路貿易研究》，中國社會科學出版社 2015 年版。　吐蕃：部族名、政權名。隋初，勢力漸盛。唐貞觀三年（629）松贊干布即贊普位，先後統一蘇毗、羊同、白蘭、党項諸部，建立吐蕃王朝。會昌二年（842），吐蕃贊普達磨遇刺死，王室内部紛争，統一王朝從此瓦解。共歷九世贊普，二百餘年。參見才讓《吐蕃史稿》，人民出版社 2010 年版。

[13]大理正：官名。大理寺官員，地位在大理寺丞之上。掌參議刑獄，詳正科條。從五品下。　張居琭：人名。籍貫不詳。五代

後唐官員，曾任大理正。事見本書本卷。

[14]格式律令：唐代將法律文書區分爲律、令、格、式四類。律是判罪量刑的依據，令是制度、規章的條文，格是用來防止奸邪的禁令，式是各種章程細則。《唐六典・刑部》載，"凡律以正刑定罪，令以設範立制，格以禁違正邪，式以軌物程事"。　法直官：官名。原爲唐後期節度使府院掌律令條文的幕僚，五代時大理寺置法直司，設法直官若干。掌檢選法律以供判刑。

　　二月乙卯，制晋國夫人夏氏追册爲皇后。[1]丙辰，幸龍門。[2]詔故皇城使李從璨可贈太保。[3]詔出選門官，罷任後周年方許擬議，自於所司投狀磨勘送中書。[4]又詔罷城南稻田務，以其所費多而所收少，欲復其水利，資於民間碾磑故也。[5]秦州奏：[6]"州界三縣之外，別有一十一鎮人户，係鎮將徵科，欲隨其便，宜復置隴城、天水二縣以隷之。"[7]詔從之。甲子，幸至德宮。[8]以右衛大將軍高居貞爲右監門衛上將軍。[9]庚午，以前華州節度使李從昶爲左驍衛上將軍，以前夔州節度使安崇阮爲右驍衛上將軍，以前新州節度使翟璋爲右領軍上將軍，以右領軍上將軍羅周敬爲右威衛上將軍。[10]辛未，中書奏："請依石經文字刻《九經》印板。"[11]從之。甲戌，靈武奏，都指揮使許審環等謀亂伏誅。[12]藥彦稠奏，誅党項阿埋等十族，與康福入白魚谷追襲叛黨，獲大首領六人、諸羌二千餘人、孳畜數千，及先劫掠到迴鶻物貨。[13]詔彦稠軍士所獲並令自收，勿得箕斂。[14]己卯，以前河中節度使索自通爲鄜州節度使。[15]懷化軍節度使李贊華進契丹地圖。[16]詔司天臺，除密奏留中外，

應奏曆象、雲物、水旱，及十曜細行、諸州災祥，一一
並報史館，以備編修。[17]壬午，藥彥稠進迴鶻可汗先送
秦王金裝胡籙，[18]爲党項所掠，至是得之以獻。帝曰：
"先詔所獲令軍士自收，今何進也？"令彥稠却與獲者。

[1]夏氏：即後唐明宗夏皇后。秦王李從榮及閔帝之生母。後
唐莊宗朝病卒。明宗朝追封爲皇后。傳見本書卷四九、《新五代史》
卷一五。　　冊：文書名。屬命令體文書。凡皇帝上尊號、追謚，皇
帝與皇后發訃告，立后妃、封親王、皇子、大長公主，拜三師、三
公、三省長官等，用"冊"。此處作"使受冊"之意。

[2]龍門：地名。位於今河南洛陽市。因兩山相對如闕，伊河
從中流過，又名伊闕。唐以後習稱龍門。

[3]皇城使：官名。唐末始置，爲皇城司長官，一般由君主的
親信充任，以拱衛皇城。　　李從璨：人名。後唐明宗李嗣源之侄。
因不屈從權臣安重誨，被重誨奏劾，貶謫賜死。傳見本書卷五一、
《新五代史》卷一五。　　太保：官名。與太師、太傅並爲三師。唐
後期、五代時多爲大臣、勳貴加官。正一品。

[4]方許擬議：中華書局本有校勘記："'許'，原作'詳'，據
彭校、《冊府》卷六三三改。"見《宋本冊府》卷六三三《銓選
部·條制門五》長興三年（932）二月敕。　　磨勘：唐宋時官吏考
績升遷的制度，即定期勘驗官員政績以定升遷。唐代文武官員考
課，由州府和百司官長考覈屬下功過，分九等注入考狀，期滿以考
績決定其升降。　　中書：官署名。"中書門下"的簡稱。唐代以來
爲宰相處理政務的機構。

[5]稻田務：管理官稻田的機構。創於五代初，後唐長興二年
（931）京城南稻田務每年獲地利一千六百貫，但支出超過收入。
碾磑：即碾坨和石磨，尤其指利用水力啓動的石磨。

[6]秦州：州名。治所在今甘肅天水市秦州區。

[7]鎮將：官名。鎮的長官。五代時，節度使自補親隨爲鎮將，與縣令分庭抗禮，公事得以專達於州。　徵科：徵收賦稅。　隴城：縣名。治所在今甘肅秦安縣隴城鄉。　天水：縣名。治所在今甘肅天水市。

[8]至德宮：宮殿名。五代後唐天成元年（926）築。位於今河南洛陽市。

[9]右衛大將軍：官名。唐置，掌宮禁宿衛。唐代置十六衛，即左右衛、左右驍衛、左右武衛、左右威衛、左右領軍衛、左右金吾衛、左右監門衛、左右千牛衛。各置上將軍，從二品；大將軍，正三品；將軍，從三品。　高居貞：人名。籍貫不詳。五代後唐將領。事見本書本卷。

[10]華州：州名。治所在今陝西渭南市華州區。　李從昶：人名。李茂貞第二子。傳見本書卷一三二。　左驍衛上將軍：中華書局本有校勘記：“‘上’，原作‘大’，據本書卷四四《唐明宗紀十》、卷一三二《李茂貞傳》改。”見《輯本舊史》卷四四《唐明宗紀十》長興四年六月丁巳條、卷一三二《李從昶傳》。　夔州：州名。治所在今重慶市奉節縣。《輯本舊史》之影庫本粘籤：“原本脫‘夔州’二字，今據《冊府元龜》增入。”見明本《冊府》卷四五三《將帥部·怯懦門》。又據《新五代史》卷六四《孟知祥傳》知長興二年正月安崇阮時任夔州節度使。　安崇阮：人名。潞州上黨（今山西長治市）人。五代後唐、後晉將領。傳見本書卷九〇。

新州：州名。治所在今河北涿鹿縣。　翟璋：人名。籍貫不詳。五代後唐、後晉將領。傳見本書卷九五。　羅周敬：人名。魏州貴鄉（今河北大名縣）人。五代將領。傳見本書卷九一。

[11]石經：指唐代的十二經刻石，又稱開成石經。始刻於唐文宗太和七年（833），開成二年（837）完成。《舊五代史考異》：“《五代會要》：長興三年二月，中書門下奏：‘請依石經文字刻《九經》印板，敕令國子監集博士儒徒，將西京石經本，各以所業本經，廣爲抄寫，仔細看讀，然後催召能雕字匠人，各部隨帙刻印

板，廣頒天下。如諸色人要寫經書，並請依所印刻本，不得更使雜本交錯。'蓋刻板之流行，實始于此。《愛日齋叢鈔》云：《通鑑》載：'後唐長興三年二月辛未，初令國子監校定《九經》，雕印賣之。'又曰：'自唐末以來，所在學校廢絶，蜀毋昭裔出私財百萬營學館，且請板刻《九經》，蜀主從之。由是蜀中文學復盛。'又曰：'唐明宗之世，宰相馮道、李愚請令判國子監田敏校定《九經》，刻板印賣，從之。後周廣順三年六月丁巳，板成，獻之。由是雖亂世，《九經》傳布甚廣。'王仲言《揮麈録》云：'毋昭裔貧賤時，嘗借《文選》于交遊間，其人有難色，發憤異日若貴，當板以鏤之遺學者。後仕王蜀爲宰相，遂踐其言，刊之印行書籍，創見于此。事載陶岳《五代史補》。後唐平蜀，明宗命太學博士李鍔書《五經》，仿其製作，刊板于國子監，爲監中刻書之始。'《猗覺寮雜記》云：'雕印文字，唐以前無之，唐末益州始有墨板。後唐方鏤《九經》，悉收人間所有經史，以鏤板爲正。見《兩朝國史》。'此則印書已始自唐末矣。案《柳氏家訓序》：'中和三年癸卯夏，鑾輿在蜀之三年也，余爲中書舍人，旬休，閲書于重城之東南，其書多陰陽雜記、占夢、相宅、九宮、五緯之流，又有字書小學，率雕板印紙，浸染不可盡曉。'葉氏《燕語》正以此證刻書不始于馮道，而沈存中又謂板印書籍：'唐人尚未盛行爲之，自馮瀛王始印《五經》，自後典籍皆爲板本。'大概唐末漸有印書，特未盛行，後人遂以爲始于蜀也。當五季亂離之際，經籍方有托而流布于四方，天之不絶斯文，信矣。"

[12]都指揮使：官名。唐末、五代藩鎮皆置都指揮使、指揮使，爲統兵將領。　許審環：人名。籍貫不詳。五代後唐將領。事見本書本卷。

[13]阿埋：党項部落。事見本書卷四八、卷一三八。《舊五代史考異》："《歐陽史》二月己卯，靜難軍節度使藥彦稠及党項戰于牛兒谷，敗之。據《薛史》則甲戌已奏捷，非己卯也。"見《新五代史》卷六《唐本紀六》長興三年二月己卯條。　與康福入白魚

谷追襲叛黨："與"，中華書局本有校勘記："'與'，原作'興'，據殿本、劉本、孔本校、彭校、《冊府》卷三九八改。影庫本批校：'與康福入白魚谷，"與"訛"興"，應改。''康福'，原作'康復'，據殿本、劉本、孔本、彭校、《冊府》卷三九八、《五代會要》卷二九改。"見《會要》卷二九《党項羌》長興三年二月條、《宋本冊府》卷三九八《將帥部·冥助門》藥彥稠條、《新五代史》卷二七《藥彥稠傳》。白魚谷，地名。今地不詳。《新五代史》卷二七載"彥稠等自牛兒族入白魚谷"。

　　[14]箕斂：用畚箕來收取。指苛斂財物。

　　[15]河中：方鎮名。治所在河中府（今山西永濟市）。　索自通：人名。太原清源（今山西清徐縣）人。五代後唐將領。傳見本書卷六五。　鄜州：州名。治所在今陝西富縣。

　　[16]懷化軍：方鎮名。後唐置，治所在今北京市房山區良鄉鎮。　李贊華：人名。本名耶律倍，小名突欲。遼太祖耶律阿保機長子，封東丹王。其弟耶律德光即位，是爲遼太宗。突欲憤而降後唐，明宗賜名李贊華。傳見《遼史》卷七二。

　　[17]司天臺：官署名。主管觀察天象、考定曆數。　留中：指君主把臣僚進呈的奏疏、表狀留下，不置可否，不作批答。　曆象：指天文星象的運行，也指觀測、推算天體運行的工作。　雲物：指天象雲氣等天候。　及十曜細行、諸州災祥，一一並報史館："十曜"，天文學名詞。金木水火土五星並日、月爲七曜，再加上羅睺、劫火、長尾彗星爲十曜。中華書局本有校勘記："《五代會要》卷一八作'十一曜'。"見《會要》卷一八諸司送史館事例條。所謂十一曜，即日、月、五星加羅睺、計都兩暗曜爲九曜，九曜再加紫氣（炁）、月孛兩暗曜爲十一曜。"災祥"，指災禍與吉祥的徵兆。"一一並報史館"，中華書局本有校勘記："'一一'，原作'宜'，據殿本、孔本、《五代會要》卷一八改。"《會要》卷一八諸司送史館事例條作"一一並申送史館"。史館，官署名。唐代始置，掌修國史。《新唐書·百官志》載，"貞觀三年置史館於門下省，

以他官兼領"。

　　[18]胡簶（lù）：箭袋，盛放箭矢之用。《集韻·屋韻》："簶，胡簶，箭室。或作簏。"

　　三月甲申，契丹遣使朝貢。靈武軍將裴昭隱等二人與進奏官阮順之隱官馬一匹，[1]有司論罪合抵法，帝曰："不可以一馬殺三人命。"笞而釋之。[2]丙申，西京奏，百姓侯可洪於楊廣城內掘得宿藏玉四團進納。[3]賜可洪二百緡、絹二百匹。庚子，以前鄜州節度使孫璋卒廢朝。[4]癸卯，帝顧謂宰臣曰："春雨稍多，久未晴霽，何也？"馮道對曰：[5]"水旱作沴，[6]雖是天之常道，然季春行秋令，臣之罪也。更望陛下廣敷恩宥，久雨無妨於聖政也。"丁未，以神捷、神威、雄威、廣捷已下指揮改爲左右羽林軍，置四十指揮，每十指揮立爲一軍，軍置都指揮使一人。[7]庚戌，帝觀稼於近郊。[8]民有父子三人同挽犁耕者，帝閔之，賜耕牛三頭。高麗國遣使朝貢。[9]以右領軍上將軍翟璋爲右羽林統軍，以前安州留後周知裕爲左神武統軍。[10]

　　[1]裴昭隱：人名。籍貫不詳。五代後唐藩鎮將領。事見本書本卷。　進奏官：官名。唐、五代藩鎮皆置邸於京師，爲駐京城的辦事機構。唐肅宗、代宗時稱上都留後院，大曆十二年（777）改稱上都進奏院。五代時，州郡不隸藩鎮者，亦置邸於京師。以進奏官主其事，掌傳送文書、情報，主持本鎮、州郡進奉。　阮順之：人名。籍貫不詳。五代後唐藩鎮官員。事見本書本卷。中華書局本有校勘記："《册府》（宋本）卷一五〇作'苑順之'，明本作'范順之'。"見《册府》卷一五〇《帝王部·寬刑門》長興三年三

月條。

[2]笞：五刑之一。用竹板或荆條拷打犯人脊背或臀腿。

[3]西京：指京兆府（今陝西西安市）。唐玄宗天寶元年（742），以京師長安爲西京。　侯可洪：人名。京兆府（今陝西西安市）人。後唐時人。事見本書本卷。　楊廣城：地名。位於今陝西西安市。

[4]孫璋：人名。歷城（今山東濟南市歷城區）人。五代後梁、後唐將領。初隸後梁將領楊師厚麾下，尋補奉化軍使。後唐莊宗時，纍遷澶州都指揮使。明宗時歷趙、登二州刺史，齊州防禦使。長興元年（930）授鄘州節度使，後罷鎮。傳見本書卷六一。

廢朝：又稱輟朝。古代帝王遇親喪或文武大臣病故，停止視朝數日，以示哀悼。

[5]馮道：人名。瀛州景城（今河北滄縣）人。五代時官拜宰相，歷仕後唐、後晉、後漢、後周，亦曾臣服於契丹。傳見本書卷一二六、《新五代史》卷五四。

[6]沴（lì）：因氣候反常而造成的灾害和破壞。

[7]神捷、神威、雄威、廣捷：均爲部隊番號。“雄威”，中華書局本有校勘記：“原作‘雄武’，據《通鑑》卷二七八胡注引《薛史》、《職官分紀》卷三五引《五代史》、《五代會要》卷一二改。”見《會要》卷一二京城諸軍條、《通鑑》卷二七八清泰元年（934）正月甲申條《考異》引《薛史》。　指揮：唐末、五代時期的一種軍事編制單位，五百人爲一“指揮”。　羽林軍：部隊番號。唐、五代禁軍。

[8]觀稼：又作“閱稼”。查看農作物生長情況，以表現朝廷重農的態度。

[9]高麗國：朝鮮半島古國。即王氏高麗。918年，後三國之一的高句麗將領王建自立爲王，改國號爲高麗，935年滅新羅，次年滅後百濟，再次統一朝鮮。參見〔朝〕鄭麟趾等《高麗史》，西南師範大學出版社2014年版。

[10]右領軍上將軍：“右”，中華書局本有校勘記：“本書卷四四《唐明宗紀十》同，本書卷九五《翟璋傳》、《冊府》卷八四五、卷八四七作‘左’。”見《輯本舊史》卷四四長興四年（933）八月辛未條、卷九五《翟璋傳》長興元年二月條，《宋本冊府》卷八四五《總錄部·膂力門》翟璋條、卷八四七《總錄部·勇門》翟璋條。　右羽林統軍：官名。唐代右羽林軍統兵官。至德二載（757）唐肅宗置禁軍，也叫神武天騎，分爲左、右神武天騎及左、右羽林，左、右龍武六軍，稱“北衙六軍”。此時復置左右羽林，仍置統軍爲羽林軍統兵官。從二品。　安州：州名。治所在今湖北安陸市。　周知裕：人名。幽州（今北京市）人。五代後梁、後唐將領。少事劉仁恭，入後梁爲歸化軍指揮使，梁亡降後唐，歷任房州刺史、安州留後等職。傳見本書卷六四、《新五代史》卷四五。左神武統軍：“左”，中華書局本有校勘記：“本書卷六四《周知裕傳》、《新五代史》卷四五《周知裕傳》作‘右’。”

夏四月甲寅，詔諸道節度使未帶使相及防禦、團練使、刺史，班位居檢校官高者爲上；[1]如檢校官同，以先授者爲上；[2]前資在見任之下。[3]新羅王金溥遣使貢方物。[4]戊午，中書奏：“準敕重定三京、諸道州府地望次第者。[5]舊制以王者所都之地爲上，今都洛陽，請以河南道爲上，關內道爲第二，河東道爲第三，餘依舊制。[6]其五府，按《十道圖》，以鳳翔爲首，河中、成都、江陵、興元爲次。[7]中興初，升魏州爲興唐府，鎮州爲真定府，望升二府在五府之上，合爲七府，餘依舊制。[8]又天下舊有八大都督府，[9]以靈州爲首，陝、幽、魏、揚、潞、鎮、徐爲次，[10]其魏、鎮已升爲七府兼具員內，相次升越、杭、福、潭等州爲都督，[11]望以十大都督府爲額，仍據升降次第，以陝爲首，餘依舊制。十道圖有大都護，請以安東大都護爲首。[12]防禦、團練等使，自來升降極多，今具見在，其員依新定十道圖以次第爲定。”從之。契丹累遣使求歸則剌愓隱等，幽州趙德鈞奏請不俞允。[13]帝顧問侍臣，亦以爲不可與。帝意欲歸之，會冀州刺史楊檀罷郡至闕，[14]帝問其事，奏曰：“此輩來援王都，[15]謀危社稷，陛下寬慈，貸其生命。苟若歸之，必復向南放箭，既知中國事情，爲患深矣。”帝然之。既而只遣則骨舍利隨來使歸蕃，不欲全拒其請也。[16]詔贈皇后曹氏曾祖父母已下爲太傅、太尉、太師、國夫人，[17]淑妃王氏曾祖父母已下爲太子太保、太傅、太師、國夫人。[18]壬戌，前樞密使、驃騎大將軍馬紹宏卒。[19]癸亥，以懷化軍節度使李贊華爲滑州節度使。[20]初，帝欲以贊華爲藩鎮，范延光等奏以爲不可。[21]帝曰：“吾與其先人約爲兄弟，故贊華來附。吾老矣，儻後世有守文之主，則此輩招之亦不來矣。”由是近臣不能抗議。甲子，以太子賓客蕭蘧爲户部尚書致仕。[22]乙丑，以天雄軍節度使、宋王從厚兼中書令。[23]辛未，以幽州節度使趙德鈞兼中書令。

[1]防禦：官名。即防禦使。唐代始置，設有都防禦使、州防禦使兩種。常由刺史或觀察使兼任，實際上爲唐代後期州或方鎮的軍政長官。　團練使：官名。唐代中期以後，於不設節度使的地區設團練使。掌本區各州軍事。　刺史：官名。漢武帝時始置。州一級行政長官，總掌考覈官吏、勸課農桑、地方教化等事。唐中期以後，節度使、觀察使轄州而設，刺史爲其屬官，職任漸輕。從三品

至正四品下。

[2]如：中華書局本有校勘記："'如'，原作'加'，據《册府》卷六一改。"見明本《册府》卷六一《帝王部・立制度門二》長興三年四月甲寅條。　檢校官：唐中後期逐漸確立，五代沿用。多作爲使府或方鎮僚佐秩階、升遷的階官，非正式官衔。參見賴瑞和《論唐代的檢校官制》，《漢學研究》2006年第24卷第1期。

[3]前資：唐制，官員任滿或因故解任而待選者，以任職經兩考以上爲"成資"，未經兩考者銓選時按前一任官資授官，稱爲"前資"。

[4]新羅：朝鮮古國。4世紀以後逐漸强大。935年爲王氏高麗所取代。傳見本書卷一三八、《新五代史》卷七四。　金溥：人名。新羅國王。事見本書本卷。　方物：諸侯國、藩屬國貢獻的地方特產。

[5]三京：即東都洛陽府、西京京兆府、北京太原府。　道：中華書局本有校勘記："'道'字原闕，據《册府》卷一四補。"見明本《册府》卷一四《帝王部・都邑門二》長興三年（932）四月戊午條。

[6]河南道：道名。唐貞觀元年（627）置，因在黃河之南，故名。轄境約當今山東、河南二省黃河故道以南，江蘇、安徽二省淮河以北地區。"河南"，《輯本舊史》之影庫本粘籤："原本作'河内'，今從《五代會要》改正。"見《會要》卷一九河南府條長興三年四月奏文、卷二〇州縣分道改置條長興三年四月奏文、明本《册府》卷一四。　關内道：道名。唐貞觀元年置。轄境相當於今陝西秦嶺以北、甘肅祖厲河流域以東、内蒙古呼和浩特市以西、陰山狼山以南的河套等地和寧夏回族自治區。　河東道：道名。唐貞觀元年置。轄境相當於今山西全部、河北西北部、内蒙古興和縣與察哈爾右翼前旗一帶。

[7]鳳翔：府名。治所在今陝西鳳翔縣。　成都：府名。治所在今四川成都市。　江陵：地名。荆州別稱，治所在今湖北荆州

市。 興元：府名。治所在今陝西漢中市。

[8]魏州：州名。治所在今河北大名縣。後唐長興三年（932）升爲興唐府。 鎮州：州名。治所在今河北正定縣。後唐長興三年升爲真定府。 合爲七府：中華書局本有校勘記：“‘府’，原作‘州’，據劉本、邵本校、《冊府》卷一四、《五代會要》卷一九改。”見《會要》卷一九諸府條長興三年四月奏文、明本《冊府》卷一四《帝王部·都邑門二》長興三年四月戊午條。

[9]都督府：唐前期在邊疆和戰略要地設置的地方軍政機構。唐高祖武德年間始置，太宗時全國有四十一個都督府，睿宗時合併爲二十四個。

[10]靈州：州名。治所在今寧夏吳忠市。 陝：州名。治所在今河南三門峽市陝州區。 幽：州名。治所在今北京市。 揚：州名。治所在今江蘇揚州市。 潞：州名。治所在今山西長治市。徐：州名。治所在今江蘇徐州市。

[11]越：州名。治所在今浙江紹興市。 杭：州名。治所在今浙江杭州市。 福：州名。治所在今福建福州市。 潭：州名。治所在今湖南長沙市。

[12]大都護：官署名。即大都護府。唐太宗至武則天時設安東、安西、安北、單于、北庭六個大都護府。掌轄境的邊防、行政及民族事務。 安東：即安東都護府，唐六大都護府之一。總章元年（668）置，治所在平壤城（今朝鮮平壤市）。

[13]則剌惕隱：則剌，人名。契丹人，爲後唐俘虜。惕隱，官名。出自契丹語。遼朝惕隱主要分爲兩類。中央惕隱掌管皇族教化和皇族戶籍；地方惕隱，即遼朝在各部族及屬國屬部設置的惕隱。各部族的惕隱配合部族節度使管理部族事務，屬國屬部惕隱一般爲該部酋長。參見鞠賀《遼朝惕隱研究》，《西北民族大學學報》2019 年第 1 期。“則剌”，中華書局本有校勘記：“原作‘扎剌特哩袞’，注云：‘舊作“則剌惕隱”，今改正。’按此係輯録《舊五代史》時所改，今恢復原文。”又見明本《冊府》卷一七〇《帝王

部・來遠門》長興二年三月辛酉條、《新五代史》卷七二《契丹傳》。　趙德鈞：人名。幽州（今北京市）人。初爲幽州節度使劉守光部將，後爲後唐將領，後又投降遼國。傳見本書卷九八。

［14］冀州：州名。治所在今河北衡水市冀州區。中華書局本有校勘記：“原作‘翼州’，據劉本、邵本校、本書卷九七《楊光遠傳》、《册府》卷九九四、《通鑑》卷二七七改。”見明本《册府》卷九九四《外臣部・備禦門七》長興三年四月庚申條。五代冀州多見，無翼州。　楊檀：人名。即楊光遠。沙陀部人。五代後唐、後晋將領。傳見本書卷九七、《新五代史》卷五一。

［15］王都：人名。中山陘邑（今河北定州市）人。本姓劉，後爲義武軍節度使王處直之養子。五代軍閥。傳見本書卷五四。

［16］則骨舍利：則骨，人名。契丹人，爲後唐俘虜。舍利，官名。又作“沙里”，即“郎君”。隸著帳郎君院，屬北面官。管理宮中雜役等。“則骨舍利”，中華書局本有校勘記：“原作‘哲爾格錫里’，注云：‘舊作“則骨舍利”，今改正。’按此係輯録《舊五代史》時所改，今恢復原文。”又明本《册府》卷一七〇“則骨”作“擔列”。

［17］曹氏：即後唐明宗曹皇后。籍貫不詳。閔帝時封皇太后。後唐亡，與廢帝一同自焚而死。傳見本書卷四九、《新五代史》卷一五。　已下：中華書局本有校勘記：“‘已下’二字原闕，據殿本補。”　太傅：官名。與太師、太保並爲三師。唐後期、五代時多爲大臣、勳貴加官。正一品。　太尉：官名。與司徒、司空並爲三公，唐後期、五代時多爲大臣、勳貴加官。正一品。　太師：官名。與太保、太傅並爲三師。唐後期、五代時多爲大臣、勳貴加官。正一品。

［18］淑妃王氏：爲後唐明宗后妃，姓王，封淑妃。事見本書卷五一、本書卷一五。　曾祖父母已下：中華書局本有校勘記：“‘曾祖父母已下’，原作‘曾祖父祖父母’，據殿本改。”　太子太保：官名。與太子太師、太子太傅統稱太子三師。隋唐以後多作加官或

贈官。從一品。

　　[19]樞密使：官名。樞密院長官。五代時以士人爲之，備顧問、參謀議，出納詔奏，權侔宰相。參見李全德《唐宋變革期樞密院研究》，國家圖書館出版社 2009 年版。　驃騎大將軍：官名。漢代時驃騎大將軍爲軍事統帥，僅次於大將軍。北齊始以驃騎大將軍爲散官將軍，唐宋沿置，爲武散官。從一品。　馬紹宏：人名。又作"李紹宏"。籍貫不詳。後唐莊宗近臣。傳見本書卷七二。

　　[20]滑州：州名。治所在今河南滑縣。

　　[21]范延光：人名。鄴郡臨漳（今河北臨漳縣）人。五代後唐、後晉將領。傳見本書卷九七。

　　[22]太子賓客：官名。爲太子官屬。唐高宗顯慶元年（656）始置。掌侍從規諫、贊相禮儀。正三品。　蕭遘：人名。籍貫不詳。唐末曾任主客郎中、永樂令，五代後唐時爲太子賓客、戶部尚書。事見本書本卷、《舊唐書》卷二〇下、《山西通志》卷七四。

　　戶部尚書：官名。戶部最高長官。掌管全國土地、戶籍、賦税、財政收支諸事。正三品。　致仕：官員告老辭官。

　　[23]天雄軍：方鎮名。治魏州（今河北大名縣）。　從厚：人名。即李從厚。後唐閔帝。明宗李嗣源第三子。紀見本書卷四五、《新五代史》卷七。

　　五月壬午朔，帝御文明殿受朝。[1]詔禁網羅、彈射、弋獵。丁亥，以二王後、前詹事府司直楊延紹爲右贊善大夫，仍襲封酅國公，食邑三千户。[2]丁酉，以太子太師致仕孔勔卒廢朝。[3]興元奏，東、西兩川各舉兵相持。[4]甲辰，以文宣王四十三代孫曲阜縣主簿孔仁玉爲兗州龔丘令，襲文宣公。[5]戊申，襄州奏，漢江大漲，水入州城，壞民廬舍。[6]樞密使奏："近知兩川交惡，如令一賊兼有兩川，撫衆守險，恐難討除，欲令王思同以興元之師伺便進取。"[7]詔從之。

[1]文明殿：宮殿名。五代後梁開平三年（909）以貞觀殿改名，爲洛陽宮城之前殿。故址在今河南洛陽市。　受朝：五月朔受朝，爲大朝會的一種。唐德宗朝始詔於五月朔行大朝會禮，唐憲宗廢止。後唐明宗復置。事見《册府》卷一〇八。

[2]二王後：中國古代新王朝建立後封前朝的皇室後裔，給以爵位，以示敬重。參見謝元魯《隋唐五代的特殊貴族——二王三恪》，《中國史研究》1994年第2期。　詹事府司直：官名。唐、五代太子詹事府屬官。掌糾劾官僚及率府之兵。正七品上。　楊延紹：人名。隋朝楊氏後裔。五代後唐官員。事見本書本卷。　右贊善大夫：官名。即太子右贊善大夫。掌規諫太子過失，贊相禮儀等事。正五品。　酅國公：五代二王三恪制度下，隋朝楊氏後裔受封的爵名。《册府》卷二一一稱，隋朝楊氏子孫爲酅國公。　食邑：即封地、封邑。食邑之名，蓋取受封者不之國，僅食其租税之意。

三千户：中華書局本有校勘記："'三'，原作'二'，據《册府》卷一七三改。按本書卷四〇《唐明宗紀六》、卷五一《許王從益傳》、《册府》卷一七三，五代二王後例食邑三千户。"見《宋本册府》卷一七三《帝王部·繼絶門》天成四年（929）八月、長興三年（932）五月等條、《輯本舊史》卷四〇《唐明宗紀六》天成四年八月辛丑條所載楊仁矩食邑、卷五一《許王從益傳》所載李從益食邑。

[3]太子太師：官名。與太子太傅、太子太保統稱太子三師。隋唐以後多作加官或贈官。從一品。　孔勍：人名。兗州（今山東濟寧市兗州區）人。唐末、五代將領。傳見本書卷六四。

[4]兩川：指唐、五代方鎮劍南東川、劍南西川，簡稱兩川或東、西川。唐至德二載（757）分劍南節度使東部地區置劍南東川

節度使，治所在梓州（今四川三臺縣）。劍南西川，治所在成都府（今四川成都市）。

　　[5]曲阜縣：縣名。治所在今山東曲阜市。　　主簿：官名。漢代以後歷朝均置。唐代京城百司和地方官署，均設主簿。管理文書簿籍，參議本署政事，爲官署中重要佐官。其官階品秩，因官署而不同。　　孔仁玉：人名。孔子第四十三代嫡長孫。後唐時襲封文宣公。事見本書本卷、卷一一二。　　兗州：州名。治所在今山東濟寧市兗州區。　　龔丘：縣名。治所在今山東寧陽縣。　　令：官名。即縣令。爲縣的行政長官，掌治本縣。唐代之縣，分赤（京）、次赤、畿、次畿、望、緊、上、中、中下、下十等。縣令分六等，正五品上至從七品下。

　　[6]襄州：州名。治所在今湖北襄陽市。　　漢江：水名。長江支流，即今漢江。源出今陝西西南部，在今湖北武漢市匯入長江。

　　[7]王思同：人名。幽州（今北京市）人。後唐將領。傳見本書卷六五、《新五代史》卷三三。

　　六月壬子朔，幽州趙德鈞奏：“新開東南河，自王馬口至淤口，[1]長一百六十五里，闊六十五步，深一丈二尺，以通漕運，舟勝千石，畫圖以獻。”甲寅，以權知高麗國事王建爲檢校太保，封高麗國王。[2]丁巳，衛州奏，河水壞堤，東北流入御河。[3]戊午，荊南奏：“東川董璋領兵至漢州，西川孟知祥出兵逆戰，璋大敗，得部下人二十餘，走入東川城，尋爲前陵州刺史王暉所殺，孟知祥已入梓州。”[4]辛酉，范延光奏曰：“孟知祥兼有兩川，彼之軍衆皆我之將士，料其外假朝廷形勢以制之，然陛下苟不能屈意招携，彼亦無由革面。”帝曰：“知祥予故人也，以賊臣間諜，故兹阻隔，今因而撫之，何屈意之有！”由是遣供奉官李存瓌使西川，齎詔以賜知祥。[5]詔以霖雨積旬，久未晴霽，京城諸司繫囚，並宜釋放。甲子，以大雨未止，放朝參兩日。[6]洛水漲泛二丈，廬舍居民有溺死者。以前濮州刺史武延翰爲右領軍上將軍，前階州刺史王弘贄爲左千牛上將軍。[7]金、徐、安、潁等州大水，鎮州旱。[8]詔應水旱州郡，各遣使人存問。

[1]王馬口：河口名。當位於今北京市一帶。　淤口：河口名。附近有淤口關。位於今河北霸州市。

[2]王建：人名。高麗開國皇帝，廟號太祖。參見〔朝〕鄭麟趾等《高麗史》卷二。　檢校太保：官名。爲散官或加官，以示恩寵，無實際執掌。

[3]衛州：州名。治所在今河南衛輝市。　御河：水名。即永濟渠、衛河，流經魏州（今河北大名縣），至今天津市入海。《宋史·河渠志》載，“御河源出衛州共城縣百門泉”，百門泉位於今河南輝縣市蘇門山。

[4]“戊午”至“璋大敗”：《舊五代史考異》：“《通鑑》：孟知祥克東川在五月，《五代春秋》《歐陽史》俱作六月，蓋以《薛史》奏聞之日爲據。”見《五代春秋》長興三年（932）六月條、《新五代史》卷六《唐本紀六》長興三年六月甲寅條、《通鑑》卷二七七長興三年五月甲申條。　荆南：五代十國之一。又稱南平。後梁開平元年（907）朱温命高季興爲荆南節度使，梁末帝時封季興爲渤海王。同光二年（924）受後唐封爲南平王。　董璋：人名。籍貫不詳。五代後梁、後唐將領。傳見本書卷六二、《新五代史》卷五一。　漢州：州名。治所在今四川廣漢市。　孟知祥：人名。邢州龍岡（今河北邢臺市）人。李克用女婿，五代十國後蜀開國皇帝。傳見本書卷一三六、《新五代史》卷六四。　陵州：州名。治

所在今四川仁壽縣。　王暉：人名。籍貫不詳。五代將領。事見本書卷一〇七《史弘肇傳》、《通鑑》卷二八五。　梓州：州名。治所在今四川三臺縣。

　[5]供奉官：泛指侍奉皇帝左右的臣僚，亦爲東、西頭供奉官通稱。　李存瓌：人名。避後唐莊宗諱作"李瓌"。籍貫不詳。後唐供奉官。後漢時爲河東節度副使，北漢建立後，受北漢世祖劉旻重用。事見本書本卷、卷一三五。《舊五代史考異》："《通鑑》作李存瓌，唐人避莊宗諱，故去'存'字。"中華書局本作"李瓌"，今據《通鑑》卷二七七長興三年六月條回改。下文九月壬辰、冬十月己酉條同。

　[6]放朝參：放免朝參，即罷朝、免朝之意。

　[7]濮州：州名。治所在今山東鄄城縣。　武延翰：人名。又作"武廷翰"。籍貫不詳。五代後唐至後周官員，歷任濮州、鄆州刺史，右領衛上將軍、右監門上將軍，耀州團練使等職。事見本書卷四五、卷四八、卷一一一。中華書局本有校勘記："《册府》卷八一作'武廷翰'。本書卷四八《唐末帝紀下》、卷一一一《周太祖紀二》有武廷翰。"見明本《册府》卷八一《帝王部·慶賜門三》清泰元年（934）七月條，《輯本舊史》卷四八《唐末帝紀下》清泰三年五月乙卯條、卷一一一《周太祖紀二》廣順元年（951）九月癸亥條。　階州：州名。治所在今甘肅隴南市武都區。　王弘贊：人名。籍貫不詳。後唐明宗時爲衛州刺史。潞王李從珂起兵東進，後唐閔帝奔投衛州。從珂稱帝，他受命鴆殺閔帝。後晉時曾官鳳翔行軍司馬。傳見本書附錄、《新五代史》卷四八。

　[8]金：州名。治所在今陝西安康市。　安：州名。治所在今湖北安陸市。　潁：州名。治所在今安徽阜陽市。

　秋七月辛巳朔，以天下兵馬元帥、尚父、吳越國王錢鏐薨，廢朝三日。[1]丙戌，詔賜諸軍救接錢有差。[2]戊子，正衙命使册高麗國王王建。[3]靈武奏，夏州界党項七百騎侵擾，當道出師擊破之，生擒五十騎，追至賀蘭山下。[4]己丑，兩浙節度使錢元瓘起復，加守中書令。[5]青州節度使王晏球加兼中書令。[6]秦、鳳、兗、宋、亳、潁、鄧大水，漂邑屋，損苗稼。[7]夔州赤甲山崩。[8]壬辰，以前太僕卿鄭續爲鴻臚卿，以前兗州行軍司馬李鏻爲户部尚書。[9]乙未，福建節度使王延鈞進絹表云：[10]“吴越王錢鏐薨，乞封臣爲吴越王。湖南馬殷官是尚書令，[11]殷薨，請授臣尚書令。”不報。戊戌，太子賓客李光憲以禮部尚書致仕。[12]己亥，以前靈武節度使康福爲涇州節度使。[13]幽州衙將潘昊上言，知故使劉仁恭於大安山藏錢之所，樞密院差人監往發之，竟無所得。[14]以皇子西京留守、京兆尹從珂爲鳳翔節度使。[15]廢鳳州武興軍節制爲防禦使，并所管興、文二州並依舊隸興元府。[16]丁未，以門下侍郎兼吏部尚書、同平章事、監修國史趙鳳爲檢校太傅、同平章事，充邢州節度使。[17]詔諸州府遭水人户各支借麥種及等第賑貸。[18]

[1]天下兵馬元帥：官名。唐代朝廷有重大軍事行動則置，在實際或名義上統帥天下軍隊。中華書局本有校勘記：“本書卷四二《唐明宗紀八》作‘天下兵馬都元帥’。”見《輯本舊史》卷四二《唐明宗紀八》長興二年（931）三月乙酉條。　尚父：尊號名。意爲可尊尚的父輩。　吴越國：五代十國之吴越國。後梁開平元年（907），封鎮海節度使錢鏐爲吴越王，領有今浙江之地及江蘇的一部分。北宋太平興國三年（978），錢俶向北宋納土，吴越亡。　錢鏐：人名。臨安（今浙江杭州市臨安區）人。五代時期吴越國建立

者。傳見本書卷一三三、《新五代史》卷六七。　薨：古代有一定地位的人去世稱薨。周時諸侯去世稱薨，唐代二品以上官員去世亦稱薨。　廢朝三日：《舊五代史考異》："《五代春秋》：七月，吳越王錢鏐薨，蓋祇以《薛史》廢朝之日爲據也。《通鑑》作三月庚戌，與《九國志》同。"中華書局本有校勘記："'同'，原作'異'，據孔本改。按《九國志》卷五原注作'三月庚戌'。"見《通鑑》卷二七七長興三年三月庚戌條、《九國志》卷五《吳越世家》武肅王條。

[2]救接錢：《舊五代史考異》："'救接錢'，疑有舛誤，考《册府元龜》亦作'救接'，今仍其舊。"明本《册府》卷六六《帝王部‧發號令門五》、《宋本册府》卷一三五《帝王部‧愍征役門》、卷一四〇《帝王部‧旌表四》均見"救接錢"之稱謂。

[3]正衙：即"正衙常參"朝會。原意爲正殿，後指在正殿舉行的正衙常參。後唐時，正衙當在洛陽文明殿（貞觀殿）舉行。

[4]夏州：州名。治所在朔方縣（今陝西靖邊縣）。　賀蘭山："賀蘭"，《輯本舊史》之影庫本粘籤："原本作'駕蘭'，今從《歐陽史》改正。"檢《新五代史》未見，見《通鑑》卷二七八長興三年七月朔條。五代無駕蘭山。

[5]兩浙：地區名。浙東、浙西的合稱。泛指今浙江全省及江蘇南部一角。　錢元瓘：人名。祖籍臨安（今浙江杭州市臨安區）。錢鏐之子。五代十國吳越國國主，932年至941年在位。傳見本書卷一三三、《新五代史》卷六七。　起復：官吏服喪未滿而再起用。

中書令：中華書局本有校勘記："'中書令'，原作'尚書令'，據本書卷四四《唐明宗紀十》、《通鑑》卷二七八、《吳越備史》卷二、《全唐文》卷八五九《吳越文穆王錢元瓘碑銘》改。《化度院陁羅尼經幢并記》（拓片刊《北京圖書館藏中國歷代石刻拓本匯編》第三十六册）末題'長興四年癸巳三月二十六日……守中書令錢元瓘記'。按本書卷七九《晉高帝紀五》，元瓘至天福五年方加尚書令。"見《輯本舊史》卷四四《唐明宗紀十》長興四年七月丁亥條、卷七九《晉高帝紀五》天福五年（940）十月丁酉條、《通鑑》卷二七八長興三年七月己丑條、《吳越備史》卷二。

[6]青州：州名。治所在今山東青州市。　王晏球：人名。洛陽（今河南洛陽市）人。五代將領。傳見本書卷六四、《新五代史》卷四六。

[7]秦：州名。治所在今甘肅天水市。　鳳：州名。治所在今陝西鳳縣。　宋：州名。治所在今河南商丘市睢陽區。　亳：州名。治所在今安徽亳州市。　鄧：州名。治所在今河南鄧州市。

[8]赤甲山：山名。位於今重慶市奉節縣。

[9]太僕卿：官名。漢代始置，太僕寺長官，掌御用車馬及國家畜牧事宜。正三品。　鄭續：人名。籍貫不詳。五代後唐官員，歷任司農卿、太僕卿、鴻臚卿、將作少監。事見本書卷三九、卷一三八。《新五代史》卷七四作“鄭續”，《五代會要》卷二八作“鄭質”。　鴻臚卿：官名。南朝梁武帝天監七年（508）改大鴻臚置，爲十二卿之一，掌接待周邊少數民族賓客、朝會禮儀贊導等，九班。唐朝時加掌喪葬禮儀。五代沿置。從三品。　行軍司馬：官名。出征將領及節度使的屬官。掌軍籍符伍、號令印信，是藩鎮重要的軍政官員。　李鏻：人名。唐朝宗室、五代大臣。傳見本書卷一〇八、《新五代史》卷五七。

[10]福建：方鎮名。治所在福州（今福建福州市）。　王延鈞：人名。即王鏻。王審知次子，五代十國閩國君主。傳見本書卷一三四、《新五代史》卷六八。

[11]湖南：方鎮名。又稱武安軍節度。治所在潭州（今湖南長沙市）。　馬殷：人名。許州鄢陵（今河南鄢陵縣）人，一説上蔡（今河南上蔡縣）人。五代十國南楚開國君主。傳見本書卷一三三、《新五代史》卷六六。　尚書令：官名。秦始置。隋、唐前期爲尚書省長官，與中書令、侍中並爲宰相。因以李世民爲之，後皆不授，唐高宗廢其職。唐後期以李適、郭子儀有功而特授此職，爲大臣榮銜，不參與政務。五代因之。唐時爲正二品，後梁開平三年

（909）升爲正一品。

[12]李光憲：人名。籍貫不詳。後唐官員。事見本書卷四六。
禮部尚書：官名。尚書省禮部主官。掌禮儀、祭享、貢舉之政。
正三品。

[13]己亥：中華書局本有校勘記："原作'乙亥'，據殿本改。
影庫本粘籤：'乙亥，以《長曆》推之，當是己亥。'按是月辛巳
朔，無乙亥，己亥爲十九日。" 涇州：州名。治所在今甘肅涇
川縣。

[14]潘杲：人名。籍貫不詳。後唐藩鎮官員。事見本書本卷。
劉仁恭：人名。深州（今河北深州市）人。唐末、五代軍閥。傳
見《新唐書》卷二一二。 大安山：山名。位於今北京市房山區西
北。 樞密院：官署名。唐代宗曾設樞密使，以宦官充任。五代
時，後梁設置崇政院，掌管軍國大政；後唐時改稱樞密院，與中書
分理朝政。

[15]京兆尹：官名。唐開元元年（713）改雍州置京兆府，治
所在今陝西西安市。以京兆尹總其政務。從三品。 從珂：人名。
即後唐末帝李從珂。又稱廢帝。鎮州（今河北正定縣）人。後唐明
宗養子，明宗入洛陽，他率兵追隨，以功拜河中節度使，封潞王。
紀見本書卷四六至卷四八、《新五代史》卷七。

[16]鳳州：州名。治所在今陝西鳳縣。鳳州時爲武興軍治所。
興：州名。治所在今陝西略陽縣。 文：州名。治所在今甘肅
文縣。

[17]門下侍郎：官名。門下省副長官。唐後期三省長官漸爲榮
銜，中書侍郎、門下侍郎却因參議朝政而職位漸重，常常用爲以
"同三品"或"同平章事"任宰相者的本官。正三品。 同平章
事：官名。"同中書門下平章事"之簡稱。唐高宗以後，凡實際任
宰相之職者，常在其本官後加同平章事的職銜。後成爲宰相專稱。
後晉天福五年（940），升中書門下平章事爲正二品。 監修國史：
官名。北齊始置史館，以宰相爲之。唐史館沿置，爲宰相兼職。

趙鳳：人名。幽州（今北京市）人。五代後唐大臣。傳見本書卷六七、《新五代史》卷二八。　檢校太傅：官名。爲散官或加官，以示恩寵，無實際執掌。　邢州：州名。治所在今河北邢臺市。

[18]賑貸：灾荒時的賑濟措施之一，由各級政府貸借給受灾民户糧食、種子、耕牛、農具、現錢等，以幫助農民維持生活、恢復生産。參見黃曉巍《宋代賑貸初探》，《中國經濟史研究》2014 年第 3 期。

八月辛亥，青州節度使王晏球卒，廢朝二日。以利州節度使孫漢韶兼西面行營招討使。[1]甲寅，以前振武節度使張萬進爲鄧州節度使。[2]己未，以鄆州節度使房知温兼中書令，[3]移鎮青州。丙寅，以宰臣李愚爲門下侍郎、平章事、監修國史。[4]乙亥，以湖南節度使馬希聲卒廢朝。[5]己卯，吐蕃遣使朝貢。[6]

[1]招討使：官名。唐貞元時始置。戰時任命，兵罷則省。常以大臣、將帥或地方軍政長官兼任。掌招撫討伐等事務。

[2]振武：方鎮名。治所在單于都護府（今内蒙古和林格爾縣）。　張萬進：人名。突厥人。五代後唐、後晋將領。傳見本書卷一三。中華書局本謂《册府》卷六五作“張進”；《册府》卷一二八有“洺州團練使張進”，即其人。　鄧州：州名。治所在今河南鄧州市。

[3]鄆州：州名。治所在今山東東平縣。　房知温：人名。兖州瑕丘（今山東濟寧市兖州區）人。五代後唐將領。傳見本書卷九一、《新五代史》卷四六。

[4]李愚：人名。渤海無棣（今山東慶雲縣）人。唐末進士，五代大臣。傳見本書卷六七、《新五代史》卷五四。

[5]乙亥，以湖南節度使馬希聲卒廢朝：馬希聲，人名。馬殷

之子，五代十國南楚君主。傳見本書卷一三三、《新五代史》卷六六。《舊五代史考異》："《通鑑》：馬希聲卒在七月辛卯，《五代春秋》從《薛史》作八月。"見《通鑑》卷二七八長興三年（932）七月辛卯條。

[6]己卯：中華書局本有校勘記："原作'乙卯'，據殿本、《新五代史》卷六《唐本紀》改。影庫本粘籤：'乙卯，以《長曆》推之，當作己卯。'按是月庚戌朔，乙卯爲初六，不當在乙亥後，己卯爲三十日。"見《新五代史》卷六《唐本紀六》長興三年八月己卯條。

九月壬午，以鎮南軍節度使、檢校太傅馬希範爲湖南節度使、檢校太尉、兼侍中。[1]甲申，荆南節度使、檢校太傅、兼中書令高從誨加檢校太尉、兼中書令。[2]壬辰，供奉官李存瓌自西川迴，節度使孟知祥附表陳敘隔絶之由，并進物，先賜金器等。瓌，知祥甥也，母在蜀，故令瓌往焉。瓌至蜀，具述朝廷厚待之意，知祥稱藩如初，奏福慶長公主以今年正月十二日薨。[3]又奏五月三日，大破東川董璋之衆於漢州，收下東川。又表立功將校趙季良等五人，乞授節鉞；[4]部内刺史令録已下官，乞許墨制補授。[5]帝遣閣門使劉政恩充西川宣諭使。[6]乙巳，契丹遣使自幽州進馬。秦州地震。

[1]鎮南軍：方鎮名。治所在洪州（今江西南昌市）。 馬希範：人名。許州鄢陵（今河南鄢陵縣）人，一說扶溝（今河南扶溝縣）人。五代十國南楚國主馬殷子。後唐明宗長興三年（932）至後晉開運四年（947）在位。傳見本書卷一三三、《新五代史》卷六六。 檢校太尉：官名。爲散官或加官，以示恩寵，無實際

執掌。

　　[2]高從誨：人名。陝州硤石（今河南三門峽市陝州區）人，南平國主高季興長子。傳見本書卷一三三、《新五代史》卷六九。

　　[3]福慶長公主：即後唐太祖李克用之長女、後唐莊宗李存勗之姊、後蜀高祖孟知祥之妻。　十二日：中華書局本有校勘記："《福慶長公主墓誌》（拓片刊《成都出土歷代墓銘券文圖録綜釋》）作‘十三日’。"

　　[4]趙季良：人名。濟陰（今山東曹縣西北）人。五代後唐、後蜀官員。事見《新五代史》卷六四。　節鉞：即符節與斧鉞。古代帝王以授出征將帥，"節"以明信，"鉞"以示威。

　　[5]令録：即縣令、録事參軍的合稱。　墨制：皇帝直接發出，不經外廷的詔令。唐李肇《翰林志》載，"（陸）贄上疏曰：‘伏詳令式及國朝典故，凡有詔令，合由於中書。如或墨制施行，所司不須承受’"。

　　[6]閤門使：官名。唐代中期始置，掌供朝會、贊引百官。初以宦官充任，五代時改用武階。　劉政恩：人名。籍貫不詳。後唐官員，歷任閤門使、殿中監、判四方館事、引進使。事見本書本卷、卷八〇。　宣諭使：官名。掌奉使宣諭朝廷旨意。

　　冬十月己酉朔，再遣供奉官李存瓌使西川，兼押賜故福慶長公主祭贈絹三千匹，并賜知祥玉帶。先是，兩川隔過朝廷兵士不下三萬人，至是，知祥上表乞發遣兵士家屬入川，詔報不允。知祥所奏兩川部內文武將吏，乞許權行墨制除補訖奏，詔許之。知祥所奏立功大將趙季良等五人正授節鉞，續有處分。襄州奏，漢水溢，壞民廬舍。癸丑，以太常卿劉岳卒廢朝。[1]己未，以兵部侍郎張文寶爲吏部侍郎，以户部侍郎藥縱之爲兵部侍郎。[2]庚申，幸至德宮，因幸石敬瑭、李從昶、李從敏之第。[3]壬申，大理少卿康澄上疏曰：[4]“臣聞安危得失，治亂興亡，誠不繫於天時，固非由於地利，童謠非禍福之本，妖祥豈隆替之源！故雊雉昇鼎而桑穀生朝，不能止殷宗之盛；[5]神馬長嘶而玉龜告兆，不能延晉祚之長。是知國家有不足懼者五，有深可畏者六。陰陽不調不足懼，三辰失行不足懼，小人訛言不足懼，山崩川涸不足懼，蟊賊傷稼不足懼，此不足懼者五也。賢人藏匿深可畏，四民遷業深可畏，上下相徇深可畏，廉恥道消深可畏，毀譽亂真深可畏，直言蔑聞深可畏，此深可畏者六也。伏惟陛下尊臨萬國，奄有八紘，蕩三季之澆風，振百王之舊典，設四科而羅俊彥，提二柄而御英雄。所以不軌不物之徒，咸思革面；無禮無儀之輩，相率悛心。然而不足懼者，願陛下存而勿論；深可畏者，願陛下修而靡忒。加以崇三綱五常之教，敷六府三事之歌，則鴻基與五岳爭高，盛業共磐石永固。”優詔獎之。澄言可畏六事，實中當時之病，識者許之。癸酉，湖南馬希範、荊南高從誨並進銀及茶，[6]乞賜戰馬，帝還其直，各賜馬有差。丁丑，帝謂范延光曰：“如聞禁軍戍守，多不稟藩臣之命，緩急如何驅使？”延光曰：“承前禁軍出戍，便令逐處守臣管轄斷決，近似簡易。”帝口：“速以宣命條舉之。”

[1]太常卿：官名。太常寺長官。掌祭祀禮儀等事。正三品。劉岳：人名。洛陽（今河南洛陽市）人。五代後唐官員。傳見本書卷六八、《新五代史》卷五五。

[2]己未：中華書局本有校勘記：“原作‘乙未’，據殿本改。影庫本粘籤：‘乙未，以《長曆》推之，當是己未。’按是月己酉朔，無乙未，己未爲十一日。”　張文寶：人名。唐昭宗朝諫議大夫顗之子。五代後唐官員。傳見本書卷六八。　吏部侍郎：官名。尚書省吏部次官。協助吏部尚書掌文選、勳封、考課之政。正四品上。　藥縱之：人名。太原（今山西太原市）人。初爲李嗣源幕僚。歷掌書記，天平、宣武兩鎮節度副使。明宗即位後，歷任磁州刺史、户部侍郎、吏部侍郎、曹州刺史等。傳見本書卷七一。

[3]石敬瑭：人名。沙陀部人。五代後唐將領、後晉開國皇帝。紀見本書卷七五至卷八〇、《新五代史》卷八。

[4]大理少卿：官名。大理寺副長官。協助大理卿負責本寺的具體事務。從四品上。　康澄：人名。籍貫不詳。五代後唐官員。事見本書本卷。

[5]雊（gòu）雉昇鼎：野鳥飛至鼎耳而鳴。《尚書·高宗肜日序》：“高宗祭成湯，有飛雉升鼎耳而雊。”孔穎達疏：“雉乃野鳥，不應入室，今乃入宗廟之内，升鼎耳而鳴。”　桑穀生朝：桑木、稻穀生於視朝之殿庭。《尚書·咸有一德序》：“伊陟相大戊，亳有祥，桑穀共生于朝。”孔穎達疏：“桑穀二木，共生于朝。朝非生木之處，是爲不善之徵。”

[6]高從誨：中華書局本有校勘記：“原作‘高重誨’，據本書卷一三三《高季興傳》、《册府》卷一六八、《新五代史》卷六九《南平世家》及本卷上文改。”見明本《册府》卷一六八《帝王部·却貢獻門》長興三年（932）十月癸酉條。

十一月辛巳，以三司使、左武衛大將軍孟鵠爲許州節度使，以前許州節度使馮贇爲宣徽使、判三司，以宣徽北院使孟漢瓊判院事。[1]壬午，史館奏：“宣宗已下四廟未有實録，請下兩浙、荆湖購募野史及除目報狀。”

從之。^[2]癸未，以左僕射致仕鄭珏卒廢朝。^[3]丁亥，以河陽節度使兼六軍諸衛副使石敬瑭爲河東節度使，兼大同、彰國、振武、威塞等軍蕃漢馬步總管。^[4]時契丹帳族在雲州境上，與群臣議擇威望大臣以制北方，故有是命。^[5]己丑，樞密使趙延壽加同平章事。^[6]詔在京臣僚，不得進奉賀長至馬及諸物。^[7]甲午，日南至，帝御文明殿受朝賀。己亥，河中節度使李從璋加檢校太傅，以右散騎常侍楊凝式爲工部侍郎。^[8]庚子，以秘書監盧文紀爲工部尚書，以工部尚書崔居儉爲太常卿，以工部侍郎鄭韜光爲禮部侍郎。^[9]乙巳，雲州奏，契丹主在黑榆林南捺剌泊造攻城之具。^[10]帝遣使賜契丹主銀器綵帛。

[1]三司使：官名。五代後唐明宗天成元年（926）將晚唐以來的户部、度支、鹽鐵三部合爲一職，設三司使統之。主管國家財政。　孟鵠：人名。魏州（今河北大名縣）人。五代後唐官員。傳見本書卷六九。　許州：州名。治所在今河南許昌市。　馮贇：人名。太原（今山西太原市）人。五代後唐明宗朝宰相、三司使。傳見本書附録、《新五代史》卷二七。　宣徽北院使：宣徽使，官名。唐始置。宣徽南院使、北院使通稱宣徽使。初用宦官，五代以後改用士人。通掌内諸司及三班内侍之名籍，郊祀、朝會、宴享供帳之儀，檢視内外進奉名物。參見王永平《論唐代宣徽使》，《中國史研究》1995 年第 1 期；王孫盈政《再論唐代的宣徽使》，《中華文史論叢》2018 年第 3 期。　孟漢瓊：人名。籍貫不詳。五代後唐宦官。傳見本書卷七二。

[2]“壬午”至“從之”：《舊五代史考異》：“《五代會要》載十一月四日史館奏：‘當館昨爲大中以來，迄于天祐，四朝實録，尚未纂修，尋具奏聞，謹行購募。敕命雖頒于數月，圖書未貢于一

編。蓋以北土州城，久罹兵火，遂成滅絶，難可訪求，切恐歲月漸深，耳目不接，長爲闕典，過在攸司。伏念江表列藩，湖南奧壤，至于閩越，方屬勳賢。戈鋋自擾于中原，屏翰悉全於外府，固多奇士，富有群書。其兩浙、福建、湖廣伏乞詔旨，委各於本道採訪宣宗、懿宗、僖宗、昭宗以上四朝野史，及逐朝日曆、銀臺事宜，内外制詞、百司沿革簿籍、不限卷數，據有者抄録上進。若民間收得，或隱士撰成，即令各列姓名，請議爵賞。'"見《會要》卷一八史館雜録條長興三年（932）十一月四日奏文。　宣宗：即唐宣宗李忱。846 年至 859 年在位，年號"大中"。紀見《舊唐書》卷一八上、下，《新唐書》卷八。　實録：編年體史書的一種形式，是詳記一朝皇帝史實的編年史長編。唐初設史館，每一新皇帝繼位，都要詔令史官根據前代皇帝的起居注、時政記、目録等材料重新彙總，修成前朝皇帝的實録，以便爲日後修正史積纍資料。後成爲定制。從唐至清，歷代都有實録。　除目：即任免名單。《輯本舊史》之影庫本粘籤："原本作'際自'，今據《五代會要》改正。"見《會要》卷一八史館雜録條長興三年十一月四日奏文，《宋本册府》卷五五七《國史部·採撰門》録長興三年十一月壬午條奏文。"除目"二字原脱，據《會要》補。

[3]左僕射：官名。秦始置。隋、唐前期，以左、右僕射佐尚書令總理六官、綱紀庶務；如不置尚書令，則總判省事，爲宰相之職。唐後期多爲大臣加銜。從二品。　鄭珏：人名。滎陽（今河南滎陽市）人。唐末進士，五代後梁、後唐宰相。傳見本書卷五八、《新五代史》卷五四。

[4]河陽：方鎮名。全稱"河陽三城"。治所在孟州（今河南孟州市）。　六軍諸衛副使：官名。後唐沿唐代舊制，置六軍諸衛，以判六軍諸衛事爲禁軍六軍與諸衛的最高統帥，以六軍諸衛副使爲其貳。　大同：方鎮名。治所在代州（今山西代縣）。　彰國：方鎮名。治所在應州（今山西應縣）。　威塞：方鎮名。治所在新州（今河北涿鹿縣）。　蕃漢馬步總管：官名。即蕃漢馬步軍都總管。

五代後唐置，爲抗擊契丹前綫諸方鎮及蕃漢馬步軍的總指揮官。

[5]雲州：州名。治所在今山西大同市。

[6]己丑：中華書局本有校勘記：“原作‘乙丑’，據殿本改。影庫本粘籤：‘乙丑，以《長曆》推之，當作己丑。’按是月己卯朔，無乙丑，己丑爲十一日。” 趙延壽：人名。本姓劉，恒山（今河北正定縣）人。後唐明宗李嗣源女婿，後降契丹，引導契丹攻滅後晋。傳見《遼史》卷七六。

[7]進奉：又稱進獻。地方官以正税之外的盈餘爲名義，獻給皇帝的錢物。

[8]李從璋：人名。後唐明宗之侄。五代後唐、後晋將領。傳見本書卷八八、《新五代史》卷一五。 右散騎常侍：官名。中書省屬官。掌侍奉規諷，備顧問應對。正三品下。 楊凝式：人名。華陰（今陝西華陰市）人。唐末宰相楊涉之子。唐末進士，歷仕五代各朝。傳見本書卷一二八。 工部侍郎：官名。尚書省工部次官。協助尚書掌管百工、山澤、水土之政令，考其功以詔賞罰，總所統各司之事。正四品下。

[9]祕書監：官名。東漢始置。秘書省長官。掌圖書秘記等。從三品。 盧文紀：人名。京兆萬年（今陝西西安市長安區）人。唐末進士，五代宰相。傳見本書卷一二七、《新五代史》卷五五。

工部尚書：官名。尚書省工部主官。掌百工、屯田、山澤之政令。正三品。 崔居儉：人名。清河（今河北清河縣）人。五代後梁至後晋官員。傳見本書附錄、《新五代史》卷五五。 鄭韜光：人名。河清（今河南孟州市）人。滎陽（今河南滎陽市）子弟，唐憲宗朝宰相鄭絪之曾孫，唐宣宗外甥。自唐末至後晋，歷仕諸朝。傳見本書卷九二。

[10]契丹主在黑榆林南捺剌泊造攻城之具：中華書局本有校勘記：“‘主’，原作‘王’，據殿本、《通鑑》卷二七八胡注引《薛史》改。本卷下一處同。‘造’，《通鑑》卷二七八胡注引《薛史》作‘治’。‘捺剌泊’三字原闕，據《通鑑》卷二七八注引《薛史》

補，殿本作‘納喇伯’。”見《通鑑》卷二七八長興三年（932）十月丙辰條及《考異》。　黑榆林：地名。位於獨石口北百六十里、元上都故址（今内蒙古錫林郭勒盟正藍旗召乃門蘇木）以西之榆木山。參見賈敬顏《五代宋金元人邊疆行記十三種疏證稿》，中華書局2004年版。　捺剌泊：水名。《新五代史》卷七二作“撲剌泊”。賈敬顏指出，捺剌泊或爲後日所稱之羊城濼，在今河北沽源縣東北。參見賈敬顏《五代宋金元人邊疆行記十三種疏證稿》。

十二月戊申朔，供奉官丁延徽、倉官田繼勳並棄市，坐擅出倉粟數百斛故也。[1]教坊伶官敬新磨受賄，爲人告，帝令御史臺徵還其錢而後撻之。[2]癸丑，幸龍門，觀修伊水石堰，賜丁夫酒食。後數日，有司奏：“丁夫役限十五日已滿，工未畢，請更役五日。”帝曰：“不唯時寒，且不可失信於小民。”即止其役。甲寅，以太子賓客歸藹卒廢朝。[3]戊午，以前宣徽使朱弘昭爲襄州節度使；康義誠爲河陽節度使，充侍衛親軍馬步軍都指揮使。[4]壬戌，以吏部侍郎姚顗爲尚書左丞，以尚書左丞王權爲禮部尚書，以兵部侍郎藥縱之爲吏部侍郎，以翰林學士、中書舍人程遜爲户部侍郎，依前充職。[5]戊辰，帝畋於近郊，[6]射中奔鹿。

[1]丁延徽：人名。籍貫不詳。五代後唐時供奉官。事見本書卷二七、卷九七。　田繼勳：人名。籍貫不詳。五代後唐時倉官。事見本書本卷。　棄市：古代刑罰之一。於鬧市執行死刑。　斛：量器名。一斛十斗。

[2]教坊：官署名。唐於京都置左、右教坊，掌俳優雜技，以宦官爲教坊使。五代沿置。　伶官：古代樂人。後唐莊宗朝用伶人

爲官，故稱伶官。事見《新五代史》卷三七。　敬新磨：人名。《五代史補》卷二載"爲河東人"。教坊伶官。事見本書卷三〇、《新五代史》卷三七。　御史臺：官署名。爲中央監察機構。

〔3〕歸藹：人名。吳郡（今江蘇蘇州市）人。後唐官員。傳見本書卷六八。

〔4〕朱弘昭：人名。太原（今山西太原市）人。後唐明宗朝樞密使、宰相。傳見本書卷六六、《新五代史》卷二七。　康義誠：人名。沙陀部人。五代後唐將領。傳見本書卷六六、《新五代史》卷二七。　侍衛親軍馬步軍都指揮使：官名。五代時侍衛親軍最高長官，多由皇帝親信擔任。

〔5〕姚顗：人名。京兆萬年（今陝西西安市長安區）人。唐末進士，五代後梁、後唐、後晉大臣。傳見本書卷九二、《新五代史》卷五五。　尚書左丞：官名。尚書省佐貳官。唐中期以後，與尚書右丞實際主持尚書省日常政務，權任甚重。正四品上。後梁開平二年（908）改爲左司侍郎，後唐同光元年（923）復舊爲左丞。正四品。　王權：人名。太原（今山西太原市）人。五代官員。傳見本書卷九二、《新五代史》卷五六。　翰林學士：官名。由南北朝始設之學士發展而來，唐玄宗改翰林供奉爲翰林學士，備顧問、代王言。掌拜免將相、號令征伐等詔令的起草。　中書舍人：官名。中書省屬官。掌起草文書、呈遞奏章、傳宣詔命等。正五品上。程遜：人名。壽春（今安徽壽縣）人。後唐、後晉官員。傳見本書卷九六。

〔6〕畋：打獵游樂。《廣韻》："畋，取禽獸也。"

是冬無雪。《永樂大典》卷七千一百六十六。[1]

〔1〕《大典》卷七一六六"唐"字韻"明宗（三）"事目。

舊五代史　卷四四

唐書二十

明宗紀第十

　　長興四年春正月戊寅朔,[1]帝御明堂殿受朝賀,[2]仗衛如式。是日，雪盈尺。戊子，秦王從榮加守尚書令、兼侍中,[3]依前河南尹、判六軍諸衛事。庚寅，以端明殿學士、尚書兵部侍郎劉昫爲中書侍郎、平章事。[4]甲午，正衙命使册故福慶長公主孟氏爲晋國雍順長公主,[5]遣太常卿崔居儉赴西川行册禮。[6]突厥内附。[7]庚子，以前河東節度使李從温爲鄆州節度使。[8]

　　[1]長興：後唐明宗李嗣源年號（930—933）。　四年：《舊五代史考異》：“《歐陽史·劉昫傳》作三年，本紀仍從《薛史》作四年。”中華書局本引殿本：“《歐陽史·劉昫傳》作長興三年，拜中書侍郎兼刑部尚書、同中書門下平章事，與本紀繫年，先後互異，見吳縝《纂誤》。”見《新五代史》卷六《唐本紀六》長興四年正月庚寅條、卷五五《劉昫傳》。

[2]明堂殿：宮殿名。後唐莊宗李存勖改朝元殿爲明堂殿，位於今河南洛陽市。

[3]從榮：人名。即李從榮。沙陀部人。後唐明宗李嗣源次子。傳見本書卷五一、《新五代史》卷一五。　尚書令：官名。秦始置。隋、唐前期爲尚書省長官，與中書令、侍中並爲宰相。因以李世民爲之，後皆不授，唐高宗廢其職。唐後期以李適、郭子儀有功而特授此職，爲大臣榮銜，不參與政務。五代因之。唐時爲正二品，後梁開平三年（909）升爲正一品。　侍中：官名。秦始置。隋、唐前期爲門下省長官。唐後期多爲大臣加銜，不參與政務，實際職務由門下侍郎執行。正二品。

[4]端明殿學士：官名。後唐明宗時始置，以翰林學士充任，負責誦讀四方書奏。　尚書兵部侍郎：官名。尚書省兵部次官。協助兵部尚書掌武官銓選、勳階、考課之政。正四品下。　劉昫：人名。涿州歸義縣（今河北容城縣）人。五代大臣，曾任宰相、監修國史，領銜撰進《舊唐書》。傳見本書卷八九、《新五代史》卷五五。　中書侍郎：官名。中書省副長官。唐後期三省長官漸爲榮銜，中書侍郎、門下侍郎却因參議朝政而職位漸重，常常用爲以"同三品"或"同平章事"任宰相者的本官。正三品。　平章事：官名。"同平章事"簡稱。唐高宗以後，實際任宰相之職者，常在其本官後加同平章事的職銜。後成爲宰相專稱。後晉天福五年（940），升中書門下平章事爲正二品。　以端明殿學士、尚書兵部侍郎劉昫爲中書侍郎、平章事：《舊五代史考異》："《歐陽史·劉昫傳》作三年，本紀仍從《薛史》作四年。"中華書局本引殿本："《歐陽史·劉昫傳》作長興三年，拜中書侍郎兼刑部尚書、同中書門下平章事，與本紀繫年，先後互異，見吴縝《纂誤》。"見《新五代史》卷六《唐本紀六》長興四年正月庚寅條、卷五五《劉昫傳》。

[5]孟氏：人名。李克用之女，後唐莊宗之姊，孟知祥之妻。事見《大唐福慶長公主墓誌》（拓片刊《成都出土歷代墓銘券文圖

録綜釋》）。

　　[6]太常卿：官名。太常寺長官。掌祭祀禮儀等事。正三品。
崔居儉：人名。清河（今河北清河縣）人。五代後梁至後晉官
員。傳見本書附録、《新五代史》卷五五。　西川：方鎮名。治所
在成都（今四川成都市）。

　　[7]突厥：部族名、政權名。公元 6 至 8 世紀活躍於北亞和中
亞，稱雄於漠北、西域。西魏廢帝元年（552），首領土門大破柔
然，自號伊利可汗，建立突厥汗國，置汗庭於鬱督軍山（今蒙古國
杭愛山東段）。隋文帝開皇二年（582），突厥汗國分裂爲東、西突
厥。唐中期以後西突厥、東突厥均已衰落。參見吳玉貴《突厥汗國
與隋唐關係史研究》，中國社會科學出版社 2007 年版。

　　[8]河東：方鎮名。治所在太原（今山西太原市）。　節度使：
官名。唐時在重要地區所設掌握一州或數州軍事、民事、財政的長
官。　李從温：人名。代州崞縣（今山西原平市北）人，後唐明宗
李嗣源之侄，後養爲己子。其從妹爲石敬瑭后，後爲忠武軍節度
使、河陽三城節度使。傳見本書卷八八、《新五代史》卷一五。
鄆州：州名。治所在今山東東平縣。

　　二月癸丑，[1]帝於便殿問范延光内外見管馬數，[2]對
曰："三萬五千匹。"帝歎曰："太祖在太原，[3]騎軍不過
七千，先皇自始至終馬纔及萬。今有鐵馬如是，而不能
使九州混一，是吾養士練將之不至也。吾老矣，馬將奈
何！"延光奏曰："臣每思之，國家養馬太多，試計一騎
士之費，可贍步軍五人，三萬五千騎抵十五萬步軍，既
無所施，虛耗國力，臣恐日久難繼。"帝曰："誠如卿
言，肥騎士而瘠吾民，何益哉！"[4]丁巳，以虔州節度
使、檢校太尉、兼侍中馬希振爲洪州節度使；[5]以鄂州

節度使馬希廣爲檢校太尉、同平章事，充桂州節度使；[6]以廬州節度使兼武安軍副使姚彥章爲檢校太尉、同平章事；[7]以靜江節度副使馬希範爲鄂州節度使。[8]故潞州節度使、檢校太保康君立贈太傅。[9]己未，宋州節度使安元信加兼侍中。[10]濮州進重修河堤圖，[11]沿河地名，歷歷可數。帝覽之，愀然曰：“吾佐先朝定天下，於此堤塢間小大數百戰。”又指一丘曰：“此吾擐甲臺也。時事如昨，奄忽一紀，令人悲歎耳！”癸亥，以西川節度使孟知祥爲劍南東、西兩川節度使，[12]封蜀王。三司奏：“當省有諸道鹽鐵轉運使衙職員都押衙、正押衙、同押衙、通引、衙前虞候、子弟，今欲列爲三司職名。”[13]從之。庚午，以御史中丞崔衎爲兵部侍郎，[14]以右諫議大夫龍敏爲御史中丞。[15]

[1]二月癸丑：中華書局本有校勘記：“句下原有‘朔字’，據《册府》卷四八四删。按是月丁未朔，癸丑爲初七。《舊五代史考異》卷二：‘案上文正月爲戊寅朔，則二月不得爲癸丑朔，原文疑有舛誤。’”見《宋本册府》卷四八四《邦計部·經費門》長興四年（933）二月癸丑條。

[2]范延光：人名。鄴郡臨漳（今河北臨漳縣）人。五代後唐、後晉將領。傳見本書卷九七、《新五代史》卷五一。《舊五代史考異》：“《錦繡萬花谷》引《薛史》作范延慶，疑傳寫之誤。”又見《宋本册府》卷四八四。

[3]太原：府名。治所在今山西太原市。

[4]“延光奏曰”至“何益哉”：《舊五代史考異》：“《五代會要》：上問見管馬數，樞密使范延光奏：‘天下常支草粟者近五萬匹。見今西北諸道蕃賣馬者往來如市，其郵傳之費、中估之直，日

以四十五貫。以臣計之，國力十耗其七，馬無所使，財賦漸消，朝廷甚非所利。’上善之。十月，敕沿邊藩鎮，或有蕃部賣馬，可擇其良壯給券，具數奏聞。”“中佸之直日以四十五貫”，中華書局本有校勘記：“《五代會要》卷一二作‘市佸之直日以四十五貫’。”見《會要》卷一二馬條長興四年十月敕注文。

［5］虔州：州名。治所在今江西贛州市贛縣區。　檢校太尉：官名。爲散官或加官，以示恩寵，無實際執掌。　馬希振：人名。五代十國南楚宗室。馬殷之子，馬希聲之兄。事見本書卷三一、卷三七，《新五代史》卷六六。　洪州：州名。治所在今江西南昌市。

［6］鄂州：州名。治所在今湖北武漢市武昌區。　馬希廣：人名。五代十國南楚君主，南楚武穆王馬殷之子。南楚文昭王馬希範去世後被擁立爲王，後爲馬希萼篡位所殺。傳見《新五代史》卷六六。　桂州：州名。治所在今廣西桂林市。

［7］廬州：州名。治所在今安徽合肥市。　武安軍：方鎮名。治所在潭州（今湖南長沙市）。　姚彥章：人名。汝南（今河南汝南縣）人。後唐天成二年（927），馬殷建楚國，姚彥章以功拜左丞相。傳見本書附錄。

［8］靜江：方鎮名。即靜江軍。治所在桂州（今廣西桂林市）。　節度副使：官名。唐、五代方鎮屬官。位於行軍司馬之下、判官之上。　馬希範：人名。許州鄢陵（今河南鄢陵縣）人，一說扶溝（今河南扶溝縣）人。五代十國南楚國主馬殷之子。後唐明宗長興三年（932）至後晉開運四年（947）在位。傳見本書卷一三三、《新五代史》卷六六。中華書局本有校勘記：“本書卷四三《唐明宗紀九》：‘（長興三年九月）以鎮南軍節度使、檢校太傅馬希範爲湖南節度使、檢校太尉、兼侍中’，則時任靜江節度副使者，非希範。又本書卷七七《晉高祖本紀三》：‘（天福三年二月）制武清軍節度使馬希萼改武平軍節度使’，按武清軍治鄂州，疑‘馬希範’爲‘馬希萼’之訛。”

［9］潞州：州名。治所在今山西長治市。　檢校太保：官名。

爲散官或加官，以示恩寵，無實際執掌。太保，與太師、太傅合稱三師。　康君立：人名。蔚州興唐（今河北蔚縣）人。唐末將領。傳見本書卷五五。《輯本舊史》之影庫本粘籤："原本作'軍立'，今據《歐陽史》改正。"《新五代史》未載贈太傅一事，當據《輯本舊史》卷五五《康君立傳》。　太傅：官名。與太師、太保合稱三師，唐後期、五代時多爲大臣、勳貴加官。正一品。

［10］宋州：州名。治所在今河南商丘市睢陽區。　安元信：人名。代北（今山西代縣）人。五代後唐、後晋將領。事見本書卷三二。

［11］濮州：州名。治所在今山東鄄城縣。

［12］孟知祥：人名。邢州龍岡（今河北邢臺市）人。李克用女婿，五代十國後蜀開國皇帝。傳見本書卷一三六、《新五代史》卷六四。　劍南東、西兩川：方鎮名。指劍南東川、劍南西川。簡稱兩川或東、西川。唐至德二載（757）分劍南節度使東部地區置劍南東川節度使，治所在梓州（今四川三臺縣）。

［13］鹽鐵轉運使：官名。全稱爲"諸道鹽鐵轉運使"，簡稱"鹽鐵使"。爲鹽鐵司長官。鹽鐵與度支、户部合稱"三司"。主掌漕運及專賣事務。　都押衙：官名。"押衙"即"押牙"。唐、五代時期節度使辟署的屬官，有稱左、右都押衙或都押衙者。掌領方鎮儀仗侍衛、統率軍隊。參見劉安志《唐五代押牙（衙）考略》，武漢大學歷史系魏晉南北朝隋唐史研究室編《魏晉南北朝隋唐史資料》第 16 輯，武漢大學出版社 1998 年版。　通引：官名。負責本部門雜務。　三司：官署名。唐末、五代稱鹽鐵、度支、户部爲三司，其分則爲三個獨立部門，合則稱爲三司。三司掌管統籌國家財政之事。

［14］御史中丞：官名。如不置御史大夫，則爲御史臺長官。掌司法監察。正四品下。　崔衍：人名。籍貫不詳。後唐官員，曾任給事中。事見本書卷四二。　兵部侍郎：官名。尚書省兵部次官。協助兵部尚書掌武官銓選、勳階、考課之政。正四品下。

　　[15]右諫議大夫：官名。隸中書省。唐代置左、右諫議大夫各四人，分隸門下省、中書省。掌諫諭得失，侍從贊相。正四品下。

　　龍敏：人名。幽州永清（今河北永清縣）人。五代大臣，歷仕後唐、後晉。傳見本書卷一○八、《新五代史》卷五六。

　　三月己卯，幸龍門。[1]延州節度使安從進奏，[2]夏州節度使李仁福卒，[3]其子彝超自稱留後。[4]甲申，鎮州奏，[5]行軍司馬趙瓛、節度判官陸浣、元從押衙高知柔等並棄市，[6]坐受賂枉法殺人也。節度使李從敏罰一季俸。[7]乙酉，以西川節度副使、知武泰軍節度兵馬留後趙季良爲檢校太保、黔南節度使，[8]以西川諸軍馬步都指揮使、知武信軍節度兵馬留後李仁罕爲檢校太傅、遂州節度使，[9]以西川左廂馬步都指揮使、知保寧軍節度兵馬留後趙廷隱爲檢校太保、閬州節度使，[10]以西川右廂馬步都指揮使、知寧江軍兵馬留後張知業爲檢校司徒、夔州節度使，[11]以西川衙内馬步都指揮使、知昭武軍兵馬留後李肇爲檢校太保、利州節度使，[12]從孟知祥之請也。丙戌，賜宰相李愚絹百匹、錢十萬、鋪陳物一十三件。[13]時愚病，帝令近臣翟光鄴宣問，[14]所居寢室，蕭然四壁，病榻弊氈而已。光鄴具言其事，故有是賜。戊子，以延州節度使安從進爲夏州留後，以夏州左都押衙、四州防遏使李彝超爲延州留後，[15]仍命邠州節度使藥彦稠、宮苑使安重益帥師援送從進赴鎮。[16]以左衛上將軍盧文進爲潞州節度使，[17]以右龍武統軍張溫爲雲州節度使。[18]庚寅，以鳳翔行軍司馬李彦琮爲鹽州防禦使。[19]時范延光等奏，請因夏州之師制置鹽州，故有是命。癸巳，以右威衛上將軍安重霸爲同州節度使。[20]己亥，以左龍武統軍符彥超爲安州節度使。[21]詔除放京兆、秦、岐、邠、涇、延、慶、同、華、興元十州長興元年二年係欠夏秋稅物，[22]及營田莊宅務課利，以其曾輦運供軍糧料也。甲辰，故晉國夫人夏氏追冊皇后，[23]有司上謐曰昭懿，從之。

[1]龍門：地名。位於今河南洛陽市。因兩山相對如闕，伊河從中流過，又名伊闕。唐以後習稱龍門。

[2]延州：州名。治所在今陝西延安市。 安從進：人名。索葛部人。五代後唐、後晉將領。傳見本書卷九八、《新五代史》卷五一。

[3]夏州：州名。治所在今陝西靖邊縣。 李仁福：人名。党項拓跋部人。五代党項首領。傳見本書卷一三二、《新五代史》卷四〇。

[4]彝超：人名。即李彝超。党項拓跋部人。五代軍閥。李仁福之子。傳見本書卷一三二。 留後：官名。唐、五代節度使多以子弟或親信爲留後，以代行節度使職務，亦有軍士、叛將自立爲留後者。掌一州或數州軍政。

[5]鎮州：州名。治所在今河北正定縣。

[6]行軍司馬：官名。出征將領及節度使的屬官。掌軍籍符伍、號令印信，是藩鎮重要的軍政官員。 趙瓏：人名。籍貫不詳。五代後唐將領。中華書局本有校勘記："本書卷一二三《李從敏傳》、《册府》卷五八作'趙環'。"見《輯本舊史》卷一二三《李從敏傳》、《宋本册府》卷五八《帝王部·守法門》涇王從敏條。 節度判官：官名。唐末、五代藩鎮僚佐，位行軍司馬下。 陸浣：人名。籍貫不詳。後唐將領。事見本書卷一二三。 元從押衙：官名。元從，自初始即追隨在側的部屬。"押衙"即"押牙"。唐、

五代時期節度使辟署的屬官。掌領方鎮儀仗侍衞。　高知柔：人名。籍貫不詳。五代後唐將領。事見本書卷一二三。　棄市：古代刑罰之一。於鬧市執行死刑。

[7]李從敏：人名。後唐明宗之姪。傳見本書卷一二三、《新五代史》卷一五。

[8]武泰軍：方鎮名。治所在黔州（今重慶彭水苗族土家族自治縣）。　兵馬留後：官名。唐、五代時，代行方鎮長官之職者稱留後。代行州兵馬使之職者，即爲兵馬留後。掌本州兵馬。　趙季良：人名。濟陰（今山東曹縣西北）人。五代後梁、後唐、後蜀官員。事見《新五代史》卷六四。　黔南：方鎮名。治所在黔州（今重慶彭水苗族土家族自治縣）。

[9]武信軍：方鎮名。治所在遂州（今四川遂寧市）。　李仁罕：人名。陳留（今河南開封市陳留鎮）人。五代後梁、後唐、後蜀將領。後爲孟昶所殺。事見本書卷四二、《新五代史》卷六四。

檢校太傅：官名。爲散官或加官，以示恩寵，無實際執掌。　遂州：州名。治所在今四川遂寧市。

[10]左廂馬步都指揮使：官名。即左廂馬步軍都指揮使。五代時侍衞親軍長官，多爲皇帝親信。中華書局本有校勘記：“‘都’字原闕，據《册府》卷一七八及本卷上下文補。”見明本《册府》卷一七八《帝王部·姑息門三》。　保寧軍：方鎮名。五代後唐天成四年（929）後蜀分東川置。治所在閬州（今四川閬中市）。　趙廷隱：人名。天水（今甘肅天水市）人。五代後梁、後唐、後蜀將領。事見本書卷三九、《新五代史》卷六四。　閬州：州名。治所在今四川閬中市。

[11]馬步都指揮使：官名。即馬步軍都指揮使。五代時侍衞親軍長官，多爲皇帝親信。　寧江軍：方鎮名。治所在夔州（今重慶市奉節縣白帝城）。　張知業：人名。籍貫不詳。五代後唐、後蜀將領。中華書局本有校勘記：“《册府》卷一七八作‘張知鄴’。”見明本《册府》卷一七八《帝王部·姑息門三》。據中華書局點校

本《新五代史》考，浙江本作“張鄴”，其餘《新五代史》同作
“張業”。 檢校司徒：官名。爲散官或加官，以示恩寵，無實際執
掌。 夔州：州名。治所在今重慶市奉節縣。

［12］昭武軍：方鎮名。治所在利州（今四川廣元市利州區）。
李肇：人名。汝陰（今安徽阜陽市）人。五代後梁、後唐、後蜀
將領。事見《新五代史》卷六四。 利州：州名。治所在今四川廣
元市利州區。

［13］李愚：人名。渤海無棣（今山東慶雲縣）人。唐末進士，
五代大臣。傳見本書卷六七、《新五代史》卷五四。

［14］翟光鄴：人名。濮州鄄城（今山東鄄城縣）人。五代將
領。傳見本書卷一二九、《新五代史》卷四九。

［15］左都押衙：官名。“押衙”即“押牙”。唐、五代時期節
度使辟署的屬官，有稱左、右都押衙或都押衙者。掌領方鎮儀仗侍
衛、統率軍隊。 四州防遏使：官名。掌防禦事宜。

［16］邠州：州名。治所在今陝西彬縣。 藥彥稠：人名。沙陀
部人。五代後唐將領。傳見本書卷六六、《新五代史》卷二七。
宮苑使：官名。唐始置，以宦官充任，五代時改用士人。掌京師地
區宮苑和宮苑所屬的莊田管理事務。 安重益：人名。即安從益。
籍貫不詳。五代後唐將領。事見本書卷一三二。

［17］左衛上將軍：官名。唐置，掌宮禁宿衛。唐代置十六衛，
即左右衛、左右驍衛、左右武衛、左右威衛、左右領軍衛、左右金
吾衛、左右監門衛、左右千牛衛，各置上將軍，從二品；大將軍，
正三品；將軍，從三品。 盧文進：人名。范陽（今河北涿州市）
人。後唐將領，先後投降契丹、南唐。傳見本書卷九七、《新五代
史》卷四八。

［18］右龍武統軍：官名。唐代右龍武軍統兵官。至德二年
（757）唐肅宗置禁軍，也稱神武天騎，分爲左、右神武天騎及左、
右羽林，左、右龍武六軍，稱“北衙六軍”。職掌左右廂飛騎儀仗、
階陛禁衛、馳道內仗，並負責飛騎番上宿衛。從二品。 張溫：人

名。魏州魏縣（今河北魏縣）人。後梁、後唐將領。傳見本書卷五九。　雲州：州名。治所在今山西大同市。

[19]鳳翔：方鎮名。治所在鳳翔府（今陝西鳳翔縣）。　李彦琮：人名。籍貫不詳。本書僅此一見。　鹽州：州名。治所在今陝西定邊縣。　防禦使：官名。唐代始置，設有都防禦使、州防禦使兩種。常由刺史或觀察使兼任，實際上爲唐代後期州或方鎮的軍政長官。

[20]右威衛上將軍：官名。唐置，掌宮禁宿衛。唐代十六衛之一。從二品。　安重霸：人名。雲州（今山西大同市）人。五代後唐將領。後爲京兆尹、西京留守。　同州：州名。治所在今陝西大荔縣。

[21]左龍武統軍：官名。唐代左龍武軍統兵官。北衙六軍之一。從二品。　符彦超：人名。陳州宛丘（今河南淮陽縣）人。符存審之子。五代後唐將領。傳見本書卷五六、《新五代史》卷二五。　安州：州名。治所在今湖北安陸市。

[22]京兆：府名。治所在今陝西西安市。　秦：州名。治所在今甘肅天水市。　岐：即鳳翔府。治所在今陝西鳳翔縣。　邠：州名。治所在今陝西彬縣。　涇：州名。治所在今甘肅涇川縣。延：州名。治所在今陝西延安市。　慶：州名。治所在今甘肅慶陽市。　華：州名。治所在今陝西渭南市華州區。　興元：府名。治所在今陝西漢中市。

[23]夏氏：即後唐明宗夏皇后。秦王李從榮及閔帝之生母。後唐莊宗朝病卒。明宗朝追封爲皇后。傳見本書卷四九、《新五代史》卷一五。

夏四月戊申，李彝超奏：“奉詔除延州留後，已受恩命訖，三軍百姓擁隔，未遂赴任。”帝遣閤門使蘇繼顏齎詔促彝超赴任。[1]癸丑，以刑部侍郎劉贊爲祕書監、秦王傅。[2]甲寅，前鄧州節度使梁漢顒以太子少師致仕，[3]太子賓客裴皞以兵部尚書致仕。[4]戊午，追册昭宗皇后何氏爲宣穆皇后，[5]祔饗太廟，百僚進名奉慰，廢朝三日。己巳，以左散騎常侍任贊爲户部侍郎，[6]以吏部侍郎藥縱之爲曹州刺史。[7]癸酉，延州奏，蕃部劫掠餉運及攻城之具，守蘆關兵士退守金明鎮。[8]

[1]閤門使：官名。唐代中期始置，掌供朝會、贊引百官。初以宦官充任，五代時改用武階。　蘇繼顔：人名。籍貫不詳。五代後唐、後晉官員。事見本書卷四七、卷七七。

[2]刑部侍郎：官名。尚書省刑部次官。協助刑部尚書掌天下刑法及徒隸、勾覆、關禁之政令。正四品下。　劉贊：人名。魏州（今河北大名縣）人。五代十國官員。傳見本書卷六八、《新五代史》卷二八。　祕書監：官名。秘書省長官，掌圖書秘記等。從三品。　傅：官名。即王傅。王宫屬官。漢代始置。掌輔正王的過失。從三品。《輯本舊史》之案語：“《通鑑》作兵部侍郎，《歐陽史》從《薛史》。《五代會要》：長興四年四月，以秘書監劉贊爲秦王傅，前忠武軍節度判官蘇瓚爲秦王友，前襄州觀察使魚崇遠爲秦王府記室參軍。時言事者請爲秦王置師傅，上顧問近臣，皆以秦王名勢隆盛，不敢置議，請自選擇，乃降是命。”“通鑑作兵部侍郎歐陽史從薛史”，中華書局本有校勘記：“以上十三字原闕，據《舊五代史考異》卷二補。”見《會要》卷一七王府官條、《新五代史》卷二八《劉贊傳》、《通鑑》卷二七八長興四年（933）四月癸丑條。

[3]鄧州：州名。治所在今河南鄧州市。　梁漢顒：人名。太原（今山西太原市）人。五代後唐、後晉將領。傳見本書卷八八。
太子少師：官名。與太子少傅、太子少保統稱太子三少。隋唐以後多作加官或贈官。從二品。

　　[4]太子賓客：官名。爲太子官屬。唐高宗顯慶元年（656）始置。掌侍從規諫，贊相禮儀。正三品。　　裴皥：人名。河東（今山西大原市）人。五代後唐、後晉官員。傳見本書卷九二、《新五代史》卷五七。　　兵部尚書：官名。尚書省兵部主官。掌兵衛、武選、車輦、甲械、廐牧之政令。正三品。

　　[5]何氏：梓州（今四川三臺縣）人。唐昭宗何皇后。傳見《舊唐書》卷五二、《新唐書》卷七七。

　　[6]左散騎常侍：官名。門下省屬官。掌侍奉規諷，備顧問應對。正三品下。　　任贊：人名。籍貫不詳。五代後唐官員。事見本書本卷。　　户部侍郎：官名。尚書省户部次官。協助户部尚書掌天下田户、均輸、錢穀之政令。正四品下。

　　[7]吏部侍郎：官名。尚書省吏部次官。協助吏部尚書掌文選、勳封、考課之政。正四品上。　　藥縱之：人名。太原（今山西太原市）人。後唐李嗣源幕僚。歷掌書記，天平、宣武兩鎮節度副使。明宗即位後，歷任磁州刺史、户部侍郎、吏部侍郎、曹州刺史等。傳見本書卷七一。　　曹州：州名。治所在今山東曹縣西北。

　　[8]蘆關：關隘名。即蘆子關。位於今陝西志丹縣北與靖邊縣交界處。　　金明鎮：地名。位於今陝西延安市安塞區蘆關南。

　　五月丙子朔，帝御文明殿受朝。[1]戊寅，皇子鳳翔節度使從珂封潞王。[2]新授户部侍郎任贊改刑部侍郎，贊訴以所授官是丁憂闕，故改焉。皇子從益封許王，鄆州節度使李從溫封兗王，河中節度使李從璋封洋王，鎮州節度使李從敏封涇王。[3]甲申，帝避暑於九曲池，既而登樓，風毒暴作，聖體不豫，翌日而愈。[4]丙戌，契丹遣使朝貢。[5]丁酉，安從進奏，大軍已至夏州，[6]攻外城，[7]以其不受命也。庚子，以靈武留後張希崇爲本州

節度使。[8]辛丑，故夏州節度使、朔方郡王李仁福追封
虢王。[9]壬寅，以前晉州留後薄文爲本州節度使。[10]

[1]文明殿：五代後梁開平三年（909）以貞觀殿改名，故址
在今河南洛陽市。

[2]從珂：人名。即後唐廢帝李從珂，又稱末帝。鎮州平山
（今河北平山縣）人。本姓王氏，爲後唐明宗養子，改名從珂。明
宗入洛陽，李從珂率兵追隨，以功拜河中節度使，封潞王。閔帝李
從厚即位，李從珂據城發動兵變，改鳳翔節度使。清泰元年（934）
率軍東攻洛陽，廢黜愍帝，自立爲帝。清泰三年，石敬瑭與契丹合
兵攻陷洛陽，自焚而死。紀見本書卷四六至卷四八、《新五代史》
卷七。

[3]從益：人名。即李從益。沙陀部人。後唐明宗李嗣源幼子，
封許王。契丹滅後晉，蕭翰北歸，以其爲傀儡統治中原地區。傳見
本書卷五一。　河中：方鎮名。治所在河中府（今山西永濟市）。
李從璋：人名。後唐明宗之侄。五代後唐、後晉將領。傳見本書
卷八八、《新五代史》卷一五。　“鄆州節度使李從溫封兗王”至
“鎮州節度使李從敏封涇王”：《輯本舊史》之孔本案語：“從溫等
皆明宗從子，故書其姓，《薛史》書法如此。”

[4]九曲池：地名。位於唐長安城禁苑中，故址位於今陝西西
安市北。　“甲申”至“翌日而愈”：《舊五代史考異》：“《北夢瑣
言》云：上聖體乖和，馮道對寢膳之間，動思調衞，因指御前果實
曰：‘如食桃不康，翼日見李，而思戒可也。’初，上因御李，暴得
風虛之疾，馮道不敢斥言，因奏事諷悟上意。”見《北夢瑣言》卷
二〇李思戒條。

[5]契丹：古部族、政權名。公元4世紀中葉宇文部爲前燕攻
破，始分離而成單獨的部落，自號契丹。唐貞觀中，置松漠都督
府，以其首領爲都督。唐末强盛，916年迭剌部耶律阿保機建立契

丹國（遼）。先後與五代、北宋並立，保大五年（1125）爲金所
滅。參見張正明《契丹史略》，中華書局 1979 年版。

[6]夏州：中華書局本有校勘記：“原作‘頁州’，據殿本、劉
本、孔本、邵本、彭本改。”五代夏州多見，無“頁州”。

[7]外城：中華書局本有校勘記：“‘外城’，孔本作‘城次’。”

[8]靈武：郡名。治所在今寧夏吳忠市。唐乾元元年（758），
改名靈州。此處代指治所在靈州的方鎮朔方軍。　張希崇：人名。
薊縣（今天津市薊州區）人。五代後唐將領。傳見本書卷八八、
《新五代史》卷四七。

[9]李仁福：中華書局本有校勘記：“本書卷三一《唐莊宗紀
五》、《五代會要》卷一一均記同光二年（923）四月封李仁福爲朔
方王。按本書卷一三二《李仁福傳》、《新五代史》卷四〇《李仁
福傳》亦云其封朔方王。”見《會要》卷一一封建條同光二年四月
記事、《輯本舊史》卷三一《唐莊宗紀五》同光二年四月己丑條。

[10]晉州：州名。治所在今山西臨汾市。　薄文：人名。籍貫
不詳。後唐將領。事見本書卷四二。

　　六月丙午朔，文武百僚、宰臣馮道等拜章，[1]請於
尊號內加“廣道法天”四字，[2]凡拜三章，詔允之。詔
宮西新園宜名永芳園，[3]其間新殿宜名和慶殿。[4]丙辰，
秦王從榮加食邑至萬户，實封二千户。丁巳，[5]以左驍
衛上將軍李從昶爲右龍武統軍，[6]以前邢州節度使高允
韜爲右龍武統軍，[7]以右驍衛上將軍羅周敬爲左羽林統
軍，[8]以右監門上將軍夔繼英爲金州刺史。[9]戊午，宋王
從厚加食邑至萬户，[10]實封一千户。壬戌，以前涇州節
度使李金全爲滄州節度使。[11]癸亥，詔御史中丞龍敏等
詳定《大中統類》。[12]甲子，第十四女封壽安公主，第

十五女封永樂公主。戊辰，以前利州節度使孫漢韶爲洋州節度使。[13]壬申，寧遠軍節度使、容州管内觀察使、檢校太尉、兼侍中馬存加食邑實封。[14]甲戌，帝復不豫。

[1]馮道：人名。瀛州景城（今河北滄縣）人。五代時官拜宰相，歷仕後唐、後晉、後漢、後周，亦曾臣服於契丹。傳見本書卷一二六、《新五代史》卷五四。

[2]請於尊號内加“廣道法天”四字：中華書局本有校勘記：“‘廣道’，原作‘廣運’，據《册府》卷一七、《五代會要》卷一、《通鑑》卷二七八及本卷下文改。敦煌文書伯三八〇八《長興四年中興殿應聖節講經文》記上尊號事云‘法天廣道稱尊後’。”見《會要》卷一帝號條長興四年（933）八月記事、明本《册府》卷一七《帝王部·尊號門二》六月丙午條、《通鑑》卷二七八長興四年八月戊申條。

[3]永芳園：宮苑名。五代後唐置，備遊幸及供進蔬果。設官不詳。

[4]和慶殿：宮殿名。五代後唐置。位於今河南洛陽市。

[5]丁巳：中華書局本有校勘記：“原作‘丁未’，據殿本、劉本改。影庫本粘籤：‘丁未，以《長曆》推之，當是丁巳。’按是月丙午朔，此事繫於丙辰、戊午間，當是丁巳。”據《二十史朔閏表》，長興四年六月丙午朔，丁未爲初二，在丙辰十一日和戊午十三日間，當是丁巳十二日。

[6]左驍衛上將軍：官名。唐置，掌宮禁宿衛。唐代十六衛之一。從二品。　右龍武統軍：中華書局本有校勘記：“‘左驍衛上將軍’，原作‘右驍衛上將軍’，據本書卷四三《唐明宗紀九》、卷一三二《李茂貞傳》改。‘右龍武統軍’，原作‘左龍武統軍’，據本書卷一三二《李茂貞傳》及本卷下文改。”見《輯本舊史》卷四三

《唐明宗紀九》長興三年二月庚午條、卷一三二《李茂貞傳》。

[7]邢州：州名。治所在今河北邢臺市。　高允韜：人名。河西（今陝西合陽縣）人。五代將領。高萬興之子。傳見本書卷一三二、《新五代史》卷四〇。

[8]右驍衛上將軍：官名。唐置，掌宫禁宿衛。唐代十六衛之一。從二品。　羅周敬：人名。魏州貴鄉（今河北大名縣）人。五代將領。傳見本書卷九一。　左羽林統軍：官名。唐置北衙六軍之一。從二品。

[9]右監門上將軍：官名。即右監門衛上將軍。唐置，掌宫禁宿衛。唐代十六衛之一。從二品。中華書局本有校勘記："'右'，本書卷四二《唐明宗紀八》作'左'。"見《輯本舊史》卷四二《唐明宗紀八》長興二年八月癸亥條。　婁繼英：人名。籍貫不詳。五代後梁、後唐、後晋將領。傳見《新五代史》卷五一。　金州：州名。治所在今陝西安康市。

[10]從厚：人名。即李從厚。後唐閔帝。明宗李嗣源第三子。紀見本書卷四五、《新五代史》卷七。

[11]李金全：人名。吐谷渾部人。早年爲後唐明宗李嗣源奴僕，驍勇善戰，因功升遷。後晋時封安遠軍節度使，後投奔南唐。傳見本書卷九七、《新五代史》卷四八。　滄州：州名。治所在今河北滄縣舊州鎮。

[12]《大中統類》：書名。大中初，劉瑑選大中以前二百四十四年制敕可行用者二千八百六十五條，分爲六百四十六門，議其輕重，別爲一家法書，稱《大中統類》，奏行用之。

[13]孫漢韶：人名。太原（今山西太原市）人。後唐、後蜀將領。傳見《孫漢韶墓誌》（拓片刊《成都出土歷代墓銘券文圖録綜釋》，文物出版社 2012 年版）。　洋州：州名。治所在今陝西洋縣。

[14]寧遠軍：方鎮名。治所在容州（今廣西容縣）。中華書局本有校勘記："'寧遠軍'，原作'永寧軍'，據本書卷三二《唐莊

宗紀六》、卷四七《唐末帝紀中》改。按五代兩湖、嶺南無永寧軍
號。《新五代史》卷六〇《職方考》：‘容州曰寧遠……皆唐故號，
更五代無所易。’”見《輯本舊史》卷三二《唐莊宗紀六》同光二
年九月乙卯條、卷四七《唐末帝紀中》清泰二年（935）二月壬午
條。　容州：州名。治所在今廣西北流市。　觀察使：官名。唐代
後期出現的地方軍政長官。唐玄宗開元二十一年（733）置十五道
採訪使，唐肅宗乾元元年（758）改爲觀察使。無旌節，故地位低
於節度使。掌一道州縣官的考績及民政。　馬存：人名。馬殷之
弟。事見本書卷三二、卷四七。

　　秋七月丁丑，以著作佐郎尹拙爲左拾遺，[1]直史
館。[2]國朝舊制，皆以畿赤尉直史館，[3]今用諫官自拙
始，從監修李愚奏也。己卯，東岳三郎神贈威雄大將
軍。[4]初，帝不豫，前淄州刺史劉遂清薦泰山僧一人，[5]
云善醫，及召見，乃庸僧耳。問方藥，僧曰：“不工醫，
嘗於泰山中親覿嶽神，謂僧曰：‘吾第三子威靈可愛，
而未有爵秩，師爲我請之。’”宮中神其事，故有是命，
識者嫉遂清之妖佞焉。詔應臺官出行，須令人訶引，使
軍巡職掌等規避。壬午，詔安從進班師，時王師攻夏州
無功故也。乙酉，以許州節度使孟鵠卒廢朝，[6]贈太傅。
詔賜在京諸軍將校優給有差。時帝疾未痊，軍士有流言
故也。丁亥，兩浙節度使、檢校太傅、守中書令錢元瓘
封吳王。[7]

　　[1]著作佐郎：官名。簡稱“著作”。魏晋始置，爲著作郎之
輔，掌編修國史。唐代隷秘書省著作局，置四人，協助著作郎撰擬
文字，掌理局事。從六品上。中華書局本有校勘記：“‘佐’，原作

'左'，據殿本、劉本、孔本、邵本校、《册府》卷五五四、《五代會要》卷一八改。"見《會要》卷一八修史官條長興四年（933）七月記事、《宋本册府》卷五五四《國史部·選任門》後唐張昭條。　尹拙：人名。汝陽（今河南汝南縣）人。歷仕後梁、後唐、後晉、後漢、後周五代。傳見《宋史》卷四三一。　左拾遺：官名。唐代門下省所屬的諫官。掌規諫，薦舉人才。從八品上。

[2]直史館：官名。唐天寶以後，他官兼領史職者，稱史館修撰。初入史館者稱爲直館。元和六年（811）宰相裴垍建議：登朝官領史職者爲修撰，以官階高的一人判館事；未登朝官均爲直館。《舊五代史考異》："《五代會要》：尹拙爲左拾遺，王慎徽爲右拾遺，並直史館。《薛史》闕載王慎徽。"見《會要》卷一八、《册府》卷五五四。

[3]畿赤尉：畿、赤，縣的等級之一，指京之旁邑。畿縣尉，官名。縣之佐官，掌軍事、治安。正九品下。

[4]東岳三郎神：民間神祇。又稱"泰山三郎神""東岳三郎"。見於《搜神記》《魏書》等。

[5]淄州：州名。治所在今山東淄博市淄川區。　刺史：官名。漢武帝始置。州一級行政長官。總掌考覈官吏、勸課農桑、地方教化等事。唐中期以後，節度使、觀察使轄州而設，刺史爲其屬官，職任漸輕。從三品至正四品下。　劉遂清：人名。青州北海（今山東青州市）人。五代後梁、後唐官員。傳見本書卷九六。《輯本舊史》之影庫本粘籤："劉遂清，原本作'隊請'，今從《册府元龜》改正。"見《宋本册府》卷六七一《牧守部·選任門二》後唐劉遂清、卷七七一《總録部·世官門》劉遂清等條。《會要》卷一一封嶽瀆條長興四年七月記事之注文云："時上不豫，劉遂清引泰山僧進風藥，用之小康。"

[6]許州：州名。治所在今河南許昌市。　孟鵠：人名。魏州（治今河北大名縣）人。五代後唐官員。傳見本書卷六九。

[7]檢校太傅：中華書局本有校勘記："本書卷三九《唐明宗紀

五》、卷四五《唐閔帝紀》作'檢校太師'。按《化度院陁羅尼經幢并記》（拓片刊《北京圖書館藏中國歷代石刻拓片匯編》第三十六冊）末題'長興四年癸巳三月二十六日……檢校太師、守中書令錢元瓘記'。」見《輯本舊史》卷三九《唐明宗紀五》天成三年（928）閏八月丁未條、卷四五《唐閔帝紀》應順元年（934）正月甲午條。　中書令：官名。漢代始置，隋、唐前期爲中書省長官，屬宰相之職；唐後期多爲授予元勳大臣的虛銜。正二品。　錢元瓘：人名。臨安（今浙江杭州市臨安區）人。錢鏐之子。五代十國吳越國國主，932年至941年在位。傳見本書卷一三三、《新五代史》卷六七。

　　八月戊申，帝被袞冕，御明堂殿受册，徽號曰聖明神武廣道法天文德恭孝皇帝。禮畢，制大赦天下，常赦所不原者咸赦除之。己酉，賜侍衛諸軍優給有差，時月內再有頒給，自茲府藏無餘積矣。辛亥，以晉州節度使薄文卒廢朝。丁巳，以右龍武統軍李從昶爲許州節度使。[1]戊午，以秘書監高輅卒廢朝。[2]辛酉，以太子太師致仕符習卒廢朝，[3]贈太師。辛未，秦王從榮以本官充天下兵馬大元帥，加食邑萬户、實封三千户；以右羽林統軍翟璋爲晉州節度使；[4]以太子賓客馬縞爲户部侍郎。[5]壬申，幸至德宮。[6]

　　[1]李從昶：人名。李茂貞第二子。傳見本書卷一三二。
　　[2]高輅：人名。籍貫、事迹不詳。本書僅此一見。
　　[3]符習：人名。趙州（今河北趙縣）人。五代後唐將領。傳見本書卷五九、《新五代史》卷二六。
　　[4]右羽林統軍：官名。唐代右羽林軍統兵官。唐置北衛六軍

之一。從二品。　瞿璋：人名。籍貫不詳。五代後唐、後晉將領。傳見本書卷九五。

[5]馬縞：人名。籍貫不詳。五代後梁、後唐官員、學者。傳見本書卷七一、《新五代史》卷五五。

[6]至德宮：宮殿名。五代後唐天成元年（926）築。位於今河南洛陽市。

　　九月甲戌朔，以户部尚書李鏻爲兵部尚書，[1]以前户部尚書韓彦惲爲户部尚書。[2]丙子，幸至德宮。戊寅，樞密使范延光、趙延壽並加兼侍中，[3]依前充使。中書奏："元帥儀注，諸道節度使以下帶兵權者，階下具軍禮參見；其帶使相者，初見亦展一度公禮。天下軍務公事，元帥府行帖指揮，其判六軍諸衛事則公牒往來，其官屬軍職，委元帥府奏請。"從之。癸未，以兵部侍郎盧詹爲吏部侍郎。[4]丙戌，宰臣馮道加左僕射，[5]李愚加吏部尚書，[6]劉昫加刑部尚書。[7]戊子，河陽節度使兼侍衛親軍都指揮使康義誠、山南西道節度使檢校太傅張虔釗並加同平章事。[8]宣徽南院使、判三司馮贇依前檢校太傅、同中書門下二品，[9]充三司使。[10]贇亡父名章，[11]故改平章事爲同二品。壬辰，[12]永寧公主石氏進封魏國公主，興平公主趙氏進封齊國公主。皇孫重光、重哲並授銀青光禄大夫、檢校工部尚書，秦王、宋王子也。[13]前洋州節度使梁漢顒以太子少師致仕。[14]丁酉，以右龍武統軍高允韜爲滑州節度使，[15]以韶州刺史、檢校司空王萬榮爲華州節度使，[16]萬榮，王妃之父也。[17]戊戌，以樞密使趙延壽爲汴州節度使，[18]以襄州節度使朱弘昭爲檢校太尉、同平章事，[19]充樞密使。時范延光、趙延壽相繼辭退樞密務，及朱弘昭有樞密之命，又面辭訴，帝叱之曰：“爾輩皆欲離朕左右，怕在眼前，素養爾輩，將何用也！”弘昭退謝，不復敢言。吏部侍郎張文寶卒。[20]庚子，清海軍節度使錢元璙加檢校太傅、同平章事，[21]中吳、建武等軍節度使錢元璙加檢校太師、兼中書令。[22]以前滑州節度使李贊華遥領虔州節度使。[23]辛丑，詔天下兵馬大元帥、秦王從榮班宜在宰臣之上。[24]壬寅，以北面行營都指揮使、易州刺史楊檀爲振武軍節度使。[25]

[1]九月甲戌朔：《輯本舊史》原無朔字，根據包括《舊五代史》在内的正史本紀的記時規則，凡該月朔日有記事者，必須在該月干支下加朔字，故補。　户部尚書：官名。尚書省户部主官。掌管全國土地、户籍、賦税、財政收支諸事。正三品。　李鏻：人名。唐朝宗室、五代大臣。傳見本書卷一〇八、《新五代史》卷五七。中華書局本有校勘記：“原作‘李璘’，據本書卷四三《唐明宗紀九》、卷四五《唐閔帝紀》、卷一〇八《李鏻傳》、《新五代史》卷五七《李鏻傳》改。”見《輯本舊史》卷四三《唐明宗紀九》長興三年（932）七月壬辰條、卷四五《唐閔帝紀》長興四年十二月丁巳條。

[2]韓彦惲：人名。籍貫不詳。五代後唐大臣。事見本書卷三九等。

[3]樞密使：官名。唐代宗時始以宦官掌機密，至昭宗時借朱温之力盡誅宦官，始改以士人任樞密使。參見李全德《唐宋變革期樞密院研究》，國家圖書館出版社2009年版。

[4]盧詹：人名。京兆長安（今陝西西安市）人。唐末、五代

官員。傳見本書卷九三。

[5]左僕射：官名。秦始置。隋、唐前期，以左、右僕射佐尚書令總理六官、綱紀庶務；如不置尚書令，則總判省事，爲宰相之職。唐後期多爲大臣加銜。從二品。

[6]吏部尚書：官名。尚書省吏部主官，與二侍郎分掌六品以下文官選授、勳封、考課之政令。正三品。

[7]刑部尚書：官名。尚書省刑部主官。掌天下刑法及徒隸、勾覆、關禁之政令。正三品。

[8]河陽：縣名。治所在今河南孟州市。　康義誠：人名。沙陀部人。五代後唐將領。傳見本書卷六六、《新五代史》卷二七。

張虔釗：人名。遼州（今山西左權縣）人。五代後唐、後蜀將領。傳見本書卷七四。

[9]宣徽南院使：官名。唐始置。宣徽南院的長官。初用宦官，五代以後改用士人。與宣徽北院使通掌内諸司及三班内侍之名籍，郊祀、朝會、宴享供帳之儀，檢視内外進奉名物。參見王永平《論唐代宣徽使》，《中國史研究》1995 年第 1 期；王孫盈政《再論唐代的宣徽使》，《中華文史論叢》2018 年第 3 期。　馮贇：人名。太原（今山西太原市）人。五代後唐明宗朝宰相、三司使。傳見本書附錄、《新五代史》卷二七。　同中書門下二品：中華書局本有校勘記："原作'同平章事中書門下同二品'，據本書卷四五《唐閔帝紀》、《五代會要》卷一三、《通鑑》卷二七八改。"見《輯本舊史》卷四五《唐閔帝紀》應順元年（934）正月戊子條、《通鑑》卷二七八長興四年九月庚寅條。《會要》卷一三中書門下條載長興四年九月敕："馮贇有經邦之茂業，宜進位于公臺。但緣平章事字犯其父名，不欲斥其家諱，可改同平章事爲同中書門下二品。"

[10]三司使：官名。五代後唐明宗天成元年（926）將晚唐以來的户部、度支、鹽鐵三部合爲一職，設三司使統之。主管國家財政。

[11]章：人名。即馮章。馮贇之父。事迹不詳。

　　[12]壬辰：《輯本舊史》原作“壬戌”，中華書局本有校勘記：“按是月甲戌朔，無壬戌。此事繫於戊子、丁酉間，疑是壬辰。”未改，戊子爲十五日，丁酉爲二十四日，壬戌應爲壬辰（十九日），今改。

　　[13]秦王：即李從榮。沙陀部人。後唐明宗李嗣源次子。傳見本書卷五一、《新五代史》卷一五。　　宋王：即李從厚。後唐閔帝。明宗李嗣源第三子。紀見本書卷四五、《新五代史》卷七。

　　[14]太子少師：《輯本舊史》作“太子少傅”。中華書局本有校勘記：“本卷上文：‘（四月甲寅）前鄧州節度使梁漢顒以太子少師致仕’，本書卷八八《梁漢顒傳》、《册府》卷九三六皆云：‘長興四年夏，以眼疾授太子少師致仕。’按梁漢顒墓誌（拓片刊《洛陽出土歷代墓誌輯繩》）：‘自庚寅本官守太子少師致仕。’”未改，見《宋本册府》卷九三六《總録部·躁競門》梁漢顒條。今改。

　　[15]滑州：州名。治所在今河南滑縣。

　　[16]韶州：州名。治所在今廣東韶關市。　　檢校司空：官名。爲散官或加官，以示恩寵，無實際執掌。司空，與太尉、司徒並爲三公。　　王萬榮：人名。籍貫不詳。五代後唐將領。事見本書卷四六。

　　[17]王妃：人名。即後唐明宗王淑妃。事見本書卷五一、卷六六等。

　　[18]汴州：州名。治所在今河南開封市。

　　[19]襄州：州名。治所在今湖北襄陽市。　　朱弘昭：人名。太原（今山西太原市）人。後唐明宗朝樞密使、宰相。傳見本書卷六六、《新五代史》卷二七。

　　[20]張文寶：人名。唐昭宗朝諫議大夫張顗之子。五代後唐官員。傳見本書卷六八。

　　[21]清海軍：方鎮名。治所在廣州（今廣東廣州市）。　　錢元璙：人名。又名元懿、傳懿，吳越武肅王錢鏐之子。見《吳越備史》卷一貞明三年（917）三月條。事見本書卷七七。

[22]中吳：方鎮名。吳越置，治所在蘇州（今江蘇蘇州市）。
建武：方鎮名。治所在邕州（今廣西南寧市）。　錢元璙：人名。
錢鏐之子。事見本書卷一三三。

[23]李贊華：人名。本名耶律倍，小名突欲。遼太祖耶律阿保
機長子，封東丹王。其弟耶律德光即位，是爲遼太宗。突欲憤而降
後唐，明宗賜名李贊華。傳見《遼史》卷七二。

[24]詔天下兵馬大元帥、秦王從榮班宜在宰臣之上：《輯本舊
史》之影庫本粘籤：“《五代會要》：秦王從榮加兼中書令，與宰臣
分班左右定位，及爲天下兵馬元帥，敕曰：‘秦王位隆將相，望重
磐維，委任既崇，等威合異，班位宜在宰臣之上。’”見《會要》
卷六親王與朝臣行立位條所載長興四年九月敕，明本《册府》卷二
七七《宗室部·褒寵門三》秦王從榮條略同。

[25]易州：州名。治所在今河北易縣。　楊檀：人名。即楊光
遠。沙陀部人。五代後唐、後晋將領。傳見本書卷九七、《新五代
史》卷五一。　振武軍：方鎮名。治所在金河縣（今内蒙古和林格
爾縣）。

　　冬十月丙午，以前同州節度使趙在禮爲襄州節度
使。[1]丁未，以前滑州節度使張敬詢卒廢朝。[2]以刑部侍
郎任贊爲兵部侍郎，充元帥府判官。戊午，以前鳳州節
度使孫岳爲三司使。[3]庚申，以樞密使范延光爲鎮州節
度使，以三司使馮贇爲樞密使。辛酉，以前潞州節度使
李承約爲左龍武統軍，[4]以前威塞軍節度使王景戡爲右
龍武統軍，[5]以左驍衛上將軍安崇阮爲左神武統軍，[6]以
右監門上將軍高允貞爲右神武統軍。[7]壬戌，以權知夏
州事、檢校司空李彝超爲夏州節度使、檢校司徒。丙
寅，詔在朝文武臣僚並與加恩，以受册尊號也。戊辰，

以前安州節度使楊漢章爲兗州節度使，[8]以前雲州節度使張敬達爲徐州節度使。[9]庚午，以前兗州節度使張延朗爲秦州節度使。[10]壬申，秦州節度使劉仲殷移鎮宋州。[11]

　　[1]趙在禮：人名。涿州（今河北涿州市）人。五代後唐、後晋將領。傳見本書卷九〇、《新五代史》卷四六。

　　[2]張敬詢：人名。勝州金河（今内蒙古和林格爾縣）人。五代後唐將領。傳見本書卷六一。

　　[3]鳳州：州名。治所在今陝西鳳縣。中華書局本有校勘記："'鳳州'，原作'鳳翔'，據本書卷四一《唐明宗紀七》、卷四二《唐明宗紀八》、卷六九《孫岳傳》改。《通鑑》卷二七八敍其事作'前武興節度使'，按武興軍治鳳州。"見《輯本舊史》卷四一《唐明宗紀七》長興元年（930）四月庚申條、卷四二《唐明宗紀八》長興二年十一月壬寅條、《通鑑》卷二七八長興四年十月戊午條。

　　孫岳：人名。稷州（今陝西武功縣）人。五代後唐大臣。傳見本書卷六九。

　　[4]李承約：人名。薊州（今天津市薊州區）人。五代後唐、後晋將領。傳見本書卷九〇、《新五代史》卷四七。

　　[5]威塞軍：方鎮名。治所在新州（今河北涿鹿縣）。　王景戡：人名。籍貫不詳。五代後唐將領。事見本書卷四六等。

　　[6]安崇阮：人名。又作"安重阮"。潞州上黨（今山西長治市）人。五代後唐、後晋將領。傳見本書卷九〇。

　　[7]高允貞：人名。籍貫不詳。五代後唐將領。事見本書卷三〇等。

　　[8]楊漢章：人名。籍貫不詳。五代將領。事見《通鑑》卷二八〇。　兗州：州名。治所在今山東濟寧市兗州區。

　　[9]張敬達：人名。代州（今山西代縣）人。五代後唐將領。

傳見本書卷七〇、《新五代史》卷三三。　　徐州：州名。治所在今江蘇徐州市。

　　[10]張延朗：人名。汴州（今河南開封市）人。五代後唐大臣，歷任三司使、宰相。傳見本書卷六九、《新五代史》卷二六。

　　[11]劉仲殷：人名。籍貫不詳。李從榮岳丈。五代後唐將領。事見本書卷三八等。

　　十一月丙子，以前滄州節度使盧質爲右僕射。[1]庚辰，改慎州懷化軍爲昭化軍，[2]升洮州爲保順軍。[3]辛巳，以保大軍節度使、檢校太尉鮑君福爲保順軍節度、洮鄯等州觀察等使，[4]以彰義軍節度使、檢校太尉、同平章事杜建徽爲昭化軍節度、慎、瑞、司等州觀察使。[5]乙酉，以前汴州節度使李從曠爲鄆州節度使，[6]以鄆州節度使李從溫爲定州節度使。丙戌，新授右僕射盧質奏：“臣忝除官，合赴省上事，若準舊例，左右僕射上事儀注所費極多，欲從權務簡，只取尚書丞、郎上事例，止集南省屬僚及兩省官送上，亦不敢輒援往例，有費官用。自量力排比；兼不敢自臣隳廢前規，他時任行舊制。”從之。戊子，帝不豫。[7]己丑，大漸，[8]自廣壽殿移居雍和殿。[9]是夜四鼓後，帝自御榻蹶然而興，顧謂知漏宫女曰：“今夜漏幾何？”[10]對曰：“四更。”因奏曰：“官家省事否？”帝曰：“省。”因唾出肉片如肺者數片，便溺升餘。六宫皆至，慶躍而奏曰：“官家今日實還魂也。”已食粥一器，[11]侍醫進湯膳。至曙，帝小康。壬辰，天下大元帥、守尚書令、兼侍中、秦王從榮領兵陣於天津橋，[12]内出禁軍拒之。從榮敗奔河南府，遇害。[13]帝聞之悲駭，幾落御榻，氣絕而蘇者再，由是不豫有加。癸巳，馮道率百僚見帝於雍和殿，帝雨泣哽噎，曰：“吾家事若此，慚見卿等！”百僚皆泣下霑襟。甲午，賜宰臣、樞密使御衣玉帶，康義誠已下錦帛鞍馬有差。遣宣徽使孟漢瓊召宋王於鄴都。[14]乙未，以三司使孫岳爲亂兵所害廢朝。[15]丁酉，敕秦王府官屬，除諮議參軍高輦已處斬外，[16]元帥府判官、兵部侍郎任贊配武州，[17]祕書監兼秦王傅劉贊配嵐州，[18]河南少尹劉陟配均州，[19]並爲長流百姓，縱逢恩赦，不在放還。河南少尹李羨配石州，[20]河南府判官司徒詡配寧州，[21]秦王友蘇瓚配萊州，[22]記室參軍魚崇遠配慶州，[23]河南府推官王說配隨州，[24]並爲長流百姓。河南府推官尹誣，[25]六軍巡官董裔、張九思，[26]河南府巡官張沆、李瀚、江文蔚並勒歸田里，[27]應長流人並除名。六軍判官、殿中監王居敏責授復州司馬，[28]六軍推官郭晙責授坊州司戶，[29]並員外置，所在馳驛發遣。時宰相、樞密使共議任贊等已下罪，馮道等曰：“任贊前在班行，比與從榮無舊，除官未及月餘，便逢此禍。王居敏、司徒詡疾病請假，將近半年，近日之事，計不同謀。從榮所款昵者高輦、劉陟、王說三人，昨從榮稱兵指闕之際，沿路只與劉陟、高輦並轡耳語，至天津橋南，指日影謂諸判官曰：‘明日如今，已誅王居敏矣。’則知其冗泛之徒，不可一例從坐。”朱弘昭意欲盡誅任贊已下，馮贇力爭之乃已。戊戌，帝崩於大內之雍和殿，壽六十七。

[1]盧質：人名。河南（今河南洛陽市）人。五代後唐、後晉大臣。傳見本書卷九三、《新五代史》卷五六。

[2]慎州：羈縻州。唐朝始置。隸於營州，領粟末靺鞨烏素固部落。萬歲通天年間，營州陷於契丹，因以南遷淄、青州之境，神龍初僑治良鄉之都鄉城（今北京市房山區西南）。後廢。 懷化軍：方鎮名。後唐置，治所在今北京市房山區良鄉鎮。

[3]洮州：州名。治所在今甘肅臨潭縣。

[4]保大軍：方鎮名。治所在坊州（今陝西黃陵縣）。 鮑君福：人名。籍貫不詳。五代後唐、後晉將領。傳見本書附錄。鄯：州名。治所在今青海海東市樂都區。

[5]彰義軍：方鎮名。治所在涇州（今甘肅涇川縣）。 杜建徽：人名。籍貫不詳。五代後梁、後唐將領。事見本書卷八、卷八二等。 瑞：羈縻州。唐貞觀十年（636）於營州界置，隸營州都督。處突厥烏突汗達幹部落。神龍初隸幽州都督。治所爲來遠縣，後移治於良鄉縣之廣陽城（今北京市房山區良鄉鎮東北廣陽城村）。

司：據《宋史》卷四八〇“儼兄儀爲慎、瑞、師等州觀察使”，《長編》卷一八“知越州錢儀爲慎、瑞、師等州觀察使”，可知司州當爲師州。羈縻州。唐貞觀三年置，領契丹、室韋部落，隸營州都督。神龍初改隸幽州都督。治所陽師縣，寄治於良鄉縣之故東閭城（今北京市房山區境）。

[6]李從曬：人名。深州博野（今河北蠡縣）人。李茂貞之子，後晉時封秦王。傳見本書卷一三二。

[7]戊子，帝不豫：《舊五代史考異》：“《歐陽史》本紀作十月壬申，幸士和亭，得疾。《秦王從榮傳》作十一月戊子，雪，明宗幸宮西士和亭，得傷寒疾，紀傳互異。《五代春秋》從《薛史》作戊子，帝不豫。”“幸士和亭得疾”，中華書局本有校勘記：“‘士和亭’，原作‘上和亭’，據《新五代史》卷六《唐本紀》改。本卷下一處同。”見《新五代史》卷六《唐本紀六》長興四年（933）十月壬申條、卷一五《李從榮傳》十一月戊子條、《五代春秋》明

宗仁德皇帝長興四年十一月戊子條。

　　[8]大漸：病危。

　　[9]廣壽殿：宮殿名。位於今河南洛陽市。　雍和殿：宮殿名。位於今河南洛陽市。

　　[10]今夜漏幾何：中華書局本有校勘記：“殿本、《新五代史》卷一五《唐明宗家人傳》無‘今’字。”見《新五代史》卷一五《李從榮傳》長興四年十一月己丑條。

　　[11]已食：中華書局本有校勘記：“‘已食’，殿本、孔本、《新五代史》卷一五《唐明宗家人傳》作‘因進’。”

　　[12]天津橋：橋名。位於今河南洛陽市。

　　[13]“壬辰”至“從榮敗奔河南府，遇害”：《舊五代史考異》：“《五代春秋》作壬午誅從榮，蓋傳寫之訛。《歐陽史》及《通鑑》俱從《薛史》作壬辰。”見《新五代史》卷六《唐本紀六》長興四年十一月壬辰條、《通鑑》卷二七八長興四年十一月壬辰條。河南府，府名。即五代後唐都城洛陽河南府（今河南洛陽市）。

　　[14]孟漢瓊：人名。籍貫不詳。五代後唐宦官，時任宣徽南院使。傳見本書卷七二。　鄴都：地名。治所在今河北大名縣。五代後唐同光元年（923），改魏州爲興唐府，建號東京，三年改東京爲鄴都。

　　[15]乙未，以三司使孫岳爲亂兵所害廢朝：《舊五代史考異》：“孫岳被害，《通鑑》繫於壬辰，蓋與從榮之死同日。《歐陽史》作乙未，康義誠殺孫岳，是以廢朝之日爲專殺之日也。”見《新五代史》卷六《唐本紀六》長興四年十一月乙未條、《通鑑》卷二七八長興四年十一月壬辰條。

　　[16]高輦：人名。籍貫不詳。五代後唐官員。事見本書卷五一、《新五代史》卷二八。

　　[17]武州：州名。治所在今河北張家口市宣化區。

　　[18]嵐州：州名。治所在今山西嵐縣。

[19]劉陟：人名。籍貫不詳。五代後唐官員。事見本書本卷。
均州：州名。治所在今湖北丹江口市。

[20]李蕘：人名。籍貫不詳。後唐莊宗長子李繼岌僚佐。事見本書卷一〇八《李崧傳》。　石州：州名。治所在今山西呂梁市離石區。

[21]司徒詡：人名。清河郡（今河北清河縣）人。五代後唐官員。傳見本書卷一二八。　寧州：州名。治所在今甘肅寧縣。

[22]蘇瓚：人名。籍貫不詳。曾任忠武軍節度判官。事見本書本卷。　萊州：州名。治所在今山東萊州市。

[23]魚崇遠：人名。籍貫不詳。五代後唐將領。事見本書卷五一。

[24]王説：人名。籍貫不詳。五代後唐將領。本書僅見於本卷。　隨州：州名。治所在今湖北隨州市。

[25]尹諲：人名。籍貫不詳。五代後唐將領。本書僅此一見。

[26]董裔：人名。籍貫不詳。五代後唐將領。事見本書卷一〇五。　張九思：人名。籍貫不詳。五代後唐將領。本書僅此一見。

[27]張沆：人名。徐州（今江蘇徐州市）人。五代後唐、後晉、後周官員。傳見本書卷一三一。　李澣：人名。京兆萬年（今陝西西安市長安區）人。歷仕後唐、後晉，後與徐台符被契丹挾而北行，在遼任宣政殿學士、禮部尚書等。事見《遼史》卷一〇三、《宋史》卷二六二。中華書局本有校勘記："原作'李潮'，據《通鑑》卷二七八改。按《宋史》卷二六二《李澣傳》：'秦王從榮召至幕中，從榮敗，勤歸田里。'"見《通鑑》卷二七八長興四年十一月丁酉條。　江文蔚：人名。許（今河南許昌市）人，一説建安（今福建建甌市）人。五代後唐、十國南唐官員。事見本書卷一三三。

[28]王居敏：人名。籍貫不詳。五代後唐、後晉官員。事見本書卷六四等。　復州：州名。治所在今湖北天門市。

[29]郭晙：人名。籍貫不詳。五代後唐將領。本書僅此一見。
坊州：州名。治所在今陝西黃陵縣。

十二月癸卯朔，遷梓宮於二儀殿，[1]宋王從厚自鄴都至。是日發哀，百僚縞素於位，中書侍郎、平章事劉昫宣遺制，宋王從厚於柩前即皇帝位，服紀以日易月，一如舊制云。明年四月，太常卿盧文紀上諡議曰聖智仁德欽孝皇帝，[2]廟號明宗，宰臣馮道議請改"聖智仁德"四字，爲聖德和武欽孝皇帝。宰臣劉昫撰諡册文，宰臣李愚撰哀册文，是月二十七日葬于徽陵。[3]《永樂大典》卷七千一百六十六。

　　[1]梓宮：帝后所用之棺槨。以梓木爲之，故名。　二儀殿：宮殿名。位於今河南洛陽市。

　　[2]盧文紀：人名。京兆萬年（今陝西西安市長安區）人。唐末進士，五代後唐、後晋官員。傳見本書卷一二七、《新五代史》卷五五。

　　[3]"明年四月"至"是月二十七日葬于徽陵"：《輯本舊史》在此段末録《五代史補》："明宗之在位也，一日幸倉場觀納，時主者以車駕親臨，懼得罪，其較量甚輕。明宗因謂之曰：'且朕自省事以來，倉場給散，動經一二十年未畢，今輕量如此，其後銷折將何以償之？'對曰：'竭盡家産，不足則繼之以身命。'明宗愴然曰："只聞百姓養一家，未聞一家養百姓。今後每石加二斗耗，以備鼠雀侵蠹，謂之鼠雀耗。'倉糧加耗，自此始也。"又録《五代史闕文》："明宗出自邊地，老于戰陳，即位之歲，年已六旬，純厚仁慈，本乎天性。每夕宮中焚香仰天禱祝云：'某蕃人也，遇世亂爲衆推戴，事不獲已，願上天早生聖人，與百姓爲主。'故天成、長興間，比歲豐登，中原無事，言于五代，粗爲小康。"其中"懼得罪其較量甚輕"，中華書局本有校勘記："原作'懼得其罪較量甚輕'，據《五代史補》卷二改。""倉糧加耗自此始也"，中華書局

本有校勘記："原作'倉糧起自此也'，據《五代史補》卷二改。"
見《五代史補》卷二明宗入倉草場條、《五代史闕文·後唐史》之
明宗篇，"明宗出自邊地"，原作"明宗出自沙陀"。

　　史臣曰：明宗戰伐之勳，雖高佐命，潛躍之事，本
不經心。會王室之多艱，屬神器之自至，諒由天贊，匪
出人謀。及應運以君臨，能力行於王化，政皆中道，時
亦小康，近代已來，亦可宗也。儻使重誨得房、杜之
術，[1]從榮有啟、誦之賢，[2]則宗祧未至於危亡，載祀或
期於綿遠矣。惜乎！君親可輔，臣子非才，遽泯丞嘗，
良可深歎矣。《永樂大典》卷七千一百六十六。[3]

　　[1]重誨：人名。即安重誨。應州（今山西應縣）人。五代後
唐大臣。傳見本書卷六六、《新五代史》卷二四。　房：人名。即
房玄齡。唐代名相。傳見《舊唐書》卷六六、《新唐書》卷九六。
　　杜：人名。即杜如晦。唐代名相。傳見《舊唐書》卷六六、《新
唐書》卷九六。
　　[2]啟：夏代國王。姒姓，禹之子。禹死後，啟繼王位，確立
了世襲制度。紀見《史記》卷二。　誦：西周成王。姬姓，名誦。
周文王之孫，周武王之子。周成王分封諸侯，製作各種禮樂及典章
制度，是周朝盛世的開端。紀見《史記》卷四。
　　[3]《大典》卷七一六六"唐"字韻"明宗（三）"事目。

舊五代史　卷四五

唐書二十一

閔帝紀

　　閔帝，諱從厚，小字菩薩奴，明宗第三子也。[1]母昭懿皇后夏氏，以天祐十一年歲在甲戌十一月二十八日庚申，生帝於晉陽舊第。[2]帝髫齔好讀《春秋》，略通大義，貌類明宗，[3]尤鍾愛。

　　[1]閔帝，諱從厚，小字菩薩奴，明宗第三子也：《舊五代史考異》：“案：《歐陽史》作明宗第五子，吳縝嘗辨其誤。今考《五代會要》亦作第三子，與《薛史》同。”《會要》卷一帝號條載從厚爲明宗第三子，卷二諸王條則載明宗第三子爲從榮。《廿二史考異》卷六一《唐本紀四》作：“蓋其時以從珂爲長子，又以侄從璨列於昆弟之次，則從厚當居第五，而從益爲第六矣。紀、傳雖異詞，要之各有所據。”
　　[2]昭懿皇后夏氏：後唐明宗之妻，閔帝之母。明宗天成元年（926），追封夏氏晉國夫人。長興元年，乃追册爲皇后，謚曰昭懿。傳見本書卷四九、《新五代史》卷一五。　　天祐：唐昭宗李曄開始

使用的年號（904）。唐哀帝李柷即位後沿用（904—907）。唐亡後，河東李克用、李存勗仍稱天祐，沿用至天祐二十年（923）。五代其他政權亦有行此年號者，如南吳、吳越等，使用時間長短不等。晋陽：縣名。治所在今山西太原市。

〔3〕《春秋》：春秋末年魯國孔丘著。古代經典著作之一。明宗：李嗣源，沙陀部人，應州金城（今山西應縣）人。李克用養子，逼宮李存勗後自立爲後唐皇帝。紀見本書卷三五至卷四〇、《新五代史》卷六。

天成元年，授金紫光禄大夫、檢校司徒。[1]

〔1〕天成：後唐明宗李嗣源年號（926—930）。　金紫光禄大夫：官名。本兩漢光禄大夫。魏晋以後，光禄大夫之位重者，加金章紫綬，因稱金紫光禄大夫。北周、隋時爲散官。唐貞觀後列入文散官。正三品。　檢校司徒：官名。爲散官或加官，以示恩寵，無實際執掌。司徒，與太尉、司空並爲三公。

二年正月癸酉，[1]加檢校太保、同平章事、河南尹，判六軍諸衛事。[2]十一月，加檢校太傅。[3]

〔1〕二年正月癸酉：中華書局本沿《輯本舊史》作"二年四月"，《輯本舊史》卷三八《唐明宗紀四》天成二年（927）正月癸酉條云："第三子金紫光禄大夫、檢校司徒從厚加檢校太保、同平章事、河南尹，判六軍諸衛事"，《通鑑》卷二七五繫此事於天成二年正月癸酉。今據改。

〔2〕檢校太保：官名。爲散官或加官，以示恩寵，無實際執掌。太保，與太師、太傅合稱三師。　同平章事：官名。唐高宗以後，凡實際任宰相之職者，常在其本官後加同平章事的職銜。後成爲宰

相專稱。　河南尹：官名。即河南府尹。唐開元元年（713）改洛州爲河南府，治所在今河南洛陽市，河南府尹總其政務。從三品。

判六軍諸衛事：官名。後唐沿唐代舊制，置六軍諸衛，以判六軍諸衛事爲禁軍六軍與諸衛的最高統帥。

[3]檢校太傅：官名。爲散官或加官，以示恩寵，無實際執掌。

三年四月丙戌，[1]授汴州節度使。[2]

[1]三年四月丙戌：中華書局本沿《輯本舊史》作“三年三月”。《輯本舊史》卷三九《唐明宗紀五》天成三年（928）四月丙戌條云：“以皇子河南尹、判六軍諸衛事從厚爲汴州節度使，判六軍如故。”《通鑑》卷二七六亦繫此事於天成三年四月丙戌。今據改。

[2]汴州：州名。治所在今河南開封市。　節度使：官名。唐時在重要地區所設掌握一州或數州軍、民、財政的長官。

四年，移鎮河東。[1]

[1]河東：方鎮名。治所在太原（今山西太原市）。

長興元年，改授鎮州節度使，尋封宋王。[1]

[1]長興：後唐明宗李嗣源年號（930—933）。　鎮州：州名。治所在今河北正定縣。

二年，加檢校太尉、兼侍中，移鎮鄴都。[1]

[1]檢校太尉：官名。爲散官或加官，以示恩寵，無實際執掌。太尉，與司徒、司空並爲三公。　侍中：官名。秦始置。隋、唐前期爲門下省長官。唐後期多爲大臣加銜，不參與政務，實際職務由門下侍郎執行。正二品。　鄴都：都城名。治所在今河北大名縣。五代後唐同光元年（923），改魏州爲興唐府，建號東京，三年改東京爲鄴都。

三年，加中書令。秦王從榮，[1]帝同母兄也，以帝有德望，深所猜忌。帝在鄴宮，恒憂其禍，然善於承順，竟免閒隙。[2]

[1]從榮：人名。即李從榮。沙陀部人。唐明宗李嗣源次子。傳見本書卷五一、《新五代史》卷一五。

[2]竟免閒隙：《輯本舊史》之影庫本粘籤：“閒隙，原本作‘聞驚’，今據文改正。”“聞驚”在此亦不成文，應爲形近之訛。

四年十一月二十日，秦王誅。翌日，明宗遣宣徽使孟漢瓊馳驛召帝。[1]二十六日，明宗崩。二十九日，帝至自鄴。[2]

[1]宣徽使：官名。唐始置。宣徽南院使、北院使通稱宣徽使。初用宦官，五代以後改用士人。通掌内諸司及三班内侍之名籍，郊祀、朝會、宴享供帳之儀，檢視内外進奉名物。詳見王永平《論唐代宣徽使》，《中國史研究》1995年第1期；王孫盈政《再論唐代的宣徽使》，《中華文史論叢》2018年第3期。　孟漢瓊：人名。籍貫不詳。五代後唐宦官，時任宣徽南院使。傳見本書卷七二。

[2]二十六日，明宗崩。二十九日，帝至自鄴：《舊五代史考

異》：“案：《歐陽史》云，明宗崩，秘其喪六日。考長興四年十一月癸酉朔，二十日壬辰，誅從榮，二十六日戊戌，明宗崩，二十九日辛丑，閔帝已至自鄴矣，不得云秘喪六日也。”見《新五代史》卷七《唐愍帝紀》。

十二月癸卯朔，[1]發喪於西宮，帝於柩前即位。丁未，群臣上表請聽政，表再上，詔允。己酉，中外將士給賜有差。庚戌，帝縗服見群臣於廣壽門之東廡下，[2]宰臣馮道進曰：[3]“陛下久居哀毀，臣等咸願一覿聖顔。”朱弘昭前舉帽，[4]群臣再拜而退。御光政樓存問軍民。[5]辛亥，賜司衣王氏死，[6]坐秦王事也。癸丑，以前鎮州節度使、涇王從敏權知河南府事，尋以盧質代之。[7]乙卯，賜司儀康氏死，[8]事連王氏也。丙辰，以天雄軍節度判官唐汭爲左諫議大夫，[9]掌書記趙象爲起居郎，[10]元從都押衙宋令詢爲磁州刺史。[11]丁巳，以左僕射、平章事馮道爲山陵使，户部尚書韓彦惲爲副，中書舍人王延爲判官，禮部尚書王權爲禮儀使，兵部尚書李鏻爲鹵簿使，御史中丞龍敏爲儀仗使，右僕射、權知河南府盧質爲橋道頓遞使。[12]庚申，以前相州刺史郝瓊爲右驍衛大將軍，充宣徽北院使；以光禄卿、充三司副使王玫爲三司使。[13]癸亥，故檢校太尉、右衛上將軍、充三司使孫岳贈太尉、齊國公。[14]丁卯，帝釋縗服，群臣三上表，請復常膳，御正殿，從之。辛未，帝御中興殿，群臣列位，馮道升階進酒，帝曰：“比於此物無愛，除賓友之會，不近罇罍，況在沉痛之中，安事飲啖！”[15]命撤之。[16]

　　[1]十二月癸卯朔:《舊五代史考異》:"案:《五代春秋》作癸亥朔，蓋傳寫之訛。《歐陽史》《通鑑》俱從《薛史》作癸卯。"見《五代春秋》卷上後唐閔皇帝條及《新五代史》卷七《唐愍帝紀》、《通鑑》卷二七八長興四年（933）十二月癸卯條。該月癸亥爲二十一日。

　　[2]廣壽門:宮門名。位於今河南洛陽市。

　　[3]馮道:人名。瀛州景城（今河北滄縣）人。五代時官拜宰相，歷仕後唐、後晉、後漢、後周，亦曾臣服於契丹。傳見本書卷一二六、《新五代史》卷五四。

　　[4]朱弘昭:人名。太原（今山西太原市）人。後唐明宗朝樞密使、宰相。傳見本書卷六六、《新五代史》卷二七。

　　[5]光政樓:宮殿門。位於今河南洛陽市。

　　[6]司衣:女官名。掌後宮衣服首飾，以供后妃之用。正六品。

　　[7]從敏:人名。即李從敏。爲後唐明宗之侄。傳見本書卷一二三、《新五代史》卷一五。　河南府:府名。治所在今河南洛陽市。　盧質:人名。河南（今河南洛陽市）人。五代大臣。傳見本書卷九三、《新五代史》卷五六。

　　[8]司儀:女官名。掌宮中禮儀起居。

　　[9]天雄軍:方鎮名。治所在魏州（今河北大名縣）。　節度判官:官名。唐末、五代藩鎮僚佐，位行軍司馬下。　唐汭:人名。籍貫不詳。五代官員。事見本書本卷、卷四七、卷七六、卷七八。　左諫議大夫:官名。隸門下省。唐代置左、右諫議大夫各四人，分隸門下省、中書省。掌諫諭得失，侍從贊相。正四品下。以天雄軍節度判官唐汭爲左諫議大夫:中華書局本有校勘記:"'左'字原闕，據本書卷四七《唐末帝紀中》、《册府》卷一七二、《通鑑》卷二七八補。本卷下一處同。"見《輯本舊史》卷四七《唐末帝紀中》清泰二年（935）十月庚寅條、《通鑑》卷二七八清泰元年閏正月條，《宋本册府》卷一七二《帝王部·求舊門二》作"愍帝長興四年十一月即位。丙辰，以天雄軍節度判官唐汭爲左諫議大夫"，

但愍帝即位在十二月癸卯,《册府》誤作"十一月"。

[10]掌書記:官名。唐、五代方鎮僚屬,位在判官下。掌表奏書檄文辭之事。 趙彖:人名。籍貫不詳。本書僅此一見。 起居郎:官名。唐代始置,屬門下省。與中書省起居舍人同掌起居注,記皇帝言行。從六品上。

[11]元從都押衙:官名。"押衙"即"押牙"。唐、五代時期節度使辟署的屬官,有稱左、右都押衙或都押衙者。掌領方鎮儀仗侍衛、統率軍隊。參見劉安志《唐、五代押牙(衙)考略》,武漢大學歷史系魏晋南北朝隋唐史研究室編《魏晋南北朝隋唐史資料》第16輯,武漢大學出版社1998年版。 宋令詢:人名。籍貫不詳。後唐閔帝元從親信。傳見本書卷六六。 磁州:州名。治所在今河北磁縣。 刺史:官名。漢武帝時始置。州一級行政長官,總掌考覈官吏、勸課農桑、地方教化等事。唐中期以後,節度、觀察使轄州而設,刺史爲其屬官,職任漸輕。從三品至正四品下。

[12]左僕射:官名。秦始置。隋唐前期以左、右僕射佐尚書令總理六官,綱紀庶務;如不置尚書令,則總判省事,爲宰相之職。唐後期多爲大臣加銜。從二品。 平章事:官名。"同平章事"簡稱。唐高宗以後,凡實際任宰相之職者,常在其本官後加同平章事的職銜。後成爲宰相專稱。後晋天福五年(940),升中書門下平章事爲正二品。 山陵使:官名。亦稱山陵儀仗使。唐貞觀中始置。掌議帝后陵寢制度、監造帝后陵寢。 戶部尚書:官名。戶部長官。掌管全國土地、戶籍、賦税、財政收支諸事。正三品。 韓彦惲:人名。籍貫不詳。五代後唐大臣。事見本書卷三四、卷三八、卷三九、卷四四、卷四六、卷四八等。 中書舍人:官名。中書省屬官。掌起草文書、呈遞奏章、傳宣詔命等。正五品上。 王延:人名。鄭州長豐(今河北文安縣南)人。五代大臣,歷仕五代各朝。傳見本書卷一三一、《新五代史》卷五七。 判官:官名。唐、五代方鎮僚屬,位在行軍司馬下。分掌使衙內各曹事,並協助使職官員通判衙事。 禮部尚書:官名。尚書省禮部主官。掌禮儀、祭

享、貢舉之政。正三品。　　王權：人名。太原（今山西太原市）人。五代官員。傳見本書卷九二、《新五代史》卷五六。　　禮儀使：官名。有重大禮儀事務則臨時置使，掌禮儀事務，事畢即罷。　　兵部尚書：官名。尚書省兵部主官。掌兵衛、武選、車輦、甲械、厩牧之政令。正三品。　　李鏻：人名。唐朝宗室。五代大臣。傳見本書卷一〇八、《新五代史》卷五七。　　鹵簿使：官名。掌帝后出行車駕儀仗。　　御史中丞：官名。如不置御史大夫，則爲御史臺長官。掌司法監察。正四品下。　　龍敏：人名。幽州永清（今河北永清縣）人。五代大臣。傳見本書卷一〇八、《新五代史》卷五六。

儀仗使：官名。皇帝大駕出行時設置。非常設官，均由他官兼代。掌總儀仗事務。　　右僕射：官名。秦始置。隋、唐前期以左、右僕射佐尚書令總理六官，綱紀庶務；如不置尚書令，則總判省事，爲宰相之職。唐後期多爲大臣加銜。從二品。　　橋道頓遞使：官名。頓，即宿食之所。掌出行所經道路橋梁，安排食宿，運送禮儀器物等。臨時差遣，事畢即罷。

[13]相州：州名。治所在今河南安陽市。　　郝瓊：人名。籍貫不詳。後唐將領。事見本書本卷、卷四六、卷四七。　　右驍衛大將軍：官名。唐置，掌宮禁宿衛。唐代置十六衛，即左右衛、左右驍衛、左右武衛、左右威衛、左右領軍衛、左右金吾衛、左右監門衛、左右千牛衛。各置上將軍，從二品；大將軍，正三品；將軍，從三品。　　宣徽北院使：官名。唐始置。宣徽北院的長官。初用宦官，五代以後改用士人。與宣徽南院使通掌內諸司及三班內侍之名籍，郊祀、朝會、宴享供帳之儀，檢視內外進奉名物。參見王永平《論唐代宣徽使》，《中國史研究》1995 年第 1 期；王孫盈政《再論唐代的宣徽使》，《中華文史論叢》2018 年第 3 期。　　光禄卿：官名。南朝梁天監七年（508）改光禄勳置，隋、唐沿置。掌宮殿門戶、帳幕器物、百官朝會膳食等。從三品。　　三司：官署名。五代後唐明宗天成元年（926）合鹽鐵、度支、戶部爲一職，始稱三司，爲中央最高之財政管理機構。　　王玫：人名。籍貫不詳。後唐官

員。事見本書卷九九、《新五代史》卷七。　三司使：官名。後唐明宗天成元年將晚唐以來的户部、度支、鹽鐵三部合爲一職，設三司使統之。主管國家財政。

[14]右衛上將軍：官名。唐代置十六衛之一。掌宫禁宿衛。從二品。　孫岳：人名。稷州（今陝西武功縣）人，一本作“冀州”（今河北衡水市冀州區）人。五代後唐大臣。傳見本書卷六九。太尉：官名。與司徒、司空並爲三公，唐後期、五代時多爲大臣、勳貴加官。正一品。　故檢校太尉、右衛上將軍、充三司使孫岳贈太尉、齊國公：《輯本舊史》之影庫本粘籤：“孫岳，原本作‘孜兵’，今據《通鑑》改正。”見《通鑑》卷二七八長興四年（933）十一月壬辰、癸巳條。《輯本舊史》卷六九有《孫岳傳》。

[15]中興殿：殿閣名。即中興殿之閣。在洛陽宫城内。位於今河南洛陽市。　安事飲啖：“啖”，明本《册府》卷二七《帝王部·孝德門》同，明本《册府》卷一〇八《帝王部·朝會門二》作“啜”。

[16]撤：《輯本舊史》原作“徹”，中華書局本沿之。明本《册府》卷二七同，卷一〇八作“撤”，《大典》卷一二〇四三“酒”字韻事韻十三應爲“進酒”事目引《閔帝紀》作“撤”。“徹”無“撤”義，今改。

應順元年春正月壬申朔，[1]帝御廣壽殿視朝，[2]百僚詣閣門奉慰。時議者云，月首以常服臨，[3]不視朝可也。乙亥，契丹遣使朝貢。[4]丁丑，以太常卿崔居儉爲秘書監，以前蔡州刺史張繼祚爲左武衛上將軍，[5]充山陵橋道頓遞副使。戊寅，御明堂殿，[6]仗衛如儀，宫懸樂作，群臣朝服就位，宣制大赦天下，改長興五年爲應順元年。時議者以梓宫在殯，宫懸樂作，非禮也，懸而不作可也。迴鶻可汗仁裕遣使貢方物，故可汗仁美進遺留馬。[7]是日，命中使三十五人以先帝鞍馬衣帶分賜藩位。庚辰，宰臣馮道加司空，李愚加右僕射，劉昫加吏部尚書，餘並如故。[8]壬午，侍衛親軍馬步軍都指揮使、河陽節度使康義誠加檢校太尉、兼侍中，判六軍諸衛事。[9]甲申，以侍衛馬軍都指揮使、寧國軍節度使安彥威爲河中節度使；以侍衛步軍都指揮使、忠正軍節度使張從賓爲涇州節度使，並加檢校太傅；以捧聖左右廂都指揮使、欽州刺史朱洪實爲寧國軍節度使，加檢校太保，充侍衛馬軍都指揮使；以嚴衛左右廂都指揮使、巖州刺史皇甫遇爲忠正軍節度使、檢校太保，充侍衛步軍都指揮使。[10]戊子，樞密使、檢校太尉、同平章事朱弘昭，樞密使、檢校太尉、同中書門下二品馮贇，並加兼中書令。[11]北京留守、河東節度使兼大同彰國振武威塞等軍蕃漢馬步總管石敬瑭加兼中書令，幽州節度使、檢校太尉、兼中書令趙德鈞加檢校太師、兼中書令、樞密使馮贇表堅讓中書令，制改兼侍中，封邠國公。庚寅，鳳翔節度使、潞王從珂加兼侍中，青州節度使、檢校太尉、兼中書令房知溫加檢校太師。[12]辛卯，以翰林學士承旨、尚書右丞李懌爲工部尚書，以秘書監盧文紀爲太常卿，充山陵禮儀使。[13]壬辰，荆南節度使、檢校太尉、兼中書令高從誨封南平王，湖南節度使、檢校太尉、兼中書令馬希範封楚王。[14]甲午，兩浙節度使、檢校太師、守中書令、吳王錢元瓘進封吳越王；前洺州團練使皇甫立加檢校太保，充鄜州節度使；前彰義軍節度使康福加檢校太傅，充邠州節度使；劍南東西兩川節度使、檢校太尉、兼中書令、蜀王孟知祥加檢校太師。[15]制下，知祥辭不受命。丙申，鎮州節度使、檢校太尉、兼侍中范延光，汴州節度使、檢校太尉、兼侍中趙延壽，並加檢校太師。[16]戊戌，山南西道節度使、檢校太傅、同平章事張虔釗，襄州節度使趙在禮，[17]並加檢校太尉。辛丑，以振武軍節度使、安北都護楊檀兼大同、彰國、振武、威塞等軍都虞候，充北面馬軍都指揮使。[18]

[1]應順：後唐閔帝李從厚年號（934）。　應順元年春正月壬申朔：《輯本舊史》之影庫本粘籤：“壬申，原本作‘甲申’，據下文有乙亥、丁丑等日，‘甲’字當係‘壬’字之訛，今改正。”甲申爲十三日，其下之乙亥條爲四日，丁丑條爲六日，故應改。《新五代史》卷七《愍帝紀》作“壬申”，不誤。

[2]廣壽殿：宮殿名。位於今河南洛陽市。

[3]月首以常服臨：中華書局本有校勘記：“‘常服’，原作‘朝服’，據殿本、劉本改。影庫本批校：‘朝服，原本係“常服”。’”

[4]契丹：古部族、政權名。公元4世紀中葉宇文部爲前燕攻破，始分離而成單獨的部落，自號契丹。唐貞觀中，置松漠都督府，以其首領爲都督。唐末強盛，916年迭剌部耶律阿保機建立契丹國（遼）。先後與五代、北宋並立，保大五年（1125）爲金所滅。參見張正明《契丹史略》，中華書局1979年版。　乙亥，契丹遣使朝貢：《舊五代史考異》：“案：《遼史·太宗紀》，天顯九年（934）閏月戊午，唐遣使來告哀，即日遣使祭弔。”“祭弔”，《遼史》卷三《太宗紀上》天顯九年閏正月戊午條作“弔祭”，應爲唐

使抵達之時。亦見《宋本册府》卷九七二《外臣部·朝貢門五》閔帝應順元年（934）正月條、卷九八〇《外臣部·通好門》閔帝應順元年正月乙亥條，均較本紀詳。

　　[5]太常卿：官名。西漢置太常，南朝梁始置太常卿。太常寺長官。掌宗廟祭祀、禮樂及教育等。正三品。　崔居儉：人名。清河（今河北清河縣）人。崔蕘之子。五代大臣。傳見本書附録、《新五代史》卷五五。　秘書監：官名。秘書省長官。掌圖書秘記等。從三品。　蔡州：州名。治所在今河南汝南縣。　張繼祚：人名。濮州臨濮（今山東鄄城縣）人。五代將領。張全義之子。傳見本書卷九六。　左武衛上將軍：官名。唐代置十六衛之一。掌宮禁宿衛。從二品。

　　[6]明堂殿：宮殿名。位於今河南洛陽市。

　　[7]迴鶻：部族、政權名。又作"回紇"。原係突厥鐵勒部的一支。唐天寶三載（744）建立回鶻汗國，8世紀末、9世紀初，回鶻與吐蕃爭奪北庭和安西並最終取勝，統治西域。9世紀中葉，回鶻汗國瓦解。參見楊蕤《回鶻時代：10—13世紀陸上絲綢之路貿易研究》，中國社會科學出版社2015年版。　可汗：古代鮮卑、蠕蠕、突厥、回鶻、蒙古等族君長的稱謂。《新唐書·突厥傳上》："可汗，猶單于也，妻曰可敦。　仁裕：人名。又作"仁喻"。五代甘州回鶻可汗。本名阿咄欲，仁美之弟。後唐同光二年（924），兄仁美卒後，權知國事，稱權知可汗。天成三年（928）被後唐明宗册封爲順化可汗。後晋天福四年（939），被後晋高祖册封爲奉化可汗。事見本書卷三九。　仁美：人名。即藥羅葛仁美。甘州回鶻首任可汗，尊號烏母主可汗，後唐封賜英義可汗。事見《新五代史》卷五。　迴鶻可汗仁裕遣使貢方物，故可汗仁美進遺留馬：中華書局本沿《輯本舊史》，"仁裕"作"仁美"，"仁美"作"仁裕"，有校勘記："本書卷三二《唐莊宗紀六》、卷一三八《回鶻傳》、《册府》卷九六七、《五代會要》卷二八皆記同光二年仁美卒；天成三年，唐明宗封仁裕爲順化可汗。疑'仁美'與'仁裕'

誤倒。另本書下文卷四五《唐閔帝紀》、卷四七《唐末帝紀中》、卷七七《晋高祖紀三》、卷七八《晋高祖紀四》、卷七九《晋高祖紀五》皆記回鶻可汗仁美遣使事,《通鑑》卷二八二胡注、錢大昕《考異》卷六一疑‘仁美’係‘仁裕’之訛,以下不一一出校。”但未改。考各種文獻可分爲甲、乙兩類。甲類載仁美卒於同光二年十一月;册仁裕爲順化可汗於天成三年三月者,有《會要》卷二八迴鶻條、《輯本舊史》卷三二《唐莊宗紀六》、卷三九《唐明宗紀五》、卷一三六《回鶻傳》,《宋本册府》卷九六七《外臣部·繼襲門二》迴紇條。乙類“仁美”與“仁裕”互倒,見《輯本舊史》卷四七《唐末帝紀中》清泰二年(935)七月丁酉條、卷七七《晋高祖紀三》天福三年三月壬戌條、卷七八《晋高祖紀四》天福四年三月乙巳條、卷七九《晋高祖紀五》天福五年正月己丑條。今不取。《通鑑》亦誤,卷二八二天福四年三月辛酉條:“册回鶻可汗仁美爲奉化可汗”。該條胡注云:“若據《會要》,則‘仁美’當作‘仁裕’。”《廿二史考異》卷六一《唐本紀四》則疑“仁美”係“仁裕”之誤。

[8]司空:官名。與太尉、司徒並爲三公,唐後期、五代時多爲大臣、勳貴加官。正一品。 李愚:人名。渤海無棣(今山東慶雲縣)人。唐末進士,唐末五代大臣。傳見本書卷六七、《新五代史》卷五四。 李愚加右僕射:中華書局本有校勘記:“‘右’,劉本、本書卷六七《李愚傳》作‘左’。” 劉昫:人名。涿州歸義縣(今河北容城縣)人。五代大臣,曾任宰相、監修國史,領銜撰進《舊唐書》。傳見本書卷八九、《新五代史》卷五五。 吏部尚書:官名。尚書省吏部長官,與二侍郎分掌六品以下文官選授、勳封、考課之政令。正三品。

[9]都指揮使:官名。唐末、五代中央禁軍、藩鎮皆置都指揮使、指揮使,爲統兵將領。 河陽:方鎮名。治所在孟州(今河南孟州市)。 康義誠:人名。沙陀部人。五代後唐將領。傳見本書卷六六、《新五代史》卷二七。《輯本舊史》之影庫本粘籤:“康義

誠，原本作‘節誠’，今據《通鑑》改正。”見《通鑑》卷二七八清泰元年正月壬午條。康義誠在《輯本舊史》卷六六有傳，並言加檢校太尉等事。

[10]寧國軍：方鎮名。治所在宣州（今安徽宣城市）。　安彦威：人名。崞縣（今山西原平市）人。五代後唐、後晋將領。傳見本書卷九一、《新五代史》卷四七。　河中：府名。治所在今山西永濟市。　忠正軍：方鎮名。治所在壽州（今安徽壽縣）。中華書局本有校勘記：“‘忠正軍’，原作‘中正軍’，據劉本及本卷上文改。本書卷四六《唐末帝紀上》作‘壽州節度使’，按忠正軍治壽州。”見《輯本舊史》卷四六《唐末帝紀上》清泰元年六月甲午條，五代亦無“中正軍”號。　張從賓：人名。籍貫不詳。五代將領。後晋時起兵響應范延光叛亂，兵敗溺亡。傳見本書卷九七。　涇州：州名。治所在今甘肅涇川縣。此處指代彰義軍。　欽州：州名。治所在今廣西欽州市。　朱洪實：人名。籍貫不詳。五代後唐將領，爲後唐明宗愛將，歷任捧聖指揮使、侍衛親軍馬軍都指揮使等職。傳見本書卷六六。　巖州：州名。治所在來賓縣（今廣西來賓市東南）。　皇甫遇：人名。常山（今河北正定縣）人。五代後唐、後晋將領。傳見本書卷九五、《新五代史》卷四七。

[11]樞密使：官名。樞密院長官，五代時以士人爲之，備顧問，參謀議，出納詔奏，權侔宰相。參見李全德《唐宋變革期樞密院研究》，國家圖書館出版社2009年版。　同中書門下：即同中書門下平章事。簡稱“同平章事”。　馮贇：人名。太原（今山西太原市）人。五代後唐明宗朝宰相、三司使。傳見本書附録、《新五代史》卷二七。　中書令：官名。漢代始置，隋、唐前期爲中書省長官，屬宰相之職；唐後期多爲授予元勳大臣的虚銜。正二品。

[12]北京：指五代後唐的北都太原。《新五代史》卷五《莊宗紀》載，同光元年“十一月乙巳，復北都爲鎮州，太原爲北都”。　留守：官名。在都城、陪都或軍事重鎮所設留守，由地方行政長官兼任。　大同：方鎮名。治所在雲州（今山西大同市）。　彰國：

方鎮名。治所在應州（今山西應縣）。　振武：方鎮名。後梁貞明二年（916）以前，治所位於單于都護府城（今内蒙古和林格爾縣）。貞明二年單于都護府城爲契丹占據。此後至後唐清泰三年（936），治所位於朔州（今山西朔州市朔城區）。後晋時隨燕雲十六州割予契丹，改名順義軍。　威塞：方鎮名。治所在新州（今河北涿鹿縣）。　蕃漢馬步總管：官名。五代後唐置，爲蕃漢馬步軍總指揮官。　石敬瑭：即後晋高祖石敬瑭。五代時晋王朝的建立者。936 年至 942 年在位。紀見本書卷七五至卷八〇、《新五代史》卷八。　幽州：州名。治所在今北京市。　趙德鈞：人名。幽州（今北京市）人。初爲幽州節度使劉守光部將，後爲後唐、遼國將領。傳見本書卷九八。　檢校太師：官名。爲散官或加官，以示恩寵，無實際執掌。　鳳翔：方鎮名。治所在鳳翔府（今陝西鳳翔縣）。　從珂：人名。即後唐廢帝李從珂。鎮州平山（今河北平山縣）人。本姓王，後唐明宗李嗣源擄其母魏氏，遂養爲己子。應順元年四月，李從珂入洛陽即帝位。清泰三年五月，石敬瑭謀反，廢帝自焚死，後唐亡。紀見本書卷四六至卷四八、《新五代史》卷七。
　　青州：州名。治所在今山東青州市。　房知温：人名。兗州瑕丘（今山東濟寧市兗州區）人。五代後唐將領。傳見本書卷九一、《新五代史》卷四六。
　　[13]翰林學士承旨：官名。爲翰林學士之首。掌拜免將相、號令征伐等詔令的起草。《舊唐書・職官志二・翰林院》："例置學士六人，内擇年深德重者一人爲承旨，所以獨承密命故也。"　尚書右丞：官名。尚書省佐貳官。唐中期以後，與尚書左丞實際主持尚書省日常政務，權任甚重。後梁開平二年（908）改爲右司侍郎，後唐同光元年（923）復舊爲右丞。唐時爲正四品下，後唐長興元年（930）升爲正四品。　李懌：人名。京兆（今陝西西安市）人。五代大臣。傳見本書卷九二、《新五代史》卷五五。　工部尚書：官名。尚書省工部主官。掌百工、屯田、山澤之政令。正三品。　盧文紀：人名。京兆萬年（今陝西西安市長安區）人。唐末

進士，五代宰相。傳見本書卷一二七、《新五代史》卷五五。

[14]荊南：方鎮名。治所在荊州（今湖北荊州市）。　高從
誨：人名。陝州硤石（今河南三門峽市陝州區）人，南平國主高季
興長子。傳見本書卷一三三、《新五代史》卷六九。　荊南節度使、
檢校太尉、兼中書令高從誨封南平王：《輯本舊史》之影庫本粘籤：
"南平，原本作'面平'，今據《十國春秋》改正。"見《十國春
秋》卷一〇一《荊南二》。"南平"一詞多見於史載。如，見《輯
本舊史》卷七六《晉高祖紀二》天福二年正月丙寅作"荊南節度
使、南平王高從誨"、卷八一《晉少帝紀一》天福七年七月丁未
"荊南節度使、南平王高從誨加兼尚書令"等。　湖南：方鎮名。
又稱武安軍節度。治所在潭州（今湖南長沙市）。　馬希範：人名。
許州鄢陵（今河南鄢陵縣）人，一說扶溝（今河南扶溝縣）人。
五代十國南楚國主馬殷子。後唐明宗長興三年（932）至後晉開運
四年（947）在位。傳見本書卷一三三、《新五代史》卷六六。

[15]兩浙：方鎮名。治所在今浙江杭州市。　錢元瓘：人名。
祖籍臨安（今浙江杭州市臨安區）。錢鏐之子。五代十國吳越國國
主，932年至941年在位。傳見本書卷一三三、《新五代史》卷六
七。　洺州：州名。治所在今河北邯鄲市永年區。　團練使：官
名。唐代中期以後，於不設節度使的地區設團練使，掌本區各州軍
事。　皇甫立：人名。代北（今山西代縣）人。後唐將領。傳見本
書卷一〇六。　鄜州：州名。治所在今陝西富縣。　彰義軍：方鎮
名。治所在涇州（今甘肅涇川縣）。　康福：人名。蔚州（今河北
蔚縣）人。傳見本書卷九一、《新五代史》卷四六。　邠州：州
名。治所在今陝西彬縣。　劍南東西兩川：方鎮名。指劍南東川、
劍南西川。簡稱兩川或東、西川。唐至德二載（757）分劍南節度
使東部地區置劍南東川節度使，治所在梓州（今四川三臺縣）。
孟知祥：人名。邢州龍岡（今河北邢臺市）人。李克用女婿，五代
後蜀開國皇帝，934年在位。傳見本書卷一三六、《新五代史》卷
六四。

[16] 范延光：人名。鄴郡臨漳（今河北臨漳縣）人。五代後唐、後晉將領。傳見本書卷九七、《新五代史》卷五一。　趙延壽：人名。常山（今河北正定縣）人。本姓劉，爲後唐將領趙德鈞養子。仕至後唐樞密使，遼朝幽州節度使、燕王。傳見本書卷九八、《遼史》卷七六。

[17] 山南西道：方鎮名。治所在梁州（今陝西漢中市）。　張虔釗：人名。遼州（今山西左權縣）人。後唐、後蜀將領。傳見本書卷七四。　襄州：州名。治所在今湖北襄陽市。　趙在禮：人名。涿州（今河北涿州市）人。五代後唐、後晉將領。傳見本書卷九〇、《新五代史》卷四六。

[18] 安北都護：官名。安北都護府長官。據《通鑑》卷二六九胡注，唐中葉以後，振武節度使皆帶安北都護。參見李大龍《都護制度研究》，黑龍江教育出版社 2003 年版。　楊檀：人名。沙陀部人。原名楊檀，避後唐明宗李亶諱，改稱光遠。五代後唐、後晉將領。傳見本書卷九七、《新五代史》卷五一。

閏月壬寅朔，群臣赴西宮臨。癸卯，御文明殿入閣。[1] 以前右僕射、權知河南府事盧質爲太子少傅兼河南尹。[2] 以左諫議大夫唐汭，膳部郎中知制誥陳乂，並爲給事中，充樞密院直學士。[3] 宣徽南院使、驃騎大將軍、左衛上將軍、知內侍省孟漢瓊加開府儀同三司，賜忠貞扶運保泰功臣。[4] 丙午，正衙命使冊皇太后曹氏。[5] 戊申，以前雄武軍節度使劉仲殷爲右衛上將軍，邢州節度使趙鳳加爵邑。[6] 自是諸藩鎮文武臣僚皆次第加恩，帝嗣位覃恩澤也。以翰林學士、中書舍人崔梲爲工部侍郎，[7] 依前充職。以給事中張鵬爲御史中丞，以御史中丞龍敏爲兵部侍郎，以太僕少卿竇維爲大理卿。[8] 甲寅，正衙命使册皇太妃王氏。[9]集賢院上言：[10]"準敕書修創凌煙閣，[11]尋奉詔問閣高下等級。謹按凌煙閣，都長安時在西内三清殿側，畫像皆北面，閣有中隔，隔内北面寫功高宰輔，[12]南面寫功高諸侯王，隔外面次第圖畫功臣題贊。自西京板蕩，[13]四十餘年，舊日主掌官吏及畫像工人，並已淪喪，集賢院所管寫真官、畫真官人數不少，都洛後廢職。今將起閣，望先定佐命功臣人數，請下翰林院預令寫真本，[14]及下將作監興功，次序間架修建。"乃詔集賢御書院復置寫真官、畫真官各一員，[15]餘依所奏。丁巳，安州奏，此月七日夜，節度使符彦超爲部曲王希全所害，廢朝一日。[16]戊午，以前振武軍節度使、安北都護高行周爲彰武節度使。[17]辛酉，以前鄆州使范政爲少府監。[18]丙寅，幸至德宮。車駕至興教門，有飛鳶自空而墜，殪於御前。是日大風晦冥。[19]

[1]文明殿：宮殿名。爲洛陽宮城之前殿。位於今河南洛陽市。

[2]太子少傅：官名。與太子少保、太子少師合稱"三少"，唐後期、五代時多爲大臣、勳貴加官。從二品。

[3]膳部郎中：官名。尚書省屬官。位在侍郎之下、員外郎之上。六部的郎中主持各司事務。膳部郎中主持尚書省禮部膳部司事務。從五品上。　知制誥：官名。掌起草皇帝的詔、誥之事，原爲中書舍人之職。唐開元末置學士院，翰林學士入院一年，則加知制誥銜，專掌任免宰相、册立太子、宣布征伐等特殊詔令，稱爲内制。而中書舍人所撰擬的詔敕稱爲外制。兩種官員總稱兩制官。陳乂：人名。薊門（今北京市昌平區）人。後梁時爲太子舍人。後唐莊宗時從郭崇韜伐蜀，署爲招討判官。明宗時歷知制誥、中書舍人、左散騎常侍。傳見本書卷六八。　給事中：官名。秦始置。隋

唐以來，爲門下省屬官。掌讀署奏抄，駁正違失。正五品上。　樞密院直學士：官名。五代後唐同光元年（923），改直崇政院置，選有政術文學者充任。充皇帝侍從，備顧問應對。　以左諫議大夫唐汭，膳部郎中知制誥陳乂，並爲給事中，充樞密院直學士：《舊五代史考異》：“案《通鑑》：汭以文學從帝，歷三鎮在幕府。及即位，將佐之有才者，朱、馮皆斥逐之。汭性迂疏，朱、馮恐帝含怒有時而發，乃引汭于密近，以其黨陳乂監之。”見《通鑑》卷二七八清泰元年（934）閏正月條。

[4]宣徽南院使：官名。唐始置。宣徽南院的長官。初用宦官，五代以後改用士人。與宣徽北院使通掌内諸司及三班内侍之名籍，郊祀、朝會、宴享供帳之儀，檢視内外進奉名物。參見王永平《論唐代宣徽使》，《中國史研究》1995 年第 1 期；王孫盈政《再論唐代的宣徽使》，《中華文史論叢》2018 年第 3 期。　驃騎大將軍：官名。北齊始以驃騎大將軍爲散官將軍，秩九命。唐宋沿置，爲武散官，秩從一品。　左衛上將軍：官名。唐代置十六衛之一。掌宮禁宿衛。從二品。　内侍省：官署名。西漢置，宮官多用士人。東漢始用宦者爲宮官。晉置大長秋卿爲後宮官，以宦者爲之。隋時爲内侍省，煬帝改爲長秋監。武德復爲内侍，龍朔改爲内侍監，光宅改爲司宮臺，神龍復爲内侍省。掌在内侍奉、出入宮掖宣傳之事。

開府儀同三司：官名。曹魏始置，隋、唐時爲散官之最高官階，多授功勳重臣。從一品。　賜忠貞扶運保泰功臣：《輯本舊史》之影庫本粘籤：“保泰，原本作‘衛泰’，今據《册府元龜》改正。”見明本《册府》卷六六五《内臣部·恩寵門》孟漢瓊條。

[5]皇太后曹氏：即後唐明宗皇后曹氏。籍貫不詳。死後追册“和武顯皇后”，一作“和武憲皇后”。傳見本書卷四九、《新五代史》卷一五。

[6]雄武軍：方鎮名。治所在秦州（今甘肅天水市）。　劉仲殷：人名。籍貫不詳。五代將領。事見本書卷三五、卷三六、卷三八，《新五代史》卷四一、卷四六、卷四八。　邢州：州名。治所

在今河北邢臺市。　趙鳳：人名。幽州（今北京市）人。五代後唐大臣。傳見本書卷六七、《新五代史》卷二八。

[7] 翰林學士：官名。由南北朝始設之學士發展而來，唐玄宗改翰林供奉爲翰林學士，備顧問、代王言。掌拜免將相、號令征伐等詔令的起草。　崔梲：人名。安平（今河北安平縣）人。唐末刑部郎中崔涿之子，五代官員。傳見本書卷九三、《新五代史》卷五五。　工部侍郎：官名。尚書省工部次官。協助尚書掌管百工、山澤、水土之政令，考其功以詔賞罰，總所統各司之事。正四品下。以翰林學士、中書舍人崔梲爲工部侍郎：中華書局本有校勘記："原作'崔稅'，據殿本、劉本、邵本校、本書卷四七《唐末帝紀中》改。按本書卷九三、《新五代史》卷五五有《崔梲傳》。"見《輯本舊史》卷四七《唐末帝紀中》清泰二年十二月壬午條，其載："翰林學士、工部侍郎崔梲爲户部侍郎"。

[8] 張鵬：人名。鎮州鼓城（今河北晋州市晋州鎮鼓城村）人。時爲成德軍節度副使，因言論失當爲節度使高行周奏殺。傳見本書卷一〇六。　兵部侍郎：官名。兵部副長官，與尚書分掌武官銓選、勳階、考課之政。正四品下。　太僕少卿：官名。北魏始置。太僕卿副貳，太僕寺次官。佐太僕卿掌車馬及牲畜之政令。從四品上。　竇維：人名。籍貫不詳。後唐官員。事見本書本卷、卷四八。　大理卿：官名。大理寺長官。負責大理寺的具體事務，掌邦國折獄詳刑之事。從三品。

[9] 皇太妃王氏：即後唐明宗王淑妃。傳見本書卷五一、《新五代史》卷一五。

[10] 集賢院：官署名。唐開元十三年（725）始置，掌秘書圖書等事。

[11] 準敕書修創凌煙閣：中華書局本有校勘記："'敕書'，《册府》卷一四同，殿本、《五代會要》卷一八作'救書'。"見《會要》卷一八集賢院唐應順元年閏正月記事、明本《册府》卷一四《帝王部·都邑門二》應順元年（934）閏正月甲寅條。

[12]長安：地名。位於今陝西西安市。　三清殿：宮殿名。唐朝修建，用來供奉三清尊神。位於今陝西西安市。　隔內北面寫功高宰輔：中華書局本有校勘記：“‘北面’，原作‘面北’，據彭校、《册府》卷一四、《玉海》卷一六三引《五代會要》乙正。影庫本粘籤：‘隔內面，原本作“內回”，今據《五代會要》改正。’”見《會要》卷一八集賢院條唐應順元年閏正月記事、《玉海》卷一六三《宮室·閣·唐凌煙閣》引《五代會要》。

[13]西京：指京兆府，治所在今陝西西安市。

[14]翰林院：官署名。唐始置翰林，爲文學侍從顧問之官。唐玄宗置翰林院，爲內廷供奉機構，負責起草詔令、應和詩文，位卑權重，侵奪外相職權。

[15]集賢御書院：官署名。掌皇帝所作詩文與墨迹，並供奉筆札圖籍。　寫真官、畫真官：官名。翰林院屬官。負責繪製畫像。

[16]安州：州名。治所在今湖北安陸市。　符彦超：人名。陳州宛丘（今河南淮陽縣）人。五代後唐將領，符存審之子。傳見本書卷五六、《新五代史》卷二五。　部曲：其意有三說，一是古代軍隊的編制單位，後借指軍隊；二是古代豪門大族的私人軍隊，帶有人身依附性質；三是部屬、部下。　王希全：人名。籍貫不詳。五代後唐時人。事見本書本卷。　節度使符彦超爲部曲王希全所害：《舊五代史考異》：“案：彦超被害，《通鑑》從《薛史》作閏月，《五代春秋》繫于正月，殊異。”《五代春秋》愍皇帝條載：“應順元年正月，盜殺安州符彦超。”又見《通鑑》卷二七八清泰元年閏正月條。

[17]高行周：人名。媯州懷戎（今河北懷來縣）人。五代後唐至後周將領。傳見本書卷一二三、《新五代史》卷四八。　彰武：方鎮名。治所在延州（今陝西延安市）。　以前振武軍節度使、安北都護高行周爲彰武節度使：中華書局本引孔本案語：“案《遼史·太宗紀》云：天顯九年閏月戊午，唐遣使來告哀。即日遣使弔祭。此事《薛史》不載。”見《遼史》卷三《太宗紀上》。

[18]鄆州：州名。治所在今山東東平縣。　范政：人名。籍貫不詳。本書僅此一見。　少府監：官名。少府監長官。隋初置，唐初廢，太宗時復置。掌百工技巧之事。從三品。　以前鄆州使范政爲少府監："鄆州使"，中華書局本有校勘記："'使'上殿本、劉本闕一字。"

[19]至德宮：宮殿名。位於今河南洛陽市。　興教門：宮門名。位於今河南洛陽市。

　　二月乙亥，以前鎮州節度使、涇王從敏爲宋州節度使。[1]己卯，以前徐州節度使、檢校太傅李敬周爲安州節度使。[2]是日，宣授鳳翔節度使、潞王從珂爲權北京留守，以北京留守石敬瑭權知鎮州軍州事，以鎮州范延光權知鄴都留守事，以前河中節度使、洋王從璋權知鳳翔軍軍府事。[3]庚寅，幸山陵工作所。是日，西京留守王思同奏，鳳翔節度使、潞王從珂拒命。丁酉，王思同加同平章事，充西面行營都部署；以前邠州節度使藥彦稠爲副部署。[4]以河中節度使安彦威爲西面兵馬都監，以前定州節度使李德珫爲權北京留守。[5]山陵使奏："伏覩御札，皇帝親奉靈駕至園陵。伏見累朝故事，人君無親送葬之儀，請車駕不行。"不從。乙未，[6]樞密使馮贇起復視事，時贇丁母憂也。己亥，以司農卿張鑄爲殿中監。[7]庚子，殿直楚匡祚上言，[8]監取亳州團練使李重吉至宋州，[9]繫於軍院。重吉，潞王之長子，及幽於宋州，帝猶以金帛賜之，及聞西師咸叛，方遣使殺之。

[1]宋州：州名。治所在今河南商丘市睢陽區。　以前鎮州節

度使、涇王從敏爲宋州節度使：《輯本舊史》之影庫本粘籤："從敏，原本作'使敏'，今從《歐陽史·家人傳》改正。"見《輯本舊史》卷四二《唐明宗紀八》長興二年（931）六月條，其載"乙卯，定州節度使李從敏移鎮州節度使"，見《新五代史》卷六《唐明宗紀》長興四年五月戊寅條、卷一五《李從敏傳》。

　　[2]徐州：州名。治所在今江蘇徐州市。　李敬周：人名。即李周。邢州内丘（今河北内丘縣）人。後晉將領。傳見本書卷九一、《新五代史》卷四七。

　　[3]從璋：人名。即李從璋。後唐明宗之侄。傳見本書卷八八、《新五代史》卷一五。　鳳翔軍：方鎮名。治所在鳳翔府（今陝西鳳翔縣）。

　　[4]王思同：人名。幽州（今北京市）人。王敬柔之子。五代後唐將領。傳見本書卷六五、《新五代史》卷三三。　藥彦稠：人名。沙陀部人。五代後唐將領。傳見本書卷六六、《新五代史》卷二七。《舊五代史考異》："案《歐陽史》：辛卯，西京留守王思同爲西面行營都部署，静難軍節度使藥彦稠爲副。《薛史》作丁酉，與《歐陽史》異。據《通鑑》則思同以辛卯充都部署，丁酉加同平章事也。蓋採《薛史》《歐陽史》而兼用之。"見《新五代史》卷七《唐愍帝紀》應順元年二月辛卯條，"西面行營都部署"，《通鑑》卷二七九清泰元年二月辛卯條作"西面行營馬步軍都部署"。

　　[5]兵馬都監：官名。唐代中葉命將出征，常以宦官爲監軍、都監。後爲臨時委任的統兵官，稱都監、兵馬都監。掌屯戍、邊防、訓練之政令。　定州：州名。治所在今河北定州市。　李德珫：人名。應州金城（今山西應縣）人。後唐、後晉將領。傳見本書卷九〇。

　　[6]"丁酉"至"乙未"：中華書局本有校勘記："郭武雄《證補》：'陳垣《二十史朔閏表》，應順元年二月辛未朔。丁酉二十七日，乙未二十五日。紀日辰失序。'"

　　[7]司農卿：官名。唐司農寺長官。掌國家之農耕、倉儲以及

宮廷百官供應。從三品。　　張鑄：人名。籍貫不詳。事見本書卷四〇。　　殿中監：官名。殿中省長官。掌宮廷供奉之事。從三品。

[8]殿直：官名。五代後唐禁軍低級軍官。　　楚匡祚：人名。籍貫不詳。事見本書卷五一。　　殿直楚匡祚上言：《舊五代史考異》："案《薛史》避宋諱作楚祚，《通鑑》作楚匡祚。"見《通鑑》卷二七九清泰元年二月丁酉條。

[9]亳州：州名。治所在今安徽亳州市。　　李重吉：人名。後唐廢帝長子。傳見本書卷五一、《新五代史》卷一六。

　　三月甲辰，以前太僕少卿魏仁鍔爲太僕卿。[1]興元節度使張虔釗奏，[2]會合討鳳翔。丙午，以右領衛上將軍武延翰爲鄆州刺史。[3]丁未，洋州孫漢韶奏，[4]至興元與張虔釗同議進軍。己酉，以鎮州節度使范延光依前檢校太師、兼侍中，行興唐尹，充天雄軍節度使、北面水陸轉運制置使。[5]以北京留守、河東節度使石敬瑭依前檢校太尉、兼中書令，其真定尹、充鎮州節度使、大同、彰國、振武、威塞等軍蕃漢馬步總管如故。辛亥，以前定州節度使李德珫爲北京留守，充河東節度使。許王從益加檢校太保，[6]前河中節度使、洋王從璋加檢校太傅。詔："藩侯帶平章事以上薨，許立神道碑，差官撰文。未帶平章事及刺史，準令式合立碑者，其文任自製撰，不在奏聞。"乙卯，興元張虔釗奏，自鎮將兵赴鳳翔，收大散關。[7]宗正寺奏：[8]"準故事，諸陵有令、丞各一員，近例更委本縣令兼之。緣河南洛陽是京邑，[9]兼令、丞不便。"詔特置陵臺令、丞各一員。[10]己未，以前金吾大將軍李肅爲左衛上將軍，充山陵修奉上

下宮都部署。[11]庚申，西面步軍都監王景從等自軍前
至，[12]奏：“今月十五日，大軍進攻鳳翔。十六日，嚴衛
右廂都指揮使尹暉引軍東面入城，右羽林都指揮使楊思
權引軍西面入城，山南軍潰。”[13]帝聞之，謂康義誠等
曰：“朕幼年嗣位，委政大臣，兄弟之間，必無榛梗。
諸公大計見告，朕獨難違，事至於此，何方轉禍？朕當
與左右自往鳳翔，迎兄主社稷，朕自歸藩，於理爲便。”
朱弘昭、馮贇不對，義誠曰：“西師驚潰，蓋由主將失
策。今駕下兵甲尚多，臣請自往關西，振其兵威，扼其
衝要。”義誠又累奏請行，帝召侍衛都將以下宣曰：“先
皇帝棄萬國，朕於兄弟之中，無心爭立，一旦被召主
喪，便委社稷，岐陽兄長，果致猜嫌。卿等頃從先朝千
征萬戰，今日之事，寧不痛心！今據府庫，悉以頒賜，
卿等勉之。”乃出銀絹錢厚賜於諸軍。是時方事山陵，
復有此賜，府藏爲之一空，軍士猶負賞物揚言于路曰：
“到鳳翔更請一分。”其驕誕無畏如是。辛酉，幸左藏
庫，[14]視給將士金帛。是日，誅馬軍都指揮使朱洪實，
坐與康義誠忿爭故也。癸亥，以康義誠爲鳳翔行營都招
討使，[15]餘如故；以王思同爲副招討使；以安從進爲順
化軍節度使，[16]充侍衛馬軍都指揮使。詔左右羽林軍四
十指揮改爲嚴衛左右，龍武、神武軍改爲捧聖。[17]甲
子，陝州奏，潞王至潼關，害西面都部署王思同。[18]乙
亥，[19]宣諭西面行營將士，俟平鳳翔日，人賞二百千，
府庫不足，以宮闈服翫增給。詔侍衛馬軍都指揮使安從
進京城巡檢。[20]是日，從進已得潞王書檄，潛布腹心

矣。丁卯，潞王至陝州。戊辰，帝急召孟漢瓊，不至；召朱弘昭，弘昭懼，投于井。安從進尋殺馮贇于其第。[21]是夜，帝以百騎出玄武門，[22]謂控鶴指揮使慕容遷曰："爾帥有馬，控鶴從予。"[23]及駕出，即闔門不行。遷乃帝素親信者也，臨危如是，人皆惡之。

[1]魏仁鍔：人名。籍貫不詳。本書僅此一見。　太僕卿：官名。掌邦國厩牧、車輿之政令，總乘黃、典厩、典牧、車府四署及諸監牧之官屬。

[2]興元：府名。治所在今陝西漢中市。

[3]右領衛上將軍：官名。即右領軍衛大將軍。唐代置十六衛之一。掌宮禁宿衛。從二品。　武延翰：人名。籍貫不詳。事見本書卷四三。中華書局本有校勘記："《册府》卷八一作'武廷翰'。本書卷四八《唐末帝紀下》、卷一一一《周太祖紀二》有武廷翰。"見《輯本舊史》卷四八《唐末帝紀下》清泰三年（936）五月乙卯條、卷一一一《周太祖紀二》廣順元年（951）九月甲子條，明本《册府》卷八一《帝王部・慶賜門三》清泰元年七月詔。　郢州：州名。治所在今湖北鐘祥市。

[4]洋州：州名。治所在今陝西洋縣。　孫漢韶：人名。太原（今山西太原市）人。後唐、後蜀將領。傳見孫漢韶墓誌（拓片刊《成都出土歷代墓銘券文圖錄綜釋》，文物出版社2012年版）。

[5]興唐尹：官名。五代後唐同光元年（923），改魏州爲興唐府。以興唐尹總其政務。從三品。　北面水陸轉運制置使：官名。掌一方水陸轉運、賦稅諸事。爲差遣職事。

[6]從益：人名。即李從益。後唐明宗幼子，封許王。947年，契丹滅後晋，立從益爲中原皇帝，國號梁。旋即爲後漢高祖所殺。傳見本書卷五一、《新五代史》卷一五。

[7]大散關：地名。即散關。秦嶺著名關隘之一。位於今陝西

寶鷄市西南大散嶺上。《輯本舊史》之影庫本粘籤："大散，原本作'大役'，今據《通鑑》改正。"有關大散關之記載，《通鑑》多見，如《通鑑》卷二六九貞明二年（916）十月甲申條。

[8]宗正寺：官署名。秦置，後世沿用。掌九族六親之屬籍，以別昭穆之序。

[9]河南：指河南郡。治所在今河南洛陽市。 洛陽：地名。位於今河南洛陽市。

[10]陵臺令：官名。唐置陵臺，掌管皇陵事務。五代沿用。長官爲陵臺令。從五品上。

[11]金吾大將軍：官名。唐代置十六衛之一。掌宮禁宿衛。正三品。 李肅：人名。五代將領。事見本書卷一〇、卷三四、卷四二、卷四六、卷七五、卷一〇〇、卷一一一等。 山陵修奉上卜宮都部署：官名。負責帝陵修築事務。事畢則罷。

[12]都監：官名。唐代中葉命將出征，常以宦官爲監軍、都監。後爲臨時委任的統兵官，稱都監、兵馬都監。掌屯戍、邊防、訓練之政令。 王景從：人名。籍貫不詳。本書僅此一見。

[13]尹暉：人名。魏州大名（今河北大名縣）人。五代後唐、後晉將領。傳見本書卷八八、《新五代史》卷四八。 楊思權：人名。邠州新平（今陝西彬縣）人。五代後唐、後晉將領。傳見本書卷八八、《新五代史》卷四八。 右羽林都指揮使楊思權引軍西面入城：《輯本舊史》之影庫本粘籤："思權，原本作'世權'，今從《歐陽史》改正。"見《新五代史》卷三三《王思同傳》。 山南：方鎮名。即山南西道。治所在興元府（今陝西漢中市）。

[14]左藏庫：官署名。負責收納各地所輸財賦，以供官吏、軍兵俸給及賞賜等費用。

[15]都招討使：官名。唐始置。戰時任命，兵罷則省。常以大臣、將帥或地方軍政長官兼任。掌招撫討伐等事務。

[16]安從進：人名。索葛部人。五代後唐、後晉將領。傳見本書卷九八、《新五代史》卷五一。 順化軍：方鎮名。治所在楚州

（今江蘇淮安市）。

［17］詔左右羽林軍四十指揮改爲嚴衛左右，龍武、神武軍改爲捧聖：左右羽林、嚴衛左右、龍武、神武、捧聖，皆爲禁軍番號。《會要》卷一二京城諸軍條：“應順元年三月，改左右羽林四十指揮爲嚴衛左右軍，龍武、神武四十指揮爲捧聖左右軍。”

［18］陝州：州名。治所在今河南三門峽市陝州區。　潼關：關隘名。位於今陝西潼關縣東北。　害西面都部署王思同：《舊五代史考異》：“案《歐陽史》作思同奔歸于京師死之。與《薛史》異。”見《新五代史》卷七《愍帝紀》應順元年三月癸亥條、卷三三《王思同傳》。

［19］乙亥：中華書局本有校勘記：“按是月辛丑朔，無乙亥。此事繫於甲子、丁卯之間，疑爲乙丑。”

［20］詔侍衛馬軍都指揮使安從進京城巡檢：《通鑑》卷二七九繫於清泰元年三月丙寅條。

［21］“戊辰”至“安從進尋殺馮贇于其第”：中華書局本有校勘記：“以上十字原闕，據殿本、劉本、孔本補。影庫本批校：‘“投于井”下原本有“安從進尋殺馮贇于其第”十字，應增入。’”《輯本舊史》之孔本案語：“案《通鑑考異》云：張昭《閔帝實錄》：‘帝召宏昭，不至，俄聞自殺，乃令從進殺贇。’案從進傳贇首於陝。則贇死非閔帝之命明矣。”《通鑑》卷二七九清泰元年三月戊辰條《考異》。

［22］玄武門：宮門名。位於今河南洛陽市。　是夜，帝以百騎出玄武門：《輯本舊史》之案語：“案《契丹國志》：愍帝領五十騎自隨，出奔衛州。與《薛史》異。”又引殿本案語：“案《契丹國志》：愍帝領五十騎自隨，出奔衛州。《宋史·李洪信傳》又作少帝東奔，捧聖軍數百騎從行。與是書異，據下文王弘贄曰：‘今以五十餘騎奔竄。’則作五十騎者是也。”見《契丹國志》卷二《太宗嗣聖皇帝紀上》天顯八年（933）春正月條。又，《通鑑》卷二七九清泰元年三月戊辰條亦作“五十騎”。

[23]慕容遷：人名。籍貫不詳。後唐將領。本書僅此一見。

爾帥有馬，控鶴從予：中華書局本有校勘記："'帥'，原作'誠'，據《通鑑》卷二七九改。"《輯本舊史》之影庫本粘籤："控鶴從予，原本作'縱鶴空子'，今從《通鑑》改正。"見《通鑑》卷二七九清泰元年三月戊辰條。今據改。

　　是月二十九日夜，帝至衛州東七八里，遇騎從自東來不避，左右叱之，乃曰："鎮州節度使石敬瑭也。"[1]帝喜，敬瑭拜舞於路，帝下馬慟哭，諭以"潞王危社稷，康義誠以下叛我，無以自庇，長公主見教，逆爾於路，謀社稷大計"。敬瑭曰："衛州王弘贄宿舊諳事，[2]且就弘贄圖之。"敬瑭即馳騎而前，見弘贄曰："主上播遷，至此危迫，吾戚屬也，何以圖全？"弘贄曰："天子避寇，[3]古亦有之，然於奔迫之中，亦有將相、國寶、法物，所以軍民瞻奉，[4]不覺其亡也。今宰執近臣從乎？寶玉、法物從乎？"詢之無有。弘贄曰："大樹將顛，非一繩所維。今以五十騎奔竄，無將相一人擁從，安能興復大計！所謂蛟龍失雲雨者也。今六軍將士總在潞邸矣，公縱以戚藩念舊，無奈之何！"[5]遂與弘贄同謁於驛亭，宣坐謀之。敬瑭以弘贄所陳以聞，弓箭庫使沙守榮、奔洪進前謂敬瑭曰：[6]"主卜即明宗愛子，公即明宗愛壻，富貴既同受，休戚合共之。今謀於戚藩，欲期安復，翻索從臣、國寶，欲以此爲辭，爲賊算天子耶！"乃抽佩刀刺敬瑭，敬瑭親將陳暉扞之，[7]守榮與暉單戰而死，洪進亦自刎。是日，敬瑭盡誅帝之從騎五十餘輩，獨留帝於驛，乃馳騎趨洛。

[1]衛州：州名。治所在今河南衛輝市。 "是月二十九日夜" 至 "鎮州節度使石敬瑭也"：《舊五代史考異》："案《歐陽史·愍帝紀》：戊辰，如衛州。《廢帝紀》：己巳，愍帝出居于衛州。《通鑑考異》引《閔帝實錄》云：庚午朔四鼓，帝至衛州東七八里，遇敬瑭。蓋是月二十九日爲己巳，故次日即爲庚午朔。" 見《新五代史》卷七《愍帝紀》、《通鑑》卷二七九清泰元年（934）四月庚午條。

[2]王弘贄：人名。籍貫不詳。後唐、後晉大臣。傳見本書附錄、《新五代史》卷四八。 衛州王弘贄宿舊諳事：《輯本舊史》之影庫本粘籤："衛州，原本作 '衡州'。今從《通鑑》改正。" 見《通鑑》卷二七九清泰元年四月庚午條。

[3]天子避寇：《宋本冊府》卷七六三《總錄部·忠烈門》守榮沙條作 "天子避狄"。

[4]所以軍民瞻奉：中華書局本有校勘記：" '民'，原作 '長'，據《冊府》卷七六三改。"

[5]"弘贄曰" 至 "無奈之何"：《舊五代史考異》："案《通鑑考異》引《南唐烈祖實錄》：弘贄曰：'今京國阽危，百官無主，必相率携神器西向，公何不因少帝西迎潞王，此萬全之計。' 敬瑭然其言。"《輯本舊史》之孔本："考《薛史》採《五代實錄》，多爲晉帝諱言，當以《南唐實錄》爲得其實。" 見《通鑑》卷二七九清泰元年四月庚午條。

[6]弓箭庫使：官名。唐玄宗時始置，以宦官爲之，掌弓箭等兵器出納之事。地位重於其他宦官所任諸使。五代後梁沿置，爲諸司使之一，掌內庫弓矢刀箭。 沙守榮：人名。籍貫不詳。五代諸使。本書僅此一見。 奔洪進：人名。一作 "奔弘進"。五代諸使。本書僅此一見。 弓箭庫使沙守榮、奔洪進前謂敬瑭曰：中華書局本有校勘記："原作 '賁洪進'，據殿本、孔本、《通曆》卷一三、《通鑑》卷二七九、《新五代史》卷四八《王弘贄傳》改。影庫本批校：' "賁" 原本係 "奔"，誤改 "賁"。' 按《通鑑》胡注引史炤

曰：'奔，姓也。古有賁姓，音奔，又音肥，後遂爲奔。'"見《通曆》卷一三閔帝條、《通鑑》卷二七九清泰元年四月庚午條。

[7]敬瑭親將陳暉扞之：《輯本舊史》之影庫本粘籤："陳暉，原本作'陳運'，今從《歐陽史》改正。"見《新五代史》卷四八《王弘贄傳》。

四月三日，潞王入洛。五日，即位。[1]七日，廢帝爲鄂王。[2]遣弘贄子殿直王巒之衛州，[3]時弘贄已奉帝幸州廨。九日，巒至，帝遇鴆而崩，時年二十一。[4]是日辰時，白虹貫日。皇后孔氏在宮中，及王巒迴，即日與其四子並遇害。[5]

[1]四月三日，潞王入洛。五日，即位：《通鑑》卷二七九清泰元年（934）四月："甲戌（五日），太后令潞王宜即皇帝位；乙亥（六日），即位於柩前。"

[2]七日，廢帝爲鄂王：《通鑑》卷二七九從《廢帝實錄》，繫於清泰元年四月（934）癸酉（四日）條。

[3]王巒：人名。籍貫不詳。王弘贄之子。事見《新五代史》卷四八。

[4]九日，巒至，帝遇鴆而崩，時年二十一：中華書局本有校勘記："《永樂大典》卷六八五一引《五代薛史·王弘贄傳》：'閔帝崩，殯於郡齋東閣，覆以黃帕。弘贄嗟嘆之，徐謂方大曰："吾前於秦川，見魏王死渭南驛，殯於東閣，黃帕覆之，正如今日之事，吾未明其理也。"'按此則係《舊五代史·王弘贄傳》佚文，清人未輯《王弘贄傳》，姑附於此。'"見《大典》卷六八五一"王"字韻"姓氏三十六"事目。《輯本舊史》之案語："案《契丹國志》：王巒至衛州，進鴆于愍帝，愍帝不飲，巒縊殺之。與《薛史》異，《歐陽史》同《薛史》。"見《契丹國志》卷二《太宗嗣聖皇帝上》

天顯八年（933）四月條、《新五代史》卷七《廢帝紀》清泰元年四月戊寅條。

[5]皇后孔氏：即後唐閔帝之皇后。孔循之女。傳見本書卷四九、《新五代史》卷一五。　“是日辰時”至“即日與其四子並遇害”：中華書局本有校勘記：“‘是日辰時白虹貫日’與‘在宮中及王巒迴即日’十七字原闕，據殿本、孔本補。影庫本批校：‘“時年二十一”句下有“是日辰時白虹貫日”八字，“皇后孔氏”下有“在宮中及王巒迴即日”九字，應照原本增入。’”《輯本舊史》引孔本案語：“案《遼史·太宗紀》云：九年夏四月，唐從珂殺其主自立，人皇王倍上書請討。又《義宗列傳》云：明宗養子從珂，弒其君自立。倍密報太宗曰：‘從珂弒君，盍討之。’《薛史》及《通鑑》均不載。”見《遼史》卷三《太宗紀上》天顯九年四月條、卷七二《義宗倍傳》。

晋高祖即位，謚曰閔，[1]與秦王及末帝子重吉並葬於徽陵域中，封纔數尺，路人觀者悲之。[2]《永樂大典》卷七千一百七十四。[3]

[1]晋高祖：即後晋高祖石敬瑭。本書卷七五至卷八〇、《新五代史》卷八有紀。　謚曰閔：《會要》卷一帝號條：“晋天福元年十二月追謚曰閔帝。”

[2]秦王：即李從榮。沙陀部人。唐明宗李嗣源次子。傳見本書卷五一、《新五代史》卷一五。

[3]《大典》卷七一七四“唐”字韻“愍帝”事目。

史臣曰：閔帝爰自沖年，素有令問，及徵從代邸，入踐堯階，屬軒皇之弓劍初遺，吳王之几杖未賜，[1]遽生猜間，遂至奔亡。蓋輔臣無安國之謀，非少主有不君之咎。以至越在草莽，失守宗祧，斯蓋天命之難諶，土德之將謝故也。《永樂大典》卷七千一百七十四。[2]

　　[1]吳王之几杖未賜：《輯本舊史》之影庫本粘籤：“吳王，原本作‘辰王’，今據《前漢書》改正。”見《漢書》卷三五《吳王劉濞傳》。
　　[2]《大典》卷七一七四“唐”字韻“愍帝”事目。

舊五代史　卷四六

唐書二十二

末帝紀上

　　末帝，諱從珂，本姓王氏，鎮州人也。[1]母宣憲皇后魏氏，[2]以光啓元年歲在乙巳，正月二十三日，生帝於平山。[3]景福中，明宗爲武皇騎將，略地至平山，遇魏氏，擄之，帝時年十餘歲，明宗養爲己子。[4]小字二十三。帝幼謹重寡言，及壯，長七尺餘，方頤大顙，[5]材貌雄偉，以驍果稱，明宗甚愛之。帝初在太原，嘗與石敬瑭因擊毬同入于趙襄子之廟，見其塑像，屹然起立，帝秘之，私心自負。[6]及從明宗征討，以力戰知名，莊宗嘗曰："阿三不惟與我同齒，敢戰亦相類。"[7]莊宗與梁軍戰於胡柳陂，兩軍俱撓，帝衛莊宗奪土山，摧鋒撓陣，其軍復振。[8]時明宗先渡河，莊宗不悦，謂明宗曰："公當爲吾死，渡河安往？"明宗待罪，莊宗以帝從戰有功，由是解愠。

[1]鎮州：州名。治所在今河北正定縣。　“末帝”至“鎮州人也”：明本《册府》卷二一《帝王部・徵應門》後唐末帝條：“帝姓王氏，真定房山人也。邑南三里，里墅名曰王子，則所生之地，地稱王子，亦有符焉。既即位，以族兄爲令（訪名未獲）。守先舊廬，植松檟以爲墳園，其側有古佛刹，刹有石像，忽搖動不已，人駭而告令。令趣之，復爾，時甚異焉。”

[2]宣憲皇后魏氏：後唐末帝李從珂之母。鎮州平山（今河北平山縣）人。明宗時，從珂封王，追封魏氏爲魯國夫人。廢帝即位，追尊魏氏爲皇太后。傳見《新五代史》卷一五。

[3]光啓：唐僖宗李儇年號（885—888）。　乙巳：中華書局本有校勘記：“‘乙巳’，原作‘己巳’，按光啓元年爲乙巳年，據改。”　平山：縣名。治所在今河北平山縣。

[4]景福：唐昭宗李曄年號（892—893）。　明宗：即五代後唐明宗李嗣源。沙陀部人。原名邈佶烈，李克用養子。926年至933年在位。紀見本書卷三五至卷四四、《新五代史》卷六。　帝時年十餘歲：《通鑑》卷二五九繫李克用敗鎮兵於平山事於景福二年（893）二月，末帝光啓元年（885）生，至景福二年虚歲九歲。

明宗養爲己子：《輯本舊史》之案語：“《通鑑考異》引《唐廢帝實錄》云：廢帝，諱從珂，明宗之元子也。母曰宣憲皇后魏氏，鎮州平山人。中和末，明宗徇地山東，留戍平山，得魏后。帝以光啓元年正月二十三日生於外舍，屬用兵不息，音問阻絶，帝甫十歲，方得歸宗。今考《五代會要》《歐陽史》諸書，皆作養子，惟《實錄》作元子，疑因太后令稱爲‘皇長子’而傅會也。《通鑑》仍從《薛史》。”見《通鑑》卷二六八乾化三年（913）三月條及該條《考異》。

[5]方頤大顙：中華書局本有校勘記：“‘顙’，原作‘體’，據《册府》卷四四改。”見《宋本册府》卷四四《帝王部・奇表門》後唐末帝條。

[6]帝初：中華書局本有校勘記：“‘帝初’二字原闕，據《永

樂大典》卷一八二二三引《五代薛史·後唐末帝紀》、《册府》卷
二一補。"見明本《册府》卷二一《帝王部·徵應門》後唐末帝
條。《大典》卷一八二二三爲"像"字韻"事韻",此條應出自
"塑像"事目。　太原:府名。治所在今山西太原市。　石敬瑭:
人名。沙陀族。太原(今山西太原市)人。五代後晉開國君主。紀
見本書卷七五至卷八〇、《新五代史》卷八。　趙襄子:人名。戰
國時期晉國列卿。傳見《史記》卷四三。

[7]莊宗:人名。即李存勖。沙陀部人,後唐開國皇帝。923
年至 926 年在位。紀見本書卷二七至卷三四、《新五代史》卷四至
卷五。　阿三:又稱"二十三"。後唐末帝李從珂小名。

[8]胡柳陂:地名。位於今河南濮陽縣。　摧鋒撓陣:中華書
局本有校勘記:"'鋒'字原闕,據邵本校補。'撓',原作'驍',
據邵本改。"

　　天祐十八年,莊宗營於河上,議討鎮州。留守符存
審在德勝砦未行,[1]梁人謂莊宗已北,乃悉衆攻德勝,
莊宗命明宗、存審爲兩翼以抗之,自以中軍前進。梁軍
退却,帝以十數騎雜梁軍而退,至壘門大呼,斬首數
級,斧其望櫓而還。莊宗大譹曰:"壯哉,阿三!"賜酒
一器。

　　[1]留守:官名。古代皇帝出巡或親征時指定親王或大臣留守
京城,綜理國家軍事、行政、民事、財政等事務,稱京城留守。在
陪都或軍事重鎮也常設留守,以地方長官兼任。　符存審:人名。
陳州宛丘(今河南淮陽縣)人。後唐將領。傳見本書卷五六、《新
五代史》卷二五。　德勝砦:地名。位於今河南濮陽縣。原爲黃河
渡口,晉軍築德勝南、北二城於此,遂爲城名。《輯本舊史》之影
庫本粘籤:"原本作'得勝',今從《通鑑》改正。"見《通鑑》卷

二七〇貞明五年（919）正月辛巳條。梁貞明五年即後唐天祐十六年。

同光元年閏四月，從明宗襲破鄆州。[1]九月，莊宗敗梁將王彥章於中都，急趨汴州。[2]明宗將前軍，帝率勁騎以從，晝夜兼行，率先下汴城。莊宗勞明宗曰：“復唐社稷，卿父子之功也。”

[1]同光：後唐莊宗李存勗年號（923—926）。　同光元年閏四月：《輯本舊史》原無“閏”字，中華書局本有校勘記：“本書卷一〇《梁末帝紀下》、卷二九《唐莊宗紀三》、《新五代史》卷三《梁本紀》、《通鑑》卷二七二繫其事於閏四月。”未補。見《通鑑》卷二七二同光元年（923）閏四月壬寅條。今據補。　鄆州：州名。治所在今山東東平縣。

[2]王彥章：人名。鄆州壽張（今山東梁山縣壽張集）人。五代後梁將領。傳見本書卷二一、《新五代史》卷三二。　中都：縣名。治所在今山東汶上縣。　汴州：州名。治所在今河南開封市。　九月，莊宗敗梁將王彥章於中都，急趨汴州：《輯本舊史》卷三〇《唐莊宗紀四》、《通鑑》卷二七二皆繫其事於同光元年十月甲戌等條。

二年，以帝爲衛州刺史。[1]時有王安節者，昭宗朝相杜讓能之宅吏也。[2]安節少善賈，得相術於奇士，因事見帝於私邸，退謂人曰：“真北方天王相也，位當爲天子，終則我莫知也。”[3]

[1]衛州：州名。治所在今河南衛輝市。　刺史：官名。漢武

帝時始置。州一級行政長官，總掌考覈官吏、勸課農桑、地方教化等事。唐中期以後，節度、觀察使轄州而設，刺史爲其屬官，職任漸輕。從三品至正四品下。

[2]王安節：人名。籍貫不詳。本書僅此一見。　昭宗：即唐昭宗李曄，888年至904年在位。紀見《舊唐書》卷二〇上、《新唐書》卷一〇。　杜讓能：人名。唐僖宗朝宰相。傳見《舊唐書》卷一七七、《新唐書》卷九六。《輯本舊史》之影庫本粘簽：“原本作‘社誼能’，今從《新唐書》改正。”見《新唐書》卷九《僖宗紀》光啓二年（886）三月壬午條、《舊唐書》卷一七七《杜讓能傳》。

[3]“安節少善賈”至“終則我莫知也”：此事亦見《宋本册府》卷八六〇《總錄部·相術門》王安節條，“北方天王相”作“北天王相”，“位當爲天子”作“位當至天子”。

　　三年，明宗奉詔北禦契丹，以家在太原，表帝爲北京内衙指揮使，莊宗不悦，以帝爲突騎都指揮使，遣戍石門。[1]

[1]契丹：古部族、政權名。公元4世紀中葉宇文部爲前燕攻破，始分離而成單獨的部落，自號契丹。唐貞觀中，置松漠都督府，以其首領爲都督。唐末强盛，916年迭剌部耶律阿保機建立契丹國（遼）。先後與五代、北宋並立，保大五年（1125）爲金所滅。參見張正明《契丹史略》，中華書局1979年版。　北京：都城名。即太原府。治所在今山西太原市。　都指揮使：官名。唐末、五代軍隊多置都指揮使、指揮使，爲統兵將領。　石門：地名。即石門鎮，唐時爲横水柵。《讀史方輿紀要》卷四四：“横水柵，在府（大同府）北。”即今山西大同市北。

　　四年，魏州軍亂，明宗赴洛，時帝在横水，率部下軍士由陽曲、盂縣趨常山，與王建立會，倍道兼行，渡河而南，由是明宗軍聲大振。[1]

[1]魏州：州名。治所在今河北大名縣。　洛：地名。即洛陽。位於今河南洛陽市。　橫水：地名。即石門鎮。　陽曲：縣名。治所在今山西太原市。中華書局本作“曲陽”，有校勘記：“據《通鑑》卷二七三，末帝同光三年三月謫戍石門鎮，胡注：‘其地即唐之橫水栅。’顧祖禹《讀史方輿紀要》卷四四謂地在雲州北，則由橫水栅南下，逕盂縣出娘子關往常山，陽曲爲必經之地，而曲陽在河北定州，疑‘曲陽’爲‘陽曲’之譌。‘盂縣’原作‘盂縣’，據劉本、《新五代史》卷七《唐本紀》、《通鑑》卷二七四改。”今據改。見《新五代史》卷七《唐本紀七》同光二年（924）條、《通鑑》卷二七四天成元年（926）三月條及《考異》。　盂縣：縣名。治所在今山西盂縣。　常山：古郡名。常用於指稱鎮州。治所在今河北正定縣。

天成初，以帝爲河中節度使。[1]

[1]河中：方鎮名。治所在河中府（今山西永濟市）。

明年二月，加檢校太保、同平章事。[1]十一月，加檢校太傅。[2]

[1]檢校太保：官名。爲散官或加官，以示恩寵，無實際執掌。太保，與太師、太傅合稱三師。　同平章事：官名。唐高宗以後，凡實際任宰相之職者，常在其本官後加同平章事的職銜。後成爲宰相專稱。

[2]檢校太傅：官名。爲散官或加官，以示恩寵，無實際執掌。

長興元年，加檢校太尉。[1]先是，帝與樞密使安重誨在常山，[2]因杯盤失意，帝以拳擊重誨腦，中其櫛，走而獲免。帝雖悔謝，然重誨終銜之。及帝鎮河中，重誨知其出入不時，因矯宣中旨，令牙將楊彦溫遇出郭則閉門勿納。[3]是歲四月五日，帝閱馬於黃龍莊，[4]彦溫閉城拒帝，帝聞難遽還，遣問其故，彦溫曰：“但請相公入朝，此城不可入也。”帝止虞鄉以聞，明宗詔帝歸闕，遣藥彦稠將兵討彦溫，令生致之，面要鞫問。[5]十一日收城，[6]彦溫已死，明宗以彦稠不能生致彦溫，甚怒之。後數日，安重誨以帝失守，諷宰相論奏行法，明宗不悅。重誨又自論奏，明宗曰：“朕爲小將校時，家徒衣食不足，賴此兒荷石炭、收馬糞存養，以至身達，今貴爲天子，而不能庇一兒！[7]卿欲行朝典，朕未曉其義，卿等可速退，從他私第閑坐。”[8]遂詔歸清化里第，[9]不預朝請。帝尚懼重誨多方危陷，但日諷佛書陰禱而已。

[1]長興：後唐明宗李嗣源年號（930—933）。 檢校太尉：官名。爲散官或加官，以示恩寵，無實際執掌。太尉，與司徒、司空並爲三公。

[2]樞密使：官名。樞密院長官，五代時以士人爲之，備顧問，參謀議，出納詔奏，權侔宰相。參見李全德《唐宋變革期樞密院研究》，國家圖書館出版社 2009 年版。 安重誨：人名。應州（今山西應縣）人。五代後唐大臣。傳見本書卷六六、《新五代史》卷二四。

[3]楊彥溫：人名。汴州（今河南開封市）人。後唐將領。傳見本書卷七四。

[4]閱馬：《輯本舊史》之影庫本粘籤：“原本作‘問軍’，今從《通鑑》改正。”見《通鑑》卷二七七長興元年（933）四月條，又見《新五代史》卷七《唐本紀七·廢帝》同光二年（924）條、卷二四《安重誨傳》，《宋本冊府》卷五七《帝王部·明察門》）。黃龍莊：地名。其地不詳，疑位於虞鄉縣（今山西永濟市）一帶。

[5]虞鄉：縣名。治所在今山西永濟市。　藥彥稠：人名。沙陀部人。五代後唐將領。傳見本書卷六六、《新五代史》卷二七。

[6]十一日收城：中華書局本從《輯本舊史》作“十一月收城”，有校勘記：“本書卷四一《唐明宗紀七》：‘（長興元年四月壬寅）遣西京留守索自通、侍衛步軍都指揮使藥彥稠等攻之。……癸丑，索自通、藥彥稠等奏，收復河中，斬楊彥溫，傳首來獻。’自壬寅發兵到癸丑收城，共計十一日。疑‘月’爲‘日’之訛。”但未改，今據改。

[7]石炭：中華書局本有校勘記：“‘石炭’，原作‘石灰’，據彭校、《冊府》卷四七改。”見明本《冊府》卷四七《帝王部·慈愛門》後唐末帝條。　以至身達，今貴爲天子：中華書局本有校勘記：“‘身達’二字原闕，據《冊府》卷四七補。”

[8]從他私第閑坐：《冊府》卷四七作“朕自令居閑便了”。

[9]清化里：里名。位於今河南洛陽市。《輯本舊史》之影庫本粘籤：“原本脫‘清’字，今從《通鑑》注所引《薛史》增入。”見《通鑑》卷二七七長興元年四月條胡注引《薛史》，又見《新五代史》卷二四《安重誨傳》。

　　二年，安重誨得罪，帝即授左衛大將軍。[1]未幾，復檢校太傅、同平章事、行京兆尹，充西京留守。[2]

[1]左衛大將軍：官名。唐置，掌宮禁宿衛。唐代置十六衛，即左右衛、左右驍衛、左右武衛、左右威衛、左右領軍衛、左右金吾衛、左右監門衛、左右千牛衛。各置上將軍，從二品；大將軍，正三品；將軍，從三品。

[2]京兆尹：官名。唐開元元年（713）改雍州置京兆府，治所在今陝西西安市。以京兆尹總其政務。從三品。　西京：都城名。指京兆府，治所在今陝西西安市。

三年，進位太尉，移鳳翔節度使。[1]

[1]太尉：官名。與司徒、司空並爲三公，唐後期、五代時多爲大臣、勳貴加官。正一品。　鳳翔：方鎮名。治所在鳳翔府（今陝西鳳翔縣）。

四年五月，封潞王。

閔帝即位，加兼侍中。[1]既而帝子重吉出刺亳州，[2]女尼入宮，帝方憂不測。

[1]閔帝：即後唐閔帝李從厚。933年至934年在位。明宗李嗣源第三子。紀見本書卷四五、《新五代史》卷七。　侍中：官名。秦始置。隋、唐前期爲門下省長官。唐後期多爲大臣加銜，不參與政務，實際職務由門下侍郎執行。正二品。

[2]重吉：人名。即李重吉。後唐廢帝長子。傳見本書卷五一、《新五代史》卷一六。　亳州：州名。治所在今安徽亳州市。

應順元年二月，[1]移帝鎮太原，是時不降制書，唯以宣授而已。帝聞之，召賓佐將吏以謀之，皆曰："主上年幼，未親庶事，軍國大政悉委朱弘昭等，[2]王必無保全之理。"判官馬裔孫曰：[3]"君命召，不俟駕行焉。諸君凶言，非令圖也。"是夜，帝令李專美草檄求援諸道，[4]欲誅君側之罪。朝廷命王思同率師來討。[5]

[1]應順：後唐閔帝李從厚年號（934）。

[2]朱弘昭：人名。太原（今山西太原市）人。後唐明宗朝樞密使、宰相。傳見本書卷六六、《新五代史》卷二七。

[3]判官：官名。唐末、五代藩鎮僚佐，位行軍司馬下。　馬裔孫：人名。一作"馬胤孫"，或避宋太祖諱改"胤"為"裔"。棣州滴河（今山東商河縣）人。後唐進士、宰相。傳見本書卷一二七、《新五代史》卷五五。

[4]李專美：人名。京兆萬年（今陝西西安市長安區）人。五代後梁、後唐、後晉官員。傳見本書卷九三。《輯本舊史》之影庫本粘籤："原本作'專養'，今從《薛史·李專美傳》改正。"見《輯本舊史》卷九三《李專美傳》。

[5]王思同：人名。幽州（今北京市）人。王敬柔之子。五代後唐將領。傳見本書卷六五、《新五代史》卷三三。

三月十五日，外兵大集，[1]十六日，大將督眾攻城，帝登城垂泣，諭於外曰："我年未二十從先帝征伐，出生入死，金瘡滿身，樹立社稷，[2]軍士從我登陣者多矣。今朝廷信任賊臣，殘害骨肉，且我有何罪！"因慟哭，聞者哀之。時羽林都指揮使楊思權謂眾曰：[3]"大相公，吾主也。"遂引軍自西門入，嚴衛都指揮使尹暉亦引軍自東門而入，[4]外軍悉潰。十七日，率居民家財以賞軍士。是日，帝整眾而東。[5]二十日，次長安，副留守劉

遂雍以城降，率京兆居民家財犒軍。[6]二十三日，次靈
口，[7]誅王思同。二十四日，次華州，收藥彥稠繫獄。[8]
二十五日，次閿鄉，王仲皋父子迎謁，命誅之。[9]二十
六日，次靈寶，河中節度使安彥威來降，待罪，宥之，
遣歸鎮。[10]陝州節度使康思立奉迎。[11]二十七日，次陝
州，[12]下令告諭京城。二十八日，康義誠軍前兵士相繼
來降，義誠詣軍門請罪，帝宥之。駕下諸軍畢至，誅宣
徽南院使孟漢瓊於路左。是夜，閔帝與帳下親騎百餘出
玄武門而去。

[1]三月十五日，外兵大集：《舊五代史考異》："《通鑑考異》：
是年三月辛丑朔，是十五爲乙卯也。《九國志·李彥琦傳》：潞王守
岐下，諸道將急攻其壘，彥琦時在圍中，罄家財以給軍用。"見
《通鑑》卷二七九清泰元年（934）三月乙卯條《考異》、《九國志》
卷七《後蜀·李彥琦傳》。

[2]樹立社稷：中華書局本有校勘記："原作'樹立得社稷'，
據彭校、《册府》卷一一改。"見明本《册府》卷一一《帝王部·
繼統門三》應順元年（934）三月十六日條。

[3]楊思權：人名。邠州新平（今陝西彬縣）人。五代後唐、
後晉將領。傳見本書卷八八、《新五代史》卷四八。

[4]尹暉：人名。魏州大名（今河北大名縣）人。五代後唐、
後晉將領。傳見本書卷八八、《新五代史》卷四八。

[5]是日，帝整衆而東：明本《册府》卷一一作"是日，建大
將旗鼓，整衆而東"。

[6]長安：地名。即今陝西西安市。　副留守：官名。古代皇
帝出巡或親征時指定親王或大臣留守京城，綜理國家軍事、行政、
民事、財政，稱京城留守，以地方長官兼任。副留守即其副貳。

劉遂雍：人名。籍貫不詳。五代將領。事見本書卷六五。　京兆：府名。治所在今陝西西安市。

［7］靈口：地名。位於今陝西洛南縣。《舊五代史考異》："《通鑑·唐紀》作'零口'，考《册府元龜》亦作'靈口'，今仍其舊。"見明本《册府》卷一一應順元年三月二十三日條。

［8］華州：州名。治所在今陝西渭南市華州區。

［9］閿鄉：縣名。治所在今河南靈寶市陽平鎮。　王仲皋：人名。籍貫不詳。本書僅此一見。

［10］靈寶：縣名。治所在今河南靈寶市。　安彦威：人名。崞縣（今山西原平市）人。五代後唐、後晉將領。傳見本書卷九一、《新五代史》卷四七。

［11］陝州：州名。治所在今河南三門峽市陝州區。　康思立：人名。晉陽（今山西太原市）人。五代後唐將領。傳見本書卷七〇、《新五代史》卷二七。

［12］二十七日，次陝州：《舊五代史考異》："《歐陽史》作己巳，次陝州，《薛史·閔帝紀》作丁卯，《通鑑》從《薛史》。"見《新五代史》卷七《唐本紀七》清泰元年（934）三月己巳條、《通鑑》卷二七九清泰元年三月丁卯條。應順元年三月辛丑朔，丁卯二十七日，己巳二十九日。

夏四月壬申，帝至蔣橋，文武百官立班奉迎，[1]教旨以未拜梓宮，未可相見，俟會於至德宮，[2]時六軍勳臣及節將內職已累表勸進。是日，帝入謁太后、太妃，至西宮，伏梓宮慟哭，宰相與百僚班見致拜，帝答拜。馮道等上牋勸進，[3]帝立謂群臣曰："予之此行，事非獲已，當俟主上歸闕，園陵禮終，退守藩服。諸公言遽及此，信無謂也。"衛州刺史王弘贄奏，[4]閔帝以前月二十

九日至州。癸酉，皇太后下令降閔帝爲鄂王。[5]又太后
令曰："先皇帝誕膺天眷，光紹帝圖，明誠動於三靈，
德澤被於四海，方期偃革，遽歎遺弓。自少主之承祧，
爲奸臣之擅命，離間骨肉，猜忌磐維，既輒易於藩垣，
復驟興於兵甲。遂致輕離社稷，大撓軍民，萬世鴻基，
將墜於地。皇長子潞王從珂，位居冢嗣，德茂沖年，乃
武乃文，惟忠惟孝。前朝廓清多難，有戰伐之大功；纘
紹丕圖，有夾輔之盛業。今以宗祧乏祀，園寢有期，須
委親賢，俾居監撫，免萬機之壅滯，慰兆庶之推崇。可
起今月四日知軍國事，權以書詔印施行。"是日，監國
在至德宮，[6]宰臣馮道等率百官班於宮門待罪，帝出於
庭曰："相公諸人何罪，請復位。"乃退。甲戌，太后令
曰："先皇帝櫛風沐雨，平定華夷，嗣洪業於艱難，致
蒼生於富庶。鄂王嗣位，奸臣弄權，作福作威，不誠不
信，離間骨肉，猜忌磐維。[7]鄂王輕捨宗祧，不克負荷，
洪基大寶，危若綴旒，須立長君，以紹丕搆。皇長子潞
王從珂，日躋孝敬，天縱聰明，有神武之英姿，有寬仁
之偉畧。[8]先朝經綸草昧，廓靜寰區，辛勤有百戰之勞，
忠貞贊一統之運，臣誠子道，冠古超今。而又克己化
民，推心撫士，率土之謳歌有屬，上蒼之眷命攸臨。一
日萬機，不可以暫曠；九州四海，不可以無歸。況因山
有期，同軌斯至，永言嗣守，屬任元良，宜即皇帝位。"
乙亥，監國赴西宮，柩前告奠即位。攝中書令李愚宣册
書曰：[9]

　　[1]蔣橋：地名。位於洛陽城（今河南洛陽市）外。　夏四月
壬申，帝至蔣橋，文武百官立班奉迎：《舊五代史考異》：“《通鑑》：
四月庚午朔，太后令内諸司至乾壕迎潞王。《考異》引《廢帝實
録》作三月三十日。”《通鑑》卷二七九清泰元年（934）四月庚午
胡注：“按《長曆》，三月辛丑朔，四月庚午朔；三月無三十日，
《廢帝實録》誤也。”

　　[2]至德宮：宮殿名。位於今河南洛陽市。

　　[3]馮道：人名。瀛州景城（今河北滄縣）人。五代時官拜宰
相，歷仕後唐、後晋、後漢、後周，亦曾臣事契丹。傳見本書卷一
二六、《新五代史》卷五四。《輯本舊史》之影庫本粘籤：“原本作
‘焉道’，考《契丹國志》云：百官班見，潞王答拜，馮道等上牋
勸進。知‘焉’字係‘馮’字之訛，今改正。”見《契丹國志》卷
二天顯八年（933）四月條，又見《通鑑》卷二七九清泰元年四月
壬申條。

　　[4]王弘贄：人名。籍貫不詳。後唐、後晋大臣。傳見本書附
録、《新五代史》卷四八。

　　[5]皇太后：即後唐明宗皇后曹氏。籍貫不詳。死後追册“和
武顯皇后”，一作“和武憲皇后”。傳見本書卷四九、《新五代史》
卷一五。　癸酉，皇太后下令降閔帝爲鄂王：《舊五代史考異》：
“《通鑑》引《閔帝實録》：七日，廢帝爲鄂王。《廢帝實録》作癸
酉，《薛》《歐陽》二史從《廢帝實録》。”“七日”，中華書局本有
校勘記：“原作‘七月’，據殿本考證、《通鑑》卷二七九《考異》
引《閔帝實録》改。”見《通鑑》卷二七九清泰元年四月癸酉條
《考異》。

　　[6]至德宮：《輯本舊史》之影庫本粘籤：“原本作‘直德’，
今從《通鑑》改正。”見《通鑑》卷二七九清泰元年四月癸酉條及
胡注引《會要》卷五諸宮條。

　　[7]“先皇帝櫛風沐雨”至“猜忌磐維”：明本册府卷一一一
《帝王部·繼統門三》末帝條略詳。

[8]畧：中華書局本有校勘記："'畧'，《册府》卷一一作'量'。"

[9]中書令：官名。漢代始置，隋、唐前期爲中書省長官，屬宰相之職；唐後期多爲授予元勳大臣的虛銜。正二品。　李愚：人名。渤海無棣（今山東慶雲縣）人。唐末進士，唐末、五代大臣。傳見本書卷六七、《新五代史》卷五四。

　　維應順元年歲次甲午，四月庚午朔，六日乙亥，文武百僚，特進、守司空兼門下侍郎、同中書門下平章事、充太微宮使、弘文館大學士、上柱國、始平郡公、食邑二千五百户臣馮道等九千五百九十三人上言：[1]帝王興運，天地同符，河出圖而洛出書，雲從龍而風從虎。莫不恢張八表，覆育兆民，立大定之基，保無疆之祚。人謡再洽，天命顯歸，須登宸極之尊，以奉祖宗之祀。伏惟皇帝陛下，天資仁智，神助機權，奉莊宗於多難之時，從先帝於四征之際，凡當決勝，無不成功。洎正皇綱，每嚴師律，爲國家之志大，守臣子之道全。自泣遺弓，常悲易月，欲期同軌，親赴因山。而自鄂王承祧，奸臣擅命，致神祇之乏饗，激朝野以歸心。使屈者伸，令否者泰，人情大順，天象至明。聚東井以呈祥，拱北辰而應運。[2]由是文武百辟，岳牧群賢，至於比屋之倫，盡祝當陽之位。今則承太后慈旨，守先朝遠圖，撫四海九州，享千齡萬祀。臣等不勝大願，謹上寶册，禀太后令，奉皇帝踐祚。臣等誠慶誠忭，謹言。

[1]特進：官名。西漢末期始置，授給列侯中地位較特殊者。隋唐時期，特進爲散官，授給有聲望的文武官員。正二品。　司空：官名。與太尉、司徒並爲三公，唐後期、五代時多爲大臣、勳貴加官。正一品。　門下侍郎：官名。門下省次官。常加“同中書門下平章事”銜爲宰相。正二品。　同中書門下平章事：官名。簡稱“同平章事”。唐代高宗以後，凡實際任宰相之職者，常在其本官後加“同平章事”的職銜，後成爲宰相專稱。後晉天福五年（940），升中書門下平章事爲正二品。　太微宮使：官名。唐朝尊老子爲祖，建玄元廟奉祀。天寶二年（743）改西京玄元廟爲太清宮，東京爲太微宮，天下諸郡爲紫極宮，又改譙郡紫極宮爲太清宮。設太清宮使、太微宮使。宋敏求《春明退朝録》：“唐制，宰相四人，首相爲太清宮使，次三相皆帶館職，洪（正字犯宣祖廟諱）文館大學士、監修國史、集賢殿大學士，以此爲次序。”太微，《輯本舊史》之影庫本粘籤：“原本作‘大徵’，今從《新唐書》改正。”太微宮使，見於兩《唐書》多處。　弘文館大學士：官名。唐武德四年（621）始置修文館，以安置文學之士，典司書籍。唐太宗即位，改爲弘文館。置學士、大學士，以高官兼領。　上柱國：官名。北周武帝建德四年（575），置上柱國爲高級勳官。隋、唐沿置。五代後唐明宗天成三年（928）詔，今後凡加勳，先自武騎尉，經十二轉方授予上柱國。正二品。

[2]北辰：中華書局本有校勘記：“‘北辰’，原作‘北宸’，據殿本改。”

　　帝就殿之東楹受群臣稱賀。先是，帝在鳳翔日，有瞽者張濛自言知術數，事太白山神，其神祠即元魏時崔浩廟也。[1]時之否泰，人之休咎，濛告於神，即傳吉凶之言，帝親校房暠酷信之。[2]一日，濛至府，聞帝語聲，駭然曰：“非人臣也。”暠詢其事，即傳神語曰：“三珠

併一珠，驢馬没人驅，歲月甲庚午，中興戊己土。"曷
請解釋，曰："神言予不知也。"長興四年五月，府廨諸
門無故自動，人頗駭異。遣曷問濛，濛曰：[3]"衙署小
異勿怪，不出三日，當有恩命。"是夜報至，封潞王。
及帝移鎮河東，甚懼，問濛，濛曰："王保無患。"王思
同兵至，又詰之，濛曰："王有天下，不能獨力，朝廷
兵來迎王也。王若疑臣，臣唯一子，[4]請王致之麾下，
以質臣心。"帝乃以濛攝館驛巡官。至是，帝受册，册
曰："維應順元年歲次甲午，四月庚午朔。"帝回視房曷
曰："張濛神言甲庚午，不亦異乎！"帝令曷共術士解三
珠一珠事，言："三珠，三帝也；驢馬没人驅，失位
也。"帝即位之後，以濛爲將作少監同正，仍賜金紫以
酬之。帝初封潞王，言事者云："潞字一足已入洛
矣。"[5]又，帝在鳳翔日，有何曳者，年踰七十，暴卒，
見陰官憑几告曳曰："爲我言於潞王，來年三月當爲天
子，二十三年。"曳既蘇，懼不敢言。逾月復卒，陰官
見而叱之曰："安得違吾旨，不達其事，再放汝還。"退
見廊廡下簿書，以問主者，曰："朝代將易，此即昇降
人爵之籍也。"及蘇，詣帝親校劉延朗告之。[6]帝召而問
之，曳曰："請質之，此言無徵，戮之可也。"後人云：
"二十三，蓋帝之小字也。"[7]又，石壕人胡杲通善天
文，[8]帝召問之，曰："王貴不可言，若舉動，宜以乙未
年。"及舉兵，又問之，杲通曰："今歲蓓首，王者不宜
建功立事，若俟來歲入朝，則福祚永遠矣。"[9]其後皆
驗。夫如是，則大寶之位，必有冥數，可輕道哉！丙

子，詔河南府率京城居民之財以助賞軍。^[10]丁丑，又詔預借居民五個月房課，不問士庶，一概施行。帝素輕財好施，自岐下爲諸軍推戴，告軍士曰："候入洛，人賞百千。"至是，以府藏空匱，於是有配率之令，京城庶士自絶者相繼。己卯，衛州奏，此月九日鄂王薨。庚辰，以宰臣劉昫判三司。^[11]辛巳，邢州奏，磁州刺史宋令詢自經而卒。^[12]令詢，鄂王在藩時都押牙也，故至於是。壬午，^[13]帝以鄂王薨，行服於内園，群臣奉慰。癸未，太后、太妃出宮中衣服器用以助賞軍。乙酉，帝服衮冕御明堂殿，文武百僚朝服就位，宣制改應順元年爲清泰元年，大赦天下，常赦不原者咸赦除之。^[14]丁亥，以宣徽北院使郝瓊爲宣徽南院使，權判樞密院；以前三司使王玫爲宣徽北院使。^[15]以隨駕牙將宋審虔爲皇城使，劉延朗爲莊宅使。^[16]鳳翔節度判官韓昭胤爲左諫議大夫，充端明殿學士；觀察判官馬裔孫爲翰林學士；掌書記李專美爲樞密院直學士。^[17]戊子，侍衛親軍都指揮使康義誠伏誅。^[18]是日，詔曰：樞密使朱弘昭、馮贇、宣徽南院使孟漢瓊、西京留守王思同、前邠州節度使藥彦稠，^[19]共相朋煽，妄舉干戈，互興離間之謀，幾構傾亡之禍，宜行顯戮，以快群情，仍削奪官爵云。庚寅，鳳翔奏，西川孟知祥僭稱大蜀，年號明德。^[20]有司上言：^[21]"皇帝以五月朔日御明堂殿受朝，三日夏至，祀皇地祇，前二日奏告獻祖室，^[22]不坐。比正旦冬至，是日有祀事，則次日受朝。今祀在五鼓前，質明行禮畢，御殿在始旦後，^[23]請比例行之。"詔曰："日出御殿，與祀事無妨，[24]宜依常年例。”史館奏：“凡書詔及處分公事，臣下奏議，望令近臣録付當館。”[25]詔端明殿學士韓昭裔、樞密直學士李專美録送。辛卯，以左諫議大夫盧損爲右散騎常侍。[26]壬辰，詔賜禁軍及鳳翔城下歸明將校錢帛各有差。[27]初，帝離岐下，諸軍皆望以不次之賞，及從至京師，不滿所望，相與謡曰：“去却生菩薩，扶起一條鐵。”[28]其無厭如此。丙申，葬明宗皇帝於徽陵。丁酉，奉神主於太廟。戊戌，山陵使、司空兼門下侍郎、平章事馮道上表納政，[29]不允。

[1]張濛：人名。籍貫不詳。五代後唐官員。事見本書本卷。《輯本舊史》之影庫本粘籤：“原本作‘張澂’，考《歐陽史》及《册府元龜》並作‘濛’，今改正。”見《新五代史》卷二七《劉延朗傳》、《宋本册府》卷八七六《總録部·方術門》張濛條、明本《册府》卷二一《帝王部·徵應門》梁末帝條。 太白山：山名。位於今陝西寶雞市，是秦嶺主峰。 崔浩：人名。清河東武城（今山東武城縣）人。北魏宰相。傳見《魏書》卷三五、《北史》卷二一。

[2]房暠：人名。京兆長安（今陝西西安市）人。五代後唐、後晉大臣。傳見本書卷九六。

[3]濛曰：中華書局本有校勘記：“‘濛’字原闕，據殿本、《通曆》卷一三補。”見《通曆》卷一三後唐末帝條。

[4]臣唯一子：《宋本册府》卷八七六《總録部·方術門》張濛條“臣唯一子”下有“未及冠”。

[5]潞字一足已入洛矣：《輯本舊史》之影庫本粘籤：“原本作‘一足已入潞矣’，今據《册府元龜》改正。”明本《册府》卷二一《帝王部·徵應門》末帝條作“潞字一足入洛”。

[6]劉延朗：人名。宋州虞城（今河南虞城縣）人。五代後唐大臣。傳見本書卷六九、《新五代史》卷二七。

[7]後人云："二十三，蓋帝之小字也"：孔本《輯本舊史》之案語："《太平廣記》引《王氏見聞錄》作馬步判官何某，即位後，擢爲天興縣令。"見《太平廣記》卷一三六《徵應二》潞王條。

[8]石壕：地名。位於今河南三門峽市。　胡杲通：人名。石壕（今河南三門峽市陝州區）人。事見本書本卷、卷四七。

[9]"今歲蔀首"至"則福祚永遠矣"：明本《册府》卷二一作："今歲曆法名陰，部首王者，不宜建功立事。王且挾今主，俟來歲入朝，則福祚永遠。"

[10]河南府：府名。治所在今河南洛陽市。

[11]劉昫：人名。涿州歸義（今河北容城縣）人。五代大臣，曾任宰相、監修國史，領銜撰進《舊唐書》。傳見本書卷八九、《新五代史》卷五五。　三司：官署名。五代後唐明宗天成元年（926）合鹽鐵、度支、户部爲一職，始稱三司，爲中央最高之理財機構。　庚辰，以宰臣劉昫判三司：《輯本舊史》之案語："《夢溪筆談》載：應順元年案檢一通，乃除宰相劉昫兼判三司堂檢，前有擬狀云：'具官劉昫，右，經國才高，正君志切，方屬體元之運，實資謀始之規。宜注宸衷，委司判計，漸期富庶，永贊聖明。臣等商量，望授依前中書侍郎、兼吏部尚書、同中書門下平章事，充集賢殿大學士，兼判三司，散官、勳封如故，未審可否？如蒙允許，望付翰林降制處分，謹録奏聞。'其後有制書曰：'宰臣劉昫，右，可兼判三司公事，宜令中書門下依此施行。付中書門下，准此。四月十日。'用御前新鑄之印，押檢二人，乃馮道、李愚也。案此條可考見五代時案檢之式，今附録於此。（孔本）"見《夢溪筆談》卷一。

[12]邢州：州名。治所在今河北邢臺市。　磁州：州名。治所在今河北磁縣。　宋令詢：人名。籍貫不詳。後唐愍帝元從親信。傳見本書卷六六。

[13]壬午：《輯本舊史》原作“甲申”。《舊五代史考異》：“案下文有癸未，疑當作壬午。”但未改。四月庚午朔，辛巳十二日，癸未十四日，甲申十五日，乙酉十六日，甲申在癸未後一日，應改爲“壬午”。

[14]明堂殿：宮殿名。位於今河南洛陽市。　清泰：五代後唐廢帝李從珂年號（934—936）。　宣制改應順元年爲清泰元年，大赦天下，常赦不原者咸赦除之：詳見明本《册府》卷九三《帝王部·赦宥門一二》清泰元年（934）改制制文。

[15]宣徽北院使：官名。唐始置。宣徽北院的長官。初用宦官，五代以後改用士人。與宣徽南院使通掌內諸司及三班內侍之名籍，郊祀、朝會、宴享供帳之儀，檢視內外進奉名物。參見王永平《論唐代宣徽使》，《中國史研究》1995年第1期；王孫盈政《再論唐代的宣徽使》，《中華文史論叢》2018年第3期。　郝瓊：人名。籍貫不詳。事見本書卷四五、卷四七。　宣徽南院使：官名。唐始置。宣徽南院長官。初用宦官，五代以後改用士人。與宣徽北院使通掌內諸司及三班內侍之名籍，郊祀、朝會、宴享供帳之儀，檢視內外進奉名物。參見王永平《論唐代宣徽使》、王孫盈政《再論唐代的宣徽使》。　樞密院：官署名。唐代宗曾設樞密使，以宦官充任。五代時，後梁設置崇政院，掌管軍國大政；後唐改稱樞密院，與中書分理朝政。　三司使：官名。五代後唐明宗天成元年（926）將晚唐以來的戶部、度支、鹽鐵三部合爲一職，設三司使統之。主管國家財政。　王玫：人名。籍貫不詳。五代後唐、後晉大臣。事見《通鑑》卷二七九。

[16]宋審虔：人名。籍貫不詳。五代後唐官員。事見本書本卷、卷四八。　皇城使：官名。唐末始置，爲皇城司長官，一般由君主的親信充任，以拱衛皇城。　莊宅使：官名。唐始置。掌管兩京地區官府掌握的莊田、磨坊、店鋪、菜園、車坊等產業。

[17]韓昭裔：人名。籍貫不詳。後唐、後晉、後周官員。事見本書本卷、卷四七、卷四八、卷七六、卷一一一、卷一一四。　左

諫議大夫：官名。隸門下省。唐代置左、右諫議大夫各四人，分隸門下省、中書省。掌諫諭得失，侍從贊相。正四品下。 端明殿學士：官名。後唐明宗時始置，以翰林學士充任，負責誦讀四方書奏。 觀察判官：官名。唐肅宗以後置，五代沿置。觀察使屬官，參理田賦事，用觀察使印、署狀。 翰林學士：官名。由南北朝始設之學士發展而來，唐玄宗改翰林供奉爲翰林學士，備顧問、代王言。掌拜免將相、號令征伐等詔令的起草。 掌書記：官名。唐、五代方鎮僚屬，位在判官下。掌表奏書檄等文辭之事。 樞密院直學士：官名。五代後唐同光元年（923），改直崇政院置，選有政術文學者充任。充皇帝侍從，備顧問應對。

[18]康義誠：人名。沙陀部人。五代後唐將領。傳見本書卷六六、《新五代史》卷二七。 戊子，侍衛親軍都指揮使康義誠伏誅：《舊五代史考異》：“《五代春秋》：乙酉，誅康義誠、朱弘昭、馮贇。然弘昭投井死，贇爲安從進所殺，俱在三月，未嘗與義誠同日伏誅也。《歐陽史》作戊子，殺康義誠及藥彥稠。《通鑑》作己丑，殺彥稠。”見《新五代史》卷七《唐廢帝紀》清泰元年四月戊子條、《通鑑》卷二七九清泰元年四月己丑條。

[19]馮贇：人名。太原（今山西太原市）人。五代後唐明宗朝宰相、三司使。傳見本書附錄、《新五代史》卷二七。 孟漢瓊：人名。籍貫不詳。五代後唐宦官，時任宣徽南院使。傳見本書卷七二。 邠州：州名。治所在今陝西彬縣。

[20]西川：方鎮名。治所在成都府（今四川成都市）。 孟知祥：人名。邢州龍岡（今河北邢臺市）人。李克用女婿，五代十國後蜀開國皇帝。傳見本書卷一三六、《新五代史》卷六四。 明德：後蜀高祖孟知祥年號（934—937）。

[21]有司：《會要》卷五受朝賀條清泰元年四月記事、《宋本册府》卷五九四《掌禮部·奏議門二二》末帝清泰元年四月條、明本《册府》卷一〇八《帝王部·朝會門三》清泰元年四月庚寅條均作“中書門下”。

[22]獻祖：即李國昌，又名朱邪赤心。沙陀部首領。唐末軍閥。李克用之父。其孫後唐莊宗李存勗即帝位後，追謚其爲文皇，廟號獻祖。事見《舊唐書》卷一九上《懿宗紀》、卷一九下《僖宗紀》。

[23]御殿在始旦後：中華書局本有校勘記："'始'字原闕，據《册府》卷一〇八、卷五九四、《五代會要》卷五補。"見《會要》卷五受朝賀條、《宋本册府》卷五九四《掌禮部·奏議門二二》、明本《册府》卷一〇八《帝王部·朝會門三》。

[24]與祀事無妨：中華書局本有校勘記："'與'，原作'舉'，據《册府》卷一〇八、卷五九四、《五代會要》卷五改。"

[25]史館：官署名。官修史書之機構。北齊始置。唐初隸秘書省著作局。唐貞觀三年（629）移於禁中，隸門下省。修本朝史由史官負責，修前代史多由他官編纂，宰相監修，正式確立史館修史、宰相監修之制。開元二十五年（737），徙史館於中書省。天寶後，他官兼領史職者，謂之史館修撰，初入者爲直館。　望令近臣録付當館：《宋本册府》卷五五七《國史部·採録門三》韓昭裔條作："望命近臣以時繫日，録下史館編修。"

[26]盧損：人名。范陽（今河北涿州市）人。唐末、五代官員。傳見本書卷一二八、《新五代史》卷五五。　右散騎常侍：官名。中書省屬官。掌侍奉規諷，備顧問應對。正三品下。

[27]詔賜禁軍及鳳翔城下歸明將校錢帛各有差：《舊五代史考異》："《通鑑》云：禁軍在鳳翔歸命者，自楊思權、尹暉等各賜二馬、一駝、錢七十緡，下至軍人錢二十緡，其在京者各十緡。"見《通鑑》卷二七九清泰元年四月壬辰條，明本《册府》卷八一《帝王部·慶賜門三》末帝清泰元年四月條稍詳。"禁軍及鳳翔城下歸明將校"，《册府》作"禁軍鳳翔城下歸明將校"，《通鑑》作"禁軍在鳳翔歸命者"，均指在鳳翔歸命之禁軍。

[28]去却生菩薩，扶起一條鐵：《輯本舊史》之案語："《通鑑》作'除去菩薩，扶立生鐵'。胡三省注云：閔帝小字菩薩。"

見《通鑑》卷二七九清泰元年四月壬辰條及胡注。

[29] 山陵使：官名。亦稱山陵儀仗使。唐貞觀中始置。掌議帝后陵寢制度、監造帝后陵寢。

五月庚子朔，御文明殿受朝賀。[1] 乙巳，以左龍武指揮使安審琦爲左右捧聖都指揮使，以右千牛衛上將軍符彥饒爲左右嚴衛都指揮使。[2] 丙午，以端明殿學士韓昭裔爲樞密使；以莊宅使劉延朗爲樞密副使；以權知樞密事房暠爲宣徽北院使；以成德軍節度使、大同彰國振武威塞等軍蕃漢馬步都部署、檢校太尉、兼中書令、駙馬都尉石敬瑭爲北京留守、河東節度使，加檢校太師、兼中書令，都部署如故。[3] 汴州節度使、檢校太師、兼侍中、駙馬都尉趙延壽進封魯國公。戊申，中書門下奏，太常禮院狀，明宗以此月二十日祔廟，宰臣攝太尉行事。[4] 緣馮道在假，李愚十八日私忌，在致齋內，劉昫又奏判三司免祀事，[5] 詔禮官參酌。有司上言：“李愚私忌，在致齋內，諸私忌日，遇大朝會入閣宣召，皆赴朝參。今祔廟事大，忌日屬私，請比大朝會宣召例。”[6] 從之。以陝府節度使康思立爲邢州節度使，以同州節度使安重霸爲西京留守，以羽林右第一軍都指揮使、春州刺史楊思權爲邠州節度使。[7] 己酉，左監門衛將軍孔知鄴、右驍衛將軍華光裔並勒停見任。[8] 時差知鄴應州告廟，稱疾辭命，改差光裔，復稱馬墜傷足，故俱罷之。[9] 庚戌，以司空兼門下侍郎、平章事馮道爲檢校太尉、同平章事，充同州節度使；以天雄軍節度使范延光爲樞密使，封齊國公；鄆州節度使李從曮爲鳳翔節度

使。^[10]辛亥，以嚴衛都指揮使尹暉爲齊州防禦使。^[11]甲
寅，以侍衛馬軍都指揮使、順化軍節度使安從進爲河陽
節度使，^[12]典軍如故。太常卿盧文紀奏：^[13]"明宗一室，
酌獻舞曲，請名《雍熙之舞》。" 從之。丁巳，以皇子
銀青光禄大夫、檢校工部尚書重美爲檢校司徒、守左衛
上將軍。^[14]自是，諸道節度使、刺史、文武臣僚，相繼
加檢校官，或階爵封邑，以帝登位覃慶也。戊午，以隴
州防禦使相里金爲陝州節度使。^[15]初，帝以檄書告藩
隣，唯金遣判官薛文遇往來計事，^[16]故以節鎮獎之。宣
徽北院使、檢校工部尚書房暠加檢校司空，行左威衛大
將軍，使如故。^[17]以樞密使、左諫議大夫韓昭裔爲刑部
尚書，^[18]使如故。己未，太白晝見。^[19]以樞密副使劉延
朗爲左領軍大將軍，^[20]職如故。庚申，左僕射、門下侍
郎、平章事、監修國史李愚加特進，^[21]充太微宮使、弘
文館大學士，^[22]餘如故。中書侍郎、兼吏部尚書、同平
章事，集賢院大學士、判三司劉昫加門下侍郎、兼吏部
尚書、平章事、監修國史、判三司。^[23]癸亥，秦州奏，
西川孟知祥出軍迫陷成州。^[24]以宣徽南院使、右驍衛大
將軍郝瓊爲左驍衛上將軍，^[25]職如故。以前義州刺史張
承祐爲武勝軍留後。^[26]戊辰，以前右龍武統軍王景戡爲
右驍衛上將軍。^[27]

　　[1]文明殿：五代後梁開平三年（909）以貞觀殿改名，位於
今河南洛陽市。
　　[2]左龍武指揮使：官名。所部統兵將領。左龍武爲部隊番號。
安審琦：人名。沙陀部人。五代將領。歷仕後唐、後晉、後漢、

卷
四
六

唐
書
二
十
二

末
帝
紀
上

1879

後周。傳見本書卷一二三。 右千牛衛上將軍：官名。唐代置十六衛之一。掌宮禁宿衛。從二品。 符彥饒：人名。陳州宛丘（今河南淮陽縣）人。符存審次子。五代後唐、後晉將領。傳見本書卷九一、《新五代史》卷二五。 以右千牛衛上將軍符彥饒爲左右嚴衛都指揮使：明本《册府》卷七八《帝王部·委任門二》符彥饒條、《宋本册府》卷一七二《帝王部·求舊門二》清泰元年（934）五月條作"右千牛衛"。五代無所謂右千牛將軍，據改。

[3]樞密副使：官名。樞密院副長官。 成德軍：方鎮名。治所在鎮州（今河北正定縣）。 大同：方鎮名。治所在雲州（今山西大同市）。 彰國：方鎮名。治所在應州（今山西應縣）。 振武：方鎮名。後梁貞明二年（916）以前，治所位於單于都護府城（今内蒙古和林格爾縣）。貞明二年單于都護府城爲契丹占據。此後至後唐清泰三年，治所位於朔州（今山西朔州市朔城區）。後晉時隨燕雲十六州割予契丹，改名順義軍。 威塞：方鎮名。治所在新州（今河北涿鹿縣）。 蕃漢馬步都部署：官名。五代後唐置，爲蕃漢馬步軍總指揮官。 駙馬都尉：官名。漢武帝時始置，魏、晉以後公主夫婿多加此稱號。從五品下。

[4]趙延壽：人名。本姓劉，恒山（今河北正定縣）人。後唐明宗李嗣源女婿，後降契丹，引導契丹攻滅後晉。傳見本書卷九八、《遼史》卷七六。 中書門下：官署名。唐代以來爲宰相處理政務的機構。參見劉後濱《唐代中書門下體制研究——公文形態·政務運行與制度變遷》，齊魯書社 2004 年版。 太常禮院：官署名。唐置，隸太常寺。貞元七年（791）置禮院直二人，九年置禮院修撰、檢討各一人，掌教禮儀，事許專達。五代沿置，掌郊廟制度，檢討禮儀故事。

[5]劉昫又奏判三司免祀事：《舊五代史考異》："《五代會要》：清泰元年五月，宰臣劉昫奏：'中書以近敕祠祭行事官致齋内，唯祀事得行，其餘悉斷。又宰臣行事致齋内，不押班，不赴内殿起居，不知印。臣緣判三司公事，其祀事、國忌、行香，伏乞特免。'

從之。"見《會要》卷一三中書門下條清泰元年五月記事。

[6]"李愚私忌"至"請比大朝會宣召例":《輯本舊史》之案語:"《五代會要》載此奏,下有'差李愚從事'五字,《薛史》刪去。"見《會要》卷四緣祀裁製條清泰元年五月記事,"皆赴朝參"作"尚赴朝參";"請比大朝會宣召例"前有"致齋日"三字,均勝於《輯本舊史》。又見《宋本冊府》卷五九四《掌禮部·奏議門二二》清泰元年五月戊申條。

[7]同州:州名。治所在今陝西大荔縣。　安重霸:人名。雲州(今山西大同市)人。五代將領。傳見本書卷六一、《新五代史》卷四六。　春州:州名。唐武德四年(621)置,治所在陽春縣(今廣東陽春市)。

[8]左監門衛將軍:官名。唐代置十六衛之一。掌宮禁宿衛。從三品。　孔知鄴:人名。籍貫不詳。本書僅此一見。　右驍衛將軍:官名。唐代置十六衛之一。掌宮禁宿衛。從三品。　華光裔:人名。籍貫不詳。事見本書本卷、卷一一一、卷一三七。《宋本冊府》卷一五四《帝王部·明罰門三》作"華光遠",《宋本冊府》卷九八〇《外臣部·通好門》廣順元年(951)五月己巳條、九九八《外臣部·奸詐門》廣順元年二月同本紀,當爲避後漢高祖諱改名。

[9]鄴:都城名。治所在今河北大名縣。五代後唐同光元年(923),改魏州爲興唐府,建號東京。三年,改東京爲鄴都。　應州:州名。治所在今山西應縣。　"己酉"至"故俱罷之":詳見《宋本冊府》卷一五四清泰元年五月條。

[10]天雄軍:方鎮名。治所在魏州(今河北大名縣)。　范延光:人名。相州臨漳(今河北臨漳縣)人。五代後唐、後晋將領。傳見本書卷九七、《新五代史》卷五一。　李從曮:人名。深州博野(今河北蠡縣)人。李茂貞之子,後晋時封秦王。傳見本書卷一三二。

[11]齊州:州名。治所在今山東濟南市。　防禦使:官名。唐

代始置，設有都防禦使、州防禦使兩種。常由刺史或觀察使兼任，實際上爲唐代後期州或方鎮的軍政長官。

〔12〕順化軍：方鎮名。治所在楚州（今江蘇淮安市）。 安從進：人名。索葛部人。五代後唐、後晉將領。傳見本書卷九八、《新五代史》卷五一。 河陽：方鎮名。全稱"河陽三城"。治所在孟州（今河南孟州市）。 都指揮使：中華書局本有校勘記："'使'字原闕，據邵本、本書卷四五《唐閔帝紀》、卷四七《唐末帝紀中》補。"見《輯本舊史》卷四五《唐閔帝紀》應順元年（934）三月癸亥條、卷四七《唐末帝紀中》清泰二年九月己亥條。

〔13〕太常卿：官名。太常寺長官。掌祭祀禮儀等事。正三品。盧文紀：人名。京兆萬年（今陝西西安市長安區）人。唐末進士，五代宰相。傳見本書卷一二七、《新五代史》卷五五。

〔14〕銀青光祿大夫：官名。唐、五代散官。從三品。 檢校工部尚書：官名。地方使職帶檢校三公、三師及臺省官之類，表示遷轉經歷和尊崇的地位，檢校兵部尚書爲其中之一階，爲虛銜。 重美：人名。即李重美。後唐廢帝李從珂之子。傳見本書卷五一、《新五代史》卷一六。 檢校司徒：官名。爲散官或加官，以示恩寵，無實際執掌。 左衛上將軍：官名。唐代置十六衛之一。掌宮禁宿衛。從二品。

〔15〕隴州：州名。治所在今陝西隴縣。 相里金：人名。并州（今山西太原市）人。五代後晉將領。傳見本書卷九〇、《新五代史》卷四七。 陝州：《輯本舊史》之影庫本粘籤："原本作'隰州'，今從《通鑑》及《歐陽史》改正。"《新五代史》卷四七《相里金傳》、《通鑑》卷二七九清泰元年五月戊午條均作"保義軍節度使"，保義軍治陝州。

〔16〕薛文遇：人名。籍貫不詳。五代後唐大臣。事見本書卷四八及《通鑑》卷二七九、卷二八〇。

〔17〕檢校司空：官名。爲散官或加官，以示恩寵，無實際執掌。 左威衛大將軍：官名。唐代置十六衛之一。掌宮禁宿衛。正

三品。

[18]刑部尚書：官名。尚書省刑部主官。掌天下刑法及徒隸、勾覆、關禁之政令。正三品。

[19]太白晝見：白天見到金星。金星爲日月以外星空最亮的天體。日出後，日落前，也可見到其出現在天空。

[20]左領軍大將軍：官名。唐代置十六衛之一。掌宮禁宿衛。正三品。

[21]左僕射：官名。秦始置。隋、唐前期以左、右僕射佐尚書令總理六官、綱紀庶務；如不置尚書令，則總判省事，爲宰相之職。唐後期多爲大臣加銜。從二品。　監修國史：官名。北齊始置史館，以宰相爲之。唐史館沿置，爲宰相兼職。

[22]太微宮：中華書局本有校勘記：“‘太微宮’，原作‘太徽宮’，據殿本、劉本、邵本校改。影庫本批校：‘太徽，應作“太微”。’”

[23]中書侍郎：官名。中書省副長官。唐後期三省長官漸爲榮銜，中書、門下侍郎却因參議朝政而職位漸重，常常用爲以“同三品”或“同平章事”任宰相者的本官。正三品。　吏部尚書：官名。尚書省吏部長官，與二侍郎分掌六品以下文官選授、勳封、考課之政令。正三品。　集賢院大學士：官名。集賢院文史官，位於集賢院學士之上。唐至德二載（757）置。五代沿用。以宰相兼任。

[24]秦州：州名。治所在今甘肅秦安縣。　成州：州名。治所在今甘肅成縣。

[25]右驍衛大將軍：官名。唐代置十六衛之一。掌宮禁宿衛。正三品。　左驍衛上將軍：官名。唐代置十六衛之一。掌宮禁宿衛。從二品。

[26]義州：州名。治所在今河南信陽市。　張承祐：人名。籍貫不詳。事見本書本卷。　武勝軍：方鎮名。治所在鄧州（今河南鄧州市）。　留後：官名。唐、五代節度使多以子弟或親信爲留後，以代行節度使職務，亦有軍士、叛將自立爲留後者。掌一州或數州

軍政。

[27]右龍武統軍：官名。唐置六軍，分左右羽林、左右龍武、左右神武，即"北衙六軍"。興元元年（784）六軍各置統軍，以寵勳臣。五代沿之。其品秩，《唐會要》卷七一、《舊唐書》卷一二記載爲"從二品"，《通鑑》卷二二九記載爲"從三品"。　王景戡：人名。籍貫不詳。事見本書卷三四、卷三七、卷三九、卷四〇、卷四二等。

六月庚午朔，改侍衛捧聖軍爲彰聖，改嚴衛軍爲寧衛。[1]壬申，封吳岳成德公爲靈應王，禮秩同五岳。帝初起，遣使祭岳以求祐，及登祚，故有是報。[2]幽州節度使趙德鈞進封北平王，青州節度使房知溫進封東平王。[3]癸酉，以前鄜州節度使索自通爲右龍武統軍。[4]甲戌，皇子左衛上將軍重美加檢校太保、同平章事，充鎮州節度使、兼河南尹，判六軍諸衛事。[5]丁丑，詔天下見禁罪人，委所在長吏躬親慮問，疾速疏決。庚辰，幸至德宮，因幸房知溫、安元信、范延光、索自通、李從敏第。[6]壬午，以檢校太子太傅致仕王建立爲檢校太尉、兼侍中、鄆州節度使，以前宋州節度使安元信爲檢校太尉、兼侍中、潞州節度使。[7]癸未，三司使劉昫奏："天下戶民，自天成二年括定秋夏田稅，迨今八年。近者相次有百姓詣闕訴田不均，累行蠲放，漸失稅額，望差朝臣一概檢視。"不報。甲申，帝爲故皇子亳州刺史重吉、皇長女尼惠明大師幼澄舉哀行服，[8]群臣詣閤門奉慰。帝起兵之始，重吉、幼澄俱爲閔帝所害。乙酉，以戶部侍郎韓彥惲爲絳州刺史，以左武衛上將軍李肅爲單州刺史。[9]丙戌，襄州節度使趙在禮加同平章事。[10]甲午，以武勝軍留後張承祐爲華州節度使，以皇城使宋審虔爲壽州節度使，充侍衛步軍都指揮使；以右衛上將軍劉仲殷爲宋州節度使；以侍衛步軍都指揮使、壽州節度使皇甫遇爲鄧州節度使；以前華州節度使華溫琪爲太子太傅致仕。[11]丁酉，左神武統軍周知裕卒，贈太傅。是月，京師大旱，熱甚，暍死者百餘人。[12]

[1]彰聖、寧衛：爲禁軍番號。　改侍衛捧聖軍爲彰聖，改嚴衛軍爲寧衛：《會要》卷一二京城諸軍條清泰元年六月記事作：“改捧聖馬軍爲彰聖左、右軍，嚴衛步軍爲寧衛左、右軍。”

[2]吳岳成德公：即岍山、汧山。亦名岳山、吳岳山。在今陝西隴縣西南。唐玄宗始封東鎮沂山爲東安公，南鎮會稽山爲永興公，西鎮吳山爲成德公，中鎮霍山爲應聖公，北鎮醫無閭山爲廣寧公。合而爲五鎮。　“壬申”至“故有是報”：《舊五代史考異》：“《五代會要》載中書門下奏：天寶十載正月，封吳山成德公，與沂山、會稽、醫巫閭同封。至德二載十二月，改吳山爲岳，祠享官屬一同五岳。今國家欲祈禱靈應，宜示殊禮。臣等商量，請加封爲靈應王。從之。”“封吳山成德公”，中華書局本有校勘記：“‘吳山’，原作‘吳岳’，據殿本、《五代會要》卷一一改。‘爲’字原闕，據殿本、《五代會要》卷一一補。”“今國家以祈禱靈應”，中華書局本有校勘記：“‘以’，原作‘欲’，據殿本、《五代會要》卷一一改。”見《會要》卷一一封嶽瀆條清泰元年（934）六月記事，又見明本《册府》卷三四《帝王部·崇祭祀門三》清泰元年五月壬申詔。

[3]幽州：州名。治所在今北京市。　趙德鈞：人名。幽州（今北京市）人。初爲幽州節度使劉守光部將，後爲後唐將領，投降遼國。傳見本書卷九八。　青州：州名。治所在今山東青州市。

　　房知温：人名。兗州瑕丘（今山東濟寧市兗州區）人。五代後唐將領。傳見本書卷九一、《新五代史》卷四六。

　　[4]鄜州：州名。治所在今陝西富縣。　索自通：人名。太原清源（今山西清徐縣）人。五代後唐將領。傳見本書卷六五。

　　[5]河南尹：官名。唐開元元年（713）改洛州爲河南府，治所在今河南洛陽市，河南府尹總其政務。從三品。　判六軍諸衛事：官名。五代後唐沿唐代舊制，置六軍諸衛，以判六軍諸衛事爲禁軍六軍與諸衛的最高統帥。

　　[6]安元信：人名。代北（今山西代縣）人。五代後唐、後晉將領。事見本書卷三二。　李從敏：人名。後唐明宗之侄。傳見本書卷八八、《新五代史》卷一五。

　　[7]檢校太子太傅：官名。爲散官或加官，以示恩寵，無實際執掌。　王建立：人名。遼州榆社（今山西榆社縣）人。五代後唐、後晉大臣。傳見本書卷九一、《新五代史》卷四六。　壬午，以檢校太子太傅致仕王建立爲檢校太尉、兼侍中、鄆州節度使：《宋本冊府》卷一七二《帝王部·求舊門二》清泰元年六月條將此事繫於辛巳："辛巳，以太子太傅致仕王建立兼侍中，充天平軍節度，鄆、齊、棣等州觀察處置等使。"本月庚午朔，辛巳十二日，壬午十三日，差一日。　潞州：州名。治所在今山西長治市。

　　[8]幼澄：人名。後唐末帝李從珂之女。傳見《新五代史》卷一六。

　　[9]戶部侍郎：官名。尚書省戶部次官。協助戶部尚書掌天下田戶、均輸、錢穀之政令。正四品下。　韓彥惲：人名。籍貫不詳。事見本書卷三四、卷三八、卷三九、卷四四、卷四五、卷四八、卷一四三。　絳州：州名。治所在今山西新絳縣。　左武衛上將軍：官名。唐代置十六衛之一。掌宮禁宿衛。從二品。　李肅：人名。五代官員。事見本書卷一〇、卷三四、卷四二、卷四五、卷七六、卷九三、卷一〇〇、卷一〇九、卷一一一、卷一一四。　單州：州名。治所在今山東單縣。

　　[10]襄州：州名。治所在今湖北襄陽市。　趙在禮：人名。涿州（今河北涿州市）人。五代後唐、後晉將領。傳見本書卷九〇、《新五代史》卷四六。

　　[11]張承祐：中華書局本有校勘記："原作'張承遷'，據殿本、劉本及本卷上文改。"　壽州：州名。治所在今安徽壽縣。皇甫遇：人名。常山（今河北正定縣）人。五代後唐、後晉將領。傳見本書卷九五、《新五代史》卷四七。　鄧州：州名。治所在今河南鄧州市。　太子太傅：官名。與太子太師、太子太保統稱太子三師。隋唐以後多作加官或贈官。從一品。中華書局本有校勘記："'太子太傅'，本書卷七六《晉高祖紀二》、卷九〇《華溫琪傳》、《冊府》卷三八七、卷八八三作'太子少保'。"見《輯本舊史》卷七六《晉高祖紀二》天福二年（937）正月庚申條，《宋本冊府》卷三八七《將帥部·褒異門一三》華溫琪條、卷八八三《總錄部·形貌門》華溫琪條。

　　[12]是月，京師大旱，熱甚，暍死者百餘人：《宋本冊府》卷一四五《帝王部·弭災門三》後唐末帝清泰元年六月諸條記載略詳。

　　秋七月庚子，太子少保致仕崔沂卒。[1]癸卯，鳳翔進僞蜀孟知祥來書，稱"大蜀皇帝獻書于大唐皇帝"，且言"見迫群情，以今年四月十二日即皇帝位"云，帝不答。以前武州刺史鄭琮爲右衛上將軍。[2]甲辰，幸龍門佛寺禱雨。[3]乙巳，皇子故亳州團練使重吉贈太尉，[4]仍於宋州置廟。丁未，鳳翔節度使李從曮封西平王。是日，宰臣李愚、劉昫因論公事，於政事堂相詬，辭甚鄙惡，帝令樞密副使劉延朗宣諭曰："卿等輔弼之臣，不宜如是，今後不得更然。"[5]辛亥，以太常卿盧文紀爲中書侍郎、平章事。是日，中書門下三上章請立中宮，從之。丁巳，制立沛國夫人劉氏爲皇后。[6] 庚申，太子少傅陳皋卒。[7] 乙丑，史官張昭遠以所撰《莊宗朝列傳》三十卷上之。[8]

[1]太子少保：官名。與太子少傅、太子少師合稱"太子三少"，唐後期、五代時多爲大臣、勳貴加官。從二品。　崔沂：人名。博州（今山東聊城市）人。唐宰相崔鉉之子，後梁大臣。傳見本書卷六八。

[2]武州：州名。治所在今河北張家口市宣化區。　鄭琮：人名。太原（今山西太原市）人。後唐、後晋將領。傳見本書卷九一。　右衛上將軍：官名。唐代置十六衛之一。掌宮禁宿衛。從二品。

[3]龍門：地名。位於今河南洛陽市。因兩山相對如闕，伊河從中流過，又名伊闕。唐以後習稱龍門。

[4]故亳州團練使重吉：《輯本舊史》卷一二三："唐末帝起兵於鳳翔，其子重吉爲亳州防禦使，從敏承朝廷命害之。"

[5]"是日"至"今後不得更然"：《宋本册府》卷一五八《帝王部·誠勵門三》末帝清泰元年（934）七月條略詳："七月，宰臣李愚、劉昫因論公事於政事堂相訴，辭甚鄙惡，各欲非時見訟是非。帝令劉延郎宣諭：'卿皆輔弼之臣，萬國式瞻，不宜如是！此後不得更然。'"

[6]劉氏：後唐末帝李從珂皇后。應州渾元（今山西渾源縣）人。傳見《新五代史》卷一六。

[7]太子少傅：官名。與太子少保、太子少師合稱"太子三少"，唐後期、五代時多爲大臣、勳貴加官。從二品。　陳皋：人名。籍貫不詳。事見本書卷三九、卷四〇、卷四一、卷四二。

[8]張昭遠：人名。滄州無棣（今山東慶雲縣）人。五代、宋

朝官員。傳見《宋史》卷三二六。

八月庚午，詔蠲放長興四年十二月以前天下所欠殘稅。[1]辛未，以前尚書左丞姚顗爲中書侍郎、平章事。[2]詔應曾受御署官逐攝同一任正官，依期限赴選。[3]荆南奏，[4]僞蜀孟知祥卒，其子昶嗣僞位。壬申，以尚書禮部侍郎鄭韜光爲刑部侍郎，以前工部侍郎楊凝式爲禮部侍郎。[5]甲戌，以前金州防禦使婁繼英爲右神武統軍，以右神武統軍高允貞爲左神武統軍。[6]乙亥，以翰林學士承旨、工部尚書、知制誥李懌爲太常卿，以翰林學士、户部侍郎、知制誥程遜爲學士承旨。[7]甲申，以兵部侍郎龍敏爲吏部侍郎，以祕書監崔居儉爲工部尚書。[8]乙酉，以右武衛上將軍張繼祚爲右衛上將軍；以右驍衛上將軍王景戡爲左衛上將軍；以右領衛上將軍劉衛爲左武衛上將軍；以右千牛上將軍王陟爲右領軍上將軍。[9]以司農卿兼通事舍人、判四方館事王景崇爲鴻臚卿，[10]依前通事舍人、判四方館。丁亥，右龍武統軍索自通卒。[11]辛卯，禮部尚書致仕李光憲卒。[12]甲午，以太子少傅盧質爲太子少師。[13]乙未，以前邢州節度使趙鳳爲太子太保。[14]詔："文武百官差使，宜令依倫次，中書置簿，不得重疊。若當使者自緣有事，或不欲行者，注簿便當一使。自長興三年正月後已曾奉使者，便爲簿首；已後差者，次第注之。"[15]有司上言："皇后受册，内外命婦上牋無答教。"從之。丙申，御文明殿册皇后，命使攝太尉、宰臣盧文紀，使副攝司徒、右諫議大夫盧損詣皇后宫，行禮畢，恩賜有差。[16]

[1]長興：後唐明宗李嗣源年號（930—933）。

[2]尚書左丞：官名。尚書省佐貳官。唐中期以後，與尚書右丞實際主持尚書省日常政務，權任甚重。正四品上。後梁開平二年（908）改爲左司侍郎，後唐同光元年（923）復舊爲左丞。正四品。　姚顗：人名。京兆萬年（今陝西西安市長安區）人。唐末進士，五代後梁、後唐、後晉大臣。傳見本書卷九二、《新五代史》卷五五。

[3]詔應曾受御署官逐攝同一任正官，依期限赴選：《輯本舊史》之案語：“徐無黨《五代史注》云：御署官，疑是廢帝初舉兵時所置之官，以其非吏部正授，故須有旨方得選。”

[4]荊南：方鎮名。治所在荊州（今湖北荊州市）。

[5]尚書禮部侍郎：官名。尚書省禮部次官。協助禮部尚書掌禮儀、祭享、貢舉之政。正四品下。　鄭韜光：人名。洛京河清（今河南洛陽市）人。五代後蜀官員。傳見本書卷九二。　刑部侍郎：官名。尚書省刑部次官。協助刑部尚書掌天下刑法及徒隸、勾覆、關禁之政令。正四品下。　工部侍郎：官名。尚書省工部次官。協助尚書掌管百工、山澤、水土之政令，考其功以詔賞罰，總所統各司之事。正四品下。　楊凝式：人名。華陰（今陝西華陰市）人。唐末、五代官員。傳見本書卷一二八。

[6]金州：州名。治所在今陝西安康市。　婁繼英：人名。籍貫不詳。五代後梁、後唐、後晉將領。傳見《新五代史》卷五一。　右神武統軍：官名。唐置六軍，分左右羽林、左右龍武、左右神武，即“北衙六軍”。興元元年（784），六軍各置統軍，以寵勳臣。五代沿之。其品秩，《唐會要》卷七一、《舊唐書》卷一二記載爲從二品，《通鑑》卷二二九記載爲從三品。　高允貞：人名。籍貫不詳。事見本書本卷、卷三〇、卷三八、卷三九、卷四四。

左神武統軍：官名。唐置六軍，分左右羽林、左右龍武、左右神武，即"北衙六軍"。興元元年，六軍各置統軍，以寵勳臣。五代沿之。其品秩，《唐會要》卷七一、《舊唐書》卷一二記載爲從二品，《通鑑》卷二二九記載爲從三品。

[7]翰林學士承旨：官名。爲翰林學士之首。掌拜免將相、號令征伐等詔令的起草。《舊唐書・職官志二・翰林院》："例置學士六人，内擇年深德重者一人爲承旨，所以獨承密命故也。"　工部尚書：官名。尚書省工部主官。掌百工、屯田、山澤之政令。正三品。　知制誥：官名。掌起草皇帝的詔、誥之事，原爲中書舍人之職。唐開元末置學士院，翰林學士入院一年，則加知制誥銜，專掌任免宰相、册立太子、宣布征伐等特殊詔令，稱爲内制。而中書舍人所撰擬的詔敕稱爲外制。兩種官員總稱兩制。　李懌：人名。京兆人。五代大臣。傳見本書卷九二、《新五代史》卷五五。　程遜：人名。壽春（今安徽壽縣）人。五代官員。傳見本書卷九六。

[8]兵部侍郎：官名。尚書省兵部次官。協助兵部尚書掌武官銓選、勳階、考課之政。正四品下。　龍敏：人名。幽州永清（今河北永清縣）人。五代大臣。傳見本書卷一〇八、《新五代史》卷五六。　吏部侍郎：官名。尚書省吏部次官。協助吏部尚書掌文選、勳封、考課之政。正四品上。　祕書監：官名。秘書省長官。掌圖書秘記等。從三品。　崔居儉：人名。清河（今河北清河縣）人。五代後梁至後晉官員。傳見本書附録、《新五代史》卷五五。

[9]右武衛上將軍：官名。唐代置十六衛之一。掌宮禁宿衛。從二品。　張繼祚：人名。濮州臨濮（今山東鄄城縣）人。五代將領。張全義之子。傳見本書卷九六。　右武衛上將軍：中華書局本有校勘記："'右武衛上將軍'，本書卷四五《唐閔帝紀》作'左武衛上將軍'。'右衛上將軍'，清泰三年二月張季澄墓誌（拓片刊《洛陽新獲墓誌》）：'檢校太保、右驍衛上將軍繼祚，即公之仲父也。'"《輯本舊史》卷四五《唐閔帝紀》應順元年（934）正月丁丑條載："以前蔡州刺史張繼祚爲左武衛上將軍。"　以右驍衛上將

軍王景戡爲左衛上將軍：中華書局本有校勘記："'左'，殿本、劉本、本書卷四七《唐末帝紀中》作'右'。"見《輯本舊史》卷四七清泰二年八月壬申條。　　右領衛上將軍：官名。即右領軍衛上將軍。唐代置十六衛之一。掌宮禁宿衛。從二品。　　劉衛：人名。籍貫不詳。本書僅此一見。　　右千牛上將軍：官名。唐代置十六衛之一。掌宮禁宿衛。從二品。　　王陟：人名。籍貫不詳。本書僅此一見。

[10]司農卿：官名。司農寺長官。掌管倉廩、籍田、苑囿諸事。從三品上。　　通事舍人：官名。東晉始置。唐代時爲中書省屬官，全稱中書通事舍人。掌殿前承宣通奏。從六品上。　　判四方館事：官名。隋始置四方館，以通事謁者爲主官。唐、五代沿置，以通事舍人或判四方館事爲主官。掌四方往來及互市事務。　　王景崇：人名。邢州（今河北邢臺市）人。後漢時升任鳳翔節度使。傳見本書附錄、《新五代史》卷五三。　　鴻臚卿：官名。秦時稱典客，漢初改大行令，漢武帝時改大鴻臚，北齊置鴻臚寺，以鴻臚寺卿爲主官，後代沿置。掌四夷朝貢、宴飲賞賜、送迎外使等禮儀活動。從三品。

[11]丁亥，右龍武統軍索自通卒：《通鑑》卷二七九於清泰元年八月戊子條載自通"退朝過洛，自投于水而卒"，戊子爲丁亥後一日。

[12]禮部尚書：官名。尚書省禮部主官。掌禮儀、祭享、貢舉之政。正三品。　　李光憲：人名。籍貫不詳。事見本書卷四三。

[13]盧質：人名。河南（今河南洛陽市）人。五代大臣。傳見本書卷九三、《新五代史》卷五六。　　太子少師：官名。與太子少傅、太子少保統稱"太子三少"。隋唐以後多作加官或贈官。從二品。

[14]趙鳳：人名。幽州（今北京市）人。後唐明宗朝宰相。傳見本書卷六七、《新五代史》卷二八。　　太子太保：官名。與太子太師、太子太傅統稱太子三師。隋唐以後多作加官或贈官。從一品。

　　[15]"詔"至"次第注之"：詔書内容又見《會要》卷二四諸使雜録條所載清泰元年八月敕，略詳。

　　[16]司徒：官名。與太尉、司空並爲三公，唐後期、五代時多爲大臣、勳貴加官。正一品。　右諫議大夫：官名。唐置左、右諫議大夫，左屬門下省，右屬中書省。掌諫諭得失，侍從贊相。正四品下。

　　九月己亥，以久雨，分命朝臣禜都城門，[1]告宗廟社稷。辛丑，夜有星如五斗器，西南流，尾迹長數丈，屈曲如龍形。又衆星亂流，不可勝數。京師大雨，雹如彈丸。曹州刺史藥縱之卒。[2]甲辰，以霖霪甚，詔都下諸獄委御史臺憲録問，諸州縣差判官令録親自録問，畫時疏理。[3]壬子，中書門下舉行長興三年敕，常年薦送舉人，州郡行鄉飲酒之時，帖太常草定儀注奏聞。甲寅，以前潞州節度使、檢校太尉、同平章事盧文進爲安州節度使。[4]己未，雲州奏，契丹寇境。[5]

　　[1]禜：中華書局本有校勘記："'禜'，原作'營'，據劉本、邵本校、《册府》卷一四五、《五代會要》卷一一改。"見《會要》卷一一水溢條清泰元年（934）九月詔、《宋本册府》卷一四五《帝王部·弭災門三》清泰元年九月己亥詔，均詳於此帝紀。

　　[2]曹州：州名。治所在今山東曹縣西北。　藥縱之：人名。太原（今山西太原市）人。後唐官員。傳見本書卷七一。

　　[3]御史臺：官署名。秦漢始置。古代國家的監察機構。掌糾察官吏違法，肅正朝廷綱紀。大事廷辨，小事奏彈。　畫時疏理：《輯本舊史》之影庫本粘籤："'畫時'二字原本疑有舛誤，考《五代會要》亦作'畫'，今姑仍其舊。"《會要》卷一一水溢條未見。

[4]安州：州名。治所在今湖北安陸市。

[5]雲州：州名。治所在今山西大同市。　己未，雲州奏，契丹寇境：《舊五代史考異》："《遼史·太宗紀》：李從珂弒其主自立，人皇王倍自唐上書請討。八月自將南伐，九月乙卯次雲州。自太宗之伐唐，人皇王召之也。"《遼史》卷三《太宗紀上》天顯九年條："四月，唐李從珂弒其主自立。人皇王倍自唐上書請討。秋八月壬午，自將南伐。九月乙卯，次雲州，十一月壬寅，陽城降。"《通鑑》卷二七九清泰元年九月條："己未，雲州奏契丹入寇。辛酉，敬瑭奏振武節度使楊檀擊契丹於境上，却之。"

　　冬十月辛未，有雉金色，止於中書政事堂。[1]中書門下奏："請以正月二十三日皇帝誕慶日爲千春節。"從之。戊寅，宰臣李愚、劉昫罷相，以愚守左僕射，昫守右僕射。契丹寇雲、應州，詔河東節度使石敬瑭率兵屯代州。[2]戊子，宰臣姚顗奏："吏部三銓，近年併爲一司，望令依舊分銓。"[3]從之。辛卯，以左衛上將軍李宏元卒廢朝，[4]贈司徒。癸巳，以禮部郎中、知制誥吕琦守本官，[5]充樞密院直學士。

[1]政事堂：官署名。唐太宗時始置，爲尚書、中書、門下三省長官聯合辦公處所，初設在門下省，高宗末移至中書省，玄宗時因宰相張説的奏請，改名爲中書門下，列吏房、機房、兵房、户房、刑禮房五房於其後，分曹辦事。

[2]應州：州名。治所在今山西應縣。　代州：州名。治所在今山西代縣。

[3]吏部三銓：吏部尚書銓、吏部西銓（中銓）、吏部東銓的合稱。負責官員銓選。　宰臣姚顗奏："吏部三銓，近年併爲一司，

望令依舊分銓”：姚顗奏文詳見《宋本册府》卷六三三《銓選部·條制門五》清泰元年十月條。

　　[4]李宏元：人名。籍貫不詳。本書僅此一見。

　　[5]禮部郎中：官名。尚書省禮部頭司禮部司長官。掌禮樂、學校、衣冠、符印、表疏、圖書、册命、祥瑞、鋪設，及百官、宫人喪葬贈賻之數。從五品上。　呂琦：人名。幽州安次（今河北廊坊市）人。後唐、後晋大臣。傳見本書卷九二。

　　十一月辛丑，以刑部侍郎鄭韜光爲尚書右丞，以光禄少卿烏昭遠爲少府監。[1]秦州節度使張延朗奏，[2]率師伐蜀。中書門下奏：“二十六日明宗忌，陛下初遇忌辰，不同常歲，請於忌辰前後各一日不坐朝。”從之。御史臺奏：“前任節度使、刺史、行軍副使，[3]雖每日於便殿起居，每遇五日起居，亦合綴班。”從之。丙午，以前興州刺史馮暉配同州衙前安置。[4]暉爲興州刺史，屯乾渠，[5]蜀人來侵，暉自屯所奔歸鳳翔，故有是責。丁未，詔振武、新州、河東西北邊經契丹蹂踐處，[6]放免三年兩税差配，時契丹初退故也。癸丑，以前華州節度使王萬榮爲左驍衛上將軍致仕。[7]甲寅，以振武節度使楊光遠充大同、彰國、振武、威塞等軍兵馬都虞候，以前右金吾大將軍穆延暉爲右武衛上將軍。[8]壬戌，以禮部侍郎楊凝式爲户部侍郎。甲子，以中書舍人盧導爲禮部侍郎。[9]

　　[1]尚書右丞：官名。尚書省佐貳官。唐中期以後，與尚書左丞實際主持尚書省日常政務，權任甚重。後梁開平二年（908）改爲右司侍郎，後唐同光元年（923）復舊爲右丞。唐時爲正四品下，後唐長興元年（930）升爲正四品。　光禄少卿：官名。南朝梁天

監七年（508）改光禄勳置光禄卿，隋唐沿置。掌宫殿門户、帳幕器物、百官朝會膳食等。北魏始置。光禄少卿爲光禄勳副職。從四品上。　烏昭遠：人名。後唐將領。事見本書本卷、卷三八。　少府監：官名。少府監長官，隋初置，唐初廢，太宗時復置。掌百工技巧之事。從三品。

[2]張延朗：人名。汴州開封（今河南開封市）人。後唐三司使。傳見本書卷六九、《新五代史》卷二六。

[3]行軍副使：官名。當爲執掌部隊調度、作戰之軍事副官。

[4]興州：州名。治所在今陝西略陽縣。　馮暉：人名。魏州（今河北大名縣）人。五代後唐至後周將領。傳見本書卷一二五、《新五代史》卷四九。

[5]乾渠：渡口名。位於今陝西略陽縣北。

[6]新州：州名。治所在今河北涿鹿縣。

[7]王萬榮：人名。籍貫不詳。事見本書本卷、卷四四。

[8]楊光遠：人名。沙陀部人。五代後唐、後晋將領。傳見本書卷九七、《新五代史》卷五一。　兵馬都虞候：官名。唐、五代方鎮高級軍官。　右金吾大將軍：官名。唐代置十六衛之一。掌宫禁宿衞。正三品。　穆延暉：人名。籍貫不詳。五代後唐將領。事見本書卷六六。

[9]盧導：人名。范陽（今河北涿州市）人。唐末進士，五代後梁至後晋官員。傳見本書卷九二、《新五代史》卷五四。

十二月丁卯朔，詔修奉本朝諸帝陵寢。己巳，以北面馬軍都指揮使、易州刺史安叔千爲安北都護、振武節度使，以齊州防禦使尹暉爲彰國軍節度使。[1]庚午，詔葬庶人從榮。[2]有司上言："依貞觀中庶人承乾，[3]以公禮葬。"從之。乙亥，以秦州節度使張延朗爲中書侍郎、同平章事、判三司；[4]以中書侍郎、平章事盧文紀爲門下侍郎、平章事、監修國史；以中書侍郎、平章事姚顗兼集賢殿大學士；以前邠州節度使康福爲秦州節度使。[5]丙戌，夜有白氣，東西亘天。庚寅，幸龍門祈雪，自九月至是無雨雪故也。《永樂大典》卷七千一百七十四。[6]

[1]易州：州名。治所在今河北易縣。　安叔千：人名。沙陀部人。五代後唐至後周將領。傳見本書卷一二三、《新五代史》卷四八。　安北都護：官名。安北都護府長官。據《通鑑》卷二六九胡三省注，唐中葉以後，振武節度使皆帶安北都護。參見李大龍《都護制度研究》，黑龍江教育出版社 2003 年版。　彰國軍：方鎮名。治所在應州（今山西應縣）。

[2]從榮：人名。即李從榮。沙陀部人。後唐明宗李嗣源次子。傳見本書卷五一、《新五代史》卷一五。

[3]貞觀：唐太宗李世民年號（627—649）。　承乾：人名。即李承乾。唐太宗李世民長子。後被廢爲庶人。傳見《舊唐書》卷七六、《新唐書》卷八〇。

[4]以秦州節度使張延朗爲中書侍郎、同平章事、判三司：《舊五代史考異》："《五代會要》：二年三月，宰臣張延朗奏：'臣判三司公事，每日内殿祗候，其合綴前班押班，伏乞特免。'從之。"見《會要》卷一三中書門下條清泰二年（935）三月記事。

[5]集賢殿大學士：官名。唐中葉置，位在學士之上，以宰相兼。掌修書之事。　康福：人名。蔚州（今河北蔚縣）人。五代後唐將領。傳見本書卷九一、《新五代史》卷四六。

[6]《永樂大典》卷七千一百七十四：中華書局本有校勘記："'七千一百七十四'，原作'一千七百七十四'，檢《永樂大典目錄》，卷一七七四爲'書'字韻，與本則内容不符。陳垣《舊五代史輯本引書卷數多誤例》謂應作卷七一七四'唐'字韻'廢帝潞

王一'，本書後二卷《唐末帝紀》皆記出自卷七一七四，據改。"

舊五代史　卷四七

唐書二十三

末帝紀中

　　清泰二年春正月丙申朔，帝御明堂殿受朝賀，[1]仗衛如式。乙巳，中書門下奏：[2]"遇千春節，[3]凡刑獄公事奏覆，候次月施行。今後請重繫者即候次月，輕繫者即節前奏覆決遣。"從之。戊申，宗正寺奏："北京、應州、曹州諸陵，望差本州府長官朝拜。雍、坤、和、徽四陵，差太常宗正卿朝拜。"[4]從之。己酉，北京奏，光禄卿致仕周玄豹卒。[5]庚申，鄴都進天王甲。[6]帝在藩時，有相士言帝如毗沙天王，[7]帝知之，竊喜。及即位，選軍士之魁偉者，被以天王甲，俾居宿衛，[8]因詔諸道造此甲而進之。三司奏，[9]添徵鹽麴錢及增麴價。先是麴斤八十文，增至一百五十文。乙丑，雲州節度使張溫移鎮晉州，以西京留守安重霸爲雲州節度使。[10]

　　[1]清泰：後唐廢帝李從珂年號（934—936）。　明堂殿：宮

殿名。位於今河南洛陽市。

[2]中書門下：官署名。唐代以來爲宰相處理政務的機構。參見劉後濱《唐代中書門下體制研究——公文形態·政務運行與制度變遷》，齊魯書社 2004 年版。

[3]千春節：五代後唐廢帝李從珂誕節。本書卷四六載：“中書門下奏：‘請以正月二十三日皇帝誕慶日爲千春節。’從之。”

[4]宗正寺：官署名。秦置宗正，掌管皇族事務。後世沿用。掌九族六親之屬籍，以別昭穆之序，並領崇玄署。　北京：都城名。即太原府。治所在今山西太原市。　應州：州名。治所在今山西應縣。　曹州：州名。治所在今山東曹縣西北。　雍：五代後唐莊宗陵墓。至後晉避廟諱，改稱“伊陵”。　坤：後唐莊宗之母曹太后陵墓。位於壽安縣（今河南宜陽縣）。　和：唐昭宗陵墓，在今河南偃師市南。　徽：五代後唐明宗李嗣源陵墓。位於今河南新安縣。後晉石敬瑭將後唐閔帝、李從榮、李重吉皆祔葬於此。　太常：官名。即太常卿。西漢置太常，南朝梁始置太常卿。太常寺長官。掌宗廟祭祀禮樂及教育等。正三品。　宗正卿：官名。秦始置宗正，南朝梁始有宗正卿之官。由宗室充任。掌皇族外戚屬籍。正三品。　“宗正寺奏”至“差太常宗正卿朝拜”：《輯本舊史》之案語：“《五代會要》載宗正寺原奏云：‘北京永興、長寧、建極三陵，應州遂、衍、奕三陵，准曹州溫陵例，下本州府官朝拜。’是曹州先以府官朝拜，北京、應州後從其例也。《薛史》删併原文，似未分晰。”見《會要》卷四公卿巡陵條後唐清泰二年（935）正月記事、明本《册府》卷三一《帝王部·奉先門四》清泰二年正月戊申條。

[5]光禄卿：官名。南朝梁天監七年（508）改光禄勳置，隋、唐沿置。掌宮殿門户、帳幕器物、百官朝會膳食等。從三品。　致仕：官員告老辭官。　周玄豹：人名。燕地（今河北北部）人。五代後唐時術士、官員。傳見本書卷七一。

[6]鄴都：都城名。治所在今河北大名縣。五代後唐同光元年

（923）改魏州爲興唐府，建號東京。三年，改東京爲鄴都。

　　[7]毗沙天王：佛經所説的四天王之一。"毗沙"爲梵語音譯。亦名多聞天。在佛教中爲護法的天神。其形象身着甲冑，左掌擎塔，右持寶棒，俗稱托塔天王。唐宋時敕諸府、州軍建天王堂奉祀之。亦省作"毗沙門"。

　　[8]俾居宿衛：中華書局本有校勘記："'衛'，原作'位'，據殿本、劉本、彭本、《册府》卷四四改。"見《宋本册府》卷四四《帝王部·奇表門》末帝條，並載是時魏府進天王字甲冑千二百副。

　　[9]三司：官署名。五代後唐明宗天成元年（926）合鹽鐵、度支、户部爲一職，始稱三司，爲中央最高理財機構。

　　[10]雲州：州名。治所在今山西大同市。　節度使：官名。唐時在重要地區所設掌握一州或數州軍、民、財政的長官。　張溫：人名。魏州魏縣（今河北魏縣）人。後梁、後唐將領。傳見本書卷五九。　晋州：州名。治所在今山西臨汾市。　西京：都城名。指京兆府，治所在今陝西西安市。　留守：官名。古代皇帝出巡或親征時指定親王或大臣留守京城，綜理國家軍事、行政、民事、財政等事務，稱京城留守。在陪都或軍事重鎮也常設留守，以地方長官兼任。　安重霸：人名。雲州（今山西大同市）人。五代將領。傳見本書卷六一、《新五代史》卷四六。

　　二月庚午，定州節度使、兖王從温移鎮兖州；振武軍節度使楊檀移鎮定州，兼北面行營馬步都虞候。[1]甲戌，以安州節度使李周爲京兆尹，充西京留守；以樞密使、天雄軍節度使范延光爲檢校太師、兼中書令，充汴州節度使；皇子鎮州節度使兼河南尹、判六軍諸衛事、左右街坊使重美加檢校太尉、同平章事，充天雄軍節度使，餘如故。[2]辛巳，以右諫議大夫盧損爲御史中丞，以御史中丞張鵬爲刑部侍郎。[3]壬午，寧遠軍節度使馬存加兼侍中，鎮南軍節度使馬希振加兼中書令。[4]詔昭順軍節度使姚彦章加兼侍中。[5]己丑，宰臣盧文紀等上皇妣魯國太夫人尊謚曰宣憲皇太后，請擇日册命。從之。[6]

[1]定州：州名。治所在今河北定州市。　從溫：人名。即李從溫。後唐明宗之侄。傳見本書卷八八、《新五代史》卷一五。兗州：州名。治所在今山東濟寧市兗州區。　兗王：中華書局本有校勘記："上一'兗'字原闕，據劉本、本書卷四八《唐末帝紀下》補。"見《輯本舊史》卷四八《唐末帝紀下》清泰三年（936）五月丙申條。　振武軍：方鎮名。後梁貞明二年（916）以前，治所位於單于都護府城（今内蒙古和林格爾縣）。貞明二年單于都護府城爲契丹占據。此後至後唐清泰三年，治所位於朔州（今山西朔州市朔城區）。後晋時隨燕雲十六州割予契丹，改名順義軍。　楊檀：人名。沙陀部人。後改名楊光遠。五代後唐、後晋將領。傳見本書卷九七、《新五代史》卷五一。　都虞候：官名。五代禁軍統兵官，位僅次於都指揮使、副都指揮使。

[2]安州：州名。治所在今湖北安陸市。　李周：人名。邢州内丘（今河北内丘縣）人。五代後唐、後晋將領。傳見本書卷九一、《新五代史》卷四七。　京兆尹：官名。唐開元元年（713）改雍州置京兆府，治所在今陝西西安市。以京兆尹總其政務。從三品。　樞密使：官名。樞密院長官。五代時以士人爲之，備顧問、參謀議，出納詔奏，權侔宰相。參見李全德《唐宋變革期樞密院研究》，國家圖書館出版社2009年版。　天雄軍：方鎮名。治魏州（今河北大名縣）。　范延光：人名。鄴郡臨漳（今河北臨漳縣）人。五代後唐、後晋將領。傳見本書卷九七、《新五代史》卷五一。檢校太師：官名。爲散官或加官，以示恩寵，無實際執掌。　中

書令：官名。漢代始置，隋、唐前期爲中書省長官，屬宰相之職；唐後期多爲授予元勳大臣的虛銜。正二品。　　汴州：州名。治所在今河南開封市。　　鎮州：州名。治所在今河北正定縣。　　河南尹：官名。唐開元元年改洛州爲河南府，治所在今河南洛陽市。以河南府尹總其政務。從三品。　　判六軍諸衛事：官名。後唐沿唐代舊制，置六軍諸衛，以判六軍諸衛事爲禁軍六軍與諸衛的最高統帥。

左右街坊使：官名。即兩街功德使。唐貞元四年（788）置左右街大功德使、東都功德使、修功德使，總領僧尼之籍及功役。元和二年（807），以道士、女官隸左、右街功德使。會昌二年（842），以僧尼隸禮部主客司，六年復隸兩街功德使。五代沿置。　　重美：人名。即李重美。後唐廢帝李從珂之子。傳見本書卷五一、《新五代史》卷一六。　　檢校太尉：官名。爲散官或加官，以示恩寵，無實際執掌。　　同平章事：即“同中書門下平章事”的簡稱。唐高宗以後，凡實際任宰相之職者，常在其本官後加同平章事的職銜。後成爲宰相專稱。

[3]右諫議大夫：官名。唐置左、右諫議大夫，左屬門下省，右屬中書省。掌諫諭得失，侍從贊相。正四品下。　　盧損：人名。范陽（今河北涿州市）人。唐末、五代官員。傳見本書卷一二八、《新五代史》卷五五。　　御史中丞：官名。如不置御史大夫，則爲御史臺長官。掌司法監察。正四品下。　　張鵬：人名。鎮州鼓城（今河北晉州市晉州鎮鼓城村）人。時爲成德軍節度副使，因言論失當爲節度使高行周奏殺。傳見本書卷一〇六。　　刑部侍郎：官名。尚書省刑部次官。協助刑部尚書掌天下刑法及徒隸、勾覆、關禁之政令。正四品下。

[4]寧遠軍：方鎮名。治所在容州（今廣西容縣）。　　馬存：人名。籍貫不詳。五代將領。事見本書卷三二、卷四四、卷七九。

侍中：官名。秦始置。隋、唐前期爲門下省長官。唐後期多爲大臣加銜，不參與政務，實際職務由門下侍郎執行。正二品。　　寧遠軍節度使馬存加兼侍中：馬存加侍中事在長興四年（933）六月乙卯，見《輯本舊史》卷三二《莊宗紀六》同光二年九月乙卯條，又卷四四《明宗紀十》長興四年六月壬申條有“永寧軍節度使、容州管内觀察使、檢校太尉、兼侍中馬存”，此處又加侍中，疑誤。

鎮南軍：方鎮名。治所在洪州（今江西南昌市）。　馬希振：人名。許州鄢陵（今河南鄢陵縣）人。五代十國南楚開國君主馬殷之子。後棄官爲道士。事見本書卷一三三、《新五代史》卷六六。

[5]昭順軍：方鎮名。又稱德勝軍。五代十國南吳置，治所在今安徽合肥市。後周時改名保信軍。《輯本舊史》原作“順義軍”，中華書局本有校勘記：“‘順義軍’，本書卷四二《唐明宗紀八》、卷七八《晋高祖紀四》作‘昭順軍’。”但未改，今據改。　姚彦章：人名。汝南（今河南汝南縣）人。五代十國南楚官員。傳見本書附録。中華書局本有校勘記：“‘姚彦章’，原作‘姚彦璋’，據殿本、本書卷四二《唐明宗紀八》、卷七八《晋高祖紀四》、《新五代史》卷六六《楚世家》、《通鑑》卷二六〇改。”《輯本舊史》卷四二《唐明宗紀八》載：“（長興二年閏五月）癸丑，升廬州爲昭順軍。甲午，以衡州刺史姚彦章爲昭順軍節度使。”卷七八《晋高祖紀四》載：“（天福四年五月乙巳）昭順軍節度使姚彦章卒。”《新五代史》卷六六《楚世家·馬殷傳》：“（諸將）遣姚彦章迎殷於邵州……時乾寧三年也。”《通鑑》卷二六〇乾寧三年（896）四月條亦載彦章説殷受諸將擁戴事。

[6]盧文紀：人名。京兆萬年（今陝西西安市長安區）人。唐末進士，五代宰相。傳見本書卷一二七、《新五代史》卷五五。宣憲皇太后：即宣憲皇后魏氏。鎮州平山（今河北平山縣）人。後唐明宗李嗣源之妻，末帝李從珂之母。傳見本書卷四九、《新五代史》卷一五。　“己丑”至“從之”：盧文紀等上書全文見明本《册府》卷三一《總録部·奉先門四》清泰二年二月己丑條。

三月戊戌，故太子太保趙鳳贈太傅。[1]辛丑，以前汴州節度使趙延壽爲許州節度使兼樞密使，以夏州行軍司馬李彝殷爲本州節度使，兄彝超卒故也。[2]癸卯，以静海軍節度使、檢校太師、兼中書令、安南都護錢元球爲留守太保，[3]餘如故。丙午，以給事中趙光輔爲右散騎常侍。[4]戊申，皇妹魏國公主石氏封晋國長公主，齊國公主趙氏封燕國長公主。[5]己酉，有司上言：“宣憲皇太后未及山陵，[6]權於舊陵所建廟。”從之。辛亥，功德使奏：[7]“每年誕節，諸州府奏薦僧道，[8]其僧尼欲立講論科、講經科、表白科、文章應制科、持念科、禪科、聲讚科，道士欲立經法科、講論科、文章應制科、表白科、聲讚科、焚修科，[9]以試其能否。”從之。丙辰，以右龍武統軍李德珫爲涇州節度使。[10]庚申，以鎮州節度使、知軍府事董温琪爲鎮州節度使、檢校太保。[11]壬戌，以左右彰聖都指揮使、富州刺史安審琦領楚州順化軍節度使，[12]軍職如故。審琦受閔帝命西征，至鳳翔而降，故有是命。[13]

[1]太子太保：官名。與太子太師、太子太傅統稱太子三師。隋唐以後多作加官或贈官。從一品。　趙鳳：人名。幽州（今北京市）人。後唐明宗朝宰相。傳見本書卷六七、《新五代史》卷二八。　太傅：官名。與太師、太保合稱三帥，唐後期、五代時多爲大臣、勳貴加官。正一品。

[2]趙延壽：人名。常山（今河北正定縣）人。本姓劉，爲後唐將領趙德鈞養子。仕至後唐樞密使，遼朝幽州節度使、燕王。傳見本書卷九八、《遼史》卷七六。　許州：州名。此處代指治所在許州（今河南許昌市）的方鎮忠武軍。　夏州：州名。治所在朔方

縣（今陝西靖邊縣）。　行軍司馬：官名。出征將領及節度使的屬官。掌軍籍符伍、號令印信，是藩鎮重要的軍政官員。　李彝殷：人名。夏州（今陝西靖邊縣）人。五代、宋初定難軍節度使。傳見《宋史》卷四八五。《新五代史》中李彝殷作"李彝興"，僅附見於其父《仁福傳》末，未載其繼兄彝超爲夏州節度使。《通鑑》卷二七九清泰二年（935）三月辛丑條記"以李彝殷爲定難節度使"，定難軍治夏州。《通鑑》該條後有胡注，李彝殷後避宋朝廟諱，改名彝興。　本州：《輯本舊史》之案語："原本闕'本'字，今從《歐陽史》增入。"　彝超：人名。即李彝超。李仁福次子。傳見本書卷一三二。

[3]静海軍：方鎮名。又作"靖海軍"。五代後晉天福四年（939）吳越置，治所在溫州（今浙江溫州市）。北宋初廢。　檢校太師：中華書局本有校勘記："《吳越備史》卷二作'檢校太保'。"安南都護：官名。唐代所設安南都護府長官，負責管理今中國南疆及中南半島北部部分地區之軍民政務。　錢元球：人名。杭州臨安（今浙江杭州市臨安區）人。五代吳越國官員。事見本書卷三三、卷三七、卷七六。中華書局本有校勘記："'錢元球'，原作'錢元銾'，據殿本、本書卷三三《唐莊宗紀七》、卷三七《唐明宗紀三》改。'留守太保'，《吳越備史》卷二作'守太師'。"又見《會要》卷一帝號條所載末帝從珂使相名單。吳越錢鏐子輩均以"元"字排行，第二字均从從"王"之字，故"元銾"必誤。　太保：官名。與太師、太傅並爲三師。唐後期、五代時多爲大臣、勳貴加官。正一品。

[4]給事中：官名。秦始置。隋唐以來，爲門下省屬官。掌讀署奏抄，駁正違失。正五品上。　趙光輔：人名。籍貫不詳。事見本書卷一四四。　右散騎常侍：官名。中書省屬官。掌侍奉規諷，備顧問應對。正三品下。

[5]魏國公主石氏：即後唐明宗李嗣源之女，後晉高祖石敬瑭之妻。後唐時封永寧公主。晉出帝即位，尊爲皇太后。與晉出帝一

同被俘至遼國。傳見本書卷八六、《新五代史》卷一七。中華書局本有校勘記："'魏國公主'，原作'魏國夫人'，據本書卷四四《唐明宗紀十》、《五代會要》卷二改。"見《輯本舊史》卷四四《唐明宗紀十》長興四年（933）九月壬辰（壬辰，《輯本舊史》誤壬戌，中華書局本未改）條，《會要》卷一皇后條晉高祖皇后李氏、卷二公主條明宗長女永寧公主。　齊國公主趙氏：即後唐明宗李嗣源之女，趙延壽之妻。事見本書卷四九、卷七七、卷八〇。

[6]皇太后：中華書局本有校勘記："'皇太后'，原作'皇后'，據本卷上文二月己丑、下文六月乙丑改。"又見《新五代史》卷一五《皇后魏氏傳》。

[7]功德使：官名。唐貞元四年（788）置左右街大功德使、東都功德使、修功德使，總領僧尼之籍及功役。元和二年（807），以道士、女官隸左、右街功德使。會昌二年（842），以僧尼隸禮部主客司，六年復隸兩街功德使。五代沿置。"功德使奏"，明本《册府》卷五二《帝王部·崇釋氏門二》、《容齋三筆》卷九僧道科目條引《薛史》同，明本《册府》卷六一《帝王部·立制度門二》末帝清泰二年三月辛亥條作"兩街功德使雍王重美奏"，並詳録奏文。

[8]諸州府：中華書局本有校勘記："'諸州府'，《五代會要》卷一二、《册府》卷六一作'諸道州府'。"見《會要》卷一二雜録條清泰二年三月記事、明本《册府》卷六一《帝王部·立制度門二》末帝清泰二年三月辛亥條。明本《册府》卷五二《帝王部·崇釋氏門二》、《容齋三筆》卷九引《薛史》作"諸州府"。

[9]道士欲立經法科、講論科、文章應制科、表白科、聲贊科、焚修科：《輯本舊史》之影庫本粘籤："應制，原本脱'制'字，今據《册府元龜》增入。"見明本《册府》卷五二、卷六一。

[10]右龍武統軍：官名。唐置六軍，分左右羽林、左右龍武、左右神武，即"北衙六軍"。興元元年（784），六軍各置統軍，以寵勳臣。五代沿之。其品秩，《唐會要》卷七一、《舊唐書》卷一

二記載爲從二品，《通鑑》卷二二九記載爲從三品。　李德玠：人名。應州金城（今山西應縣）人。後唐、後晉將領。傳見本書卷九〇。　涇州：州名。治所在今甘肅涇川縣。

[11]董溫琪：人名。一作"董溫其"。籍貫不詳。五代後唐、後晉將領。事見本書卷四八。　檢校太保：官名。爲散官或加官，以示恩寵，無實際執掌。　以鎮州節度使、知軍府事董溫琪爲鎮州節度使、檢校太保：中華書局本有校勘記："按此句疑有舛誤，前一'鎮州節度使'或爲'鎮州節度副使'之訛。"朱玉龍《方鎮年表》則以爲係"知鎮州軍府事"之訛。

[12]都指揮使：官名。唐末、五代軍隊多置都指揮使、指揮使，爲統兵將領。　富州：州名。治所在龍平縣（今廣西昭平縣）。刺史：官名。漢武帝時始置。州一級行政長官，總掌考覈官吏、勸課農桑、地方教化等事。唐中期以後，節度、觀察使轄州而設，刺史爲其屬官，職任漸輕。從三品至正四品下。　安審琦：人名。沙陀部人。五代將領。歷仕後唐至後周。傳見本書卷一二三。　楚州：州名。治所在今江蘇淮安市。　順化軍：方鎮名。治所在楚州（今江蘇淮安市）。

[13]閔帝：即後唐閔帝李從厚。明宗李嗣源第三子。紀見本書卷四五、《新五代史》卷七。　鳳翔：方鎮名。治所在鳳翔府（今陝西鳳翔縣）。

是月，太常丞史在德上疏言事，[1]其略曰："朝廷任人，[2]率多濫進。稱武士者，不閑計策，雖被堅執鋭，戰則棄甲，窮則背軍。稱文士者，鮮有藝能，多無士行，問策謀則杜口，作文字則倩人。所謂虛設具員，枉耗國力。[3]逢陛下惟新之運，是文明革弊之秋。臣請應内外所管軍人，凡勝衣甲者，請宣下本部大將，[4]一一考試武藝短長，權謀深淺。居下位有將才者便拔爲大將，居上位無將略者移之下軍。其東班臣僚，請內出策題，[5]下中書令宰臣面試。如下位有大才者便拔居大位，[6]處大位無大才者即移之下僚。”其疏大約如此。盧文紀等見其奏不悅，班行亦多憤悱，故諫官劉濤、楊昭儉等上疏，[7]請出在德疏，辨可否宣行，中書覆奏，亦駁其錯誤。帝召學士馬裔孫謂曰：[8]“史在德語太凶，其實難容。朕初臨天下，須開言路，若朝士以言獲罪，誰敢言者！爾代朕作詔，勿加在德之罪。”詔曰：

[1]太常丞：官名。太常寺屬官。掌判寺事。凡大饗太廟，則修七祀於太廟西門之內。若祫享，則兼修配享功臣之禮。從五品上。　史在德：人名。籍貫不詳。本書僅此一見。

[2]朝廷任人：《宋本冊府》卷四一《帝王部·寬恕門》末帝清泰二年（935）三月條同，《宋本冊府》卷九一八《總錄部·詆訐門》史在德條作“朝廷間人”，《通鑑》卷二七九清泰二年三月壬戌條胡注引《薛史》作“朝廷任事”。

[3]枉耗國力：《舊五代史考異》：“《通鑑》注引《薛史》作‘枉費’，考《册府元龜》亦作‘枉耗’，今仍其舊。”見《宋本冊府》卷四一、卷九一八，《通鑑》卷二七九清泰二年三月壬戌條胡注。

[4]本部：中華書局本有校勘記：“‘本部’，《通鑑》卷二七九胡注引《薛史》作‘本軍’，《冊府》卷四一、卷九一八作‘本都’。”見《宋本冊府》卷四一、卷九一八，《通鑑》卷二七九清泰二年三月條胡注引《薛史》。

[5]請內出策題：《輯本舊史》之影庫本粘籤：“原本脫‘請’字，今從《通鑑》注所引《薛史》增入。”見《通鑑》卷二七九清泰二年三月壬戌條胡注引《薛史》。

[6]便:《通鑑》卷二七九清泰二年三月壬戌條胡注引《薛史》作“須”。

[7]諫官:掌諫諍官員的統稱。唐、五代時諫議大夫、補闕、拾遺等皆爲諫官。　劉濤:人名。徐州彭城（今江蘇徐州市）人。五代後唐至北宋官員。傳見《宋史》卷二六二。中華書局本有校勘記:“原作‘劉清’,據殿本、邵本、彭本、《册府》卷四一及本卷上下文改。”見《宋本册府》卷四一《帝王部·寬恕門》末帝清泰二年三月條及本卷下文。　楊昭儉:人名。京兆長安（今陝西西安市長安區）人。五代後周、宋初大臣。傳見《宋史》卷二六九。

[8]學士:官名。即翰林學士。由南北朝始設之學士發展而來,唐玄宗時改翰林供奉爲翰林學士,備顧問,代王言。掌拜免將相、號令征伐等詔令的起草。　馬裔孫:人名。又作“馬胤孫”,或避宋太祖諱改“胤”爲“裔”。棣州滴河（今山東商河縣）人。後唐進士、宰相。傳見本書卷一二七、《新五代史》卷五五。

　　左補闕劉濤等奏,[1]太常丞史在德所上章疏,中書門下駁奏,未奉宣諭,乞特施行,分明黜陟。

　　朕常覽貞觀故事,[2]見太宗之治理,[3]以貞觀昇平之運,太宗明聖之君,野無遺賢,朝無闕政,盡善盡美,無得而名。而陝縣丞皇甫德參輒上封章,[4]恣行訕謗,人臣無禮,罪不容誅,賴文貞之彌縫,恕德參之狂瞽。魏徵奏太宗曰:[5]“陛下思聞得失,只可恣其所陳,若所言不中,亦何損於國家。”朕每思之,誠要言也。遂得下情上達,德盛業隆,太宗之道彌光,文貞之節斯著。朕惟寡昧,獲奉宗祧,業業兢兢,懼不克荷,思欲率循古道,簡拔時材。懷忠抱直之人,虛心渴見;便佞詭隨之説，杜耳惡聞。史在德近所獻陳，誠無避忌，中書以文字紕繆，比類偕差，改易人名，觸犯廟諱，請歸憲法，以示戒懲。蓋以中書既委參詳，合盡事理，朕纘承前緒，誘勸將來。多言數窮，雖聖祖之所戒；千慮一得，冀愚者之可從。因覽文貞之言，遂寬在德之罪，已令停寢，不遺宣行。

劉濤等官列諫垣，宜陳讜議，請定短長之理，以行黜陟之文。昔魏徵則請賞德參，今濤等請黜在德，事同言異，何相遠哉！將議允俞，恐虧開納。方朝廷粗理，俊乂畢臻，留一在德不足爲多，去一在德未足爲少，苟可懲勸，朕何愛焉！[6] 但緣情在傾輸，[7] 理難黜責，濤等敷奏，朕亦優容，宜體含弘，勉思竭盡，凡百在位，[8] 悉聽朕言。

[1] 左補闕：官名。唐代諫官。武則天時始置。分爲左、右，左補闕隸於門下省，右補闕隸於中書省。掌規諫諷諭，大事可以廷議，小事則上封奏。從七品上。

[2] 貞觀：唐太宗李世民年號（627—649）。

[3] 太宗：即唐太宗李世民。唐代皇帝，626 年至 649 年在位。李淵次子。隋末，隨父起兵於太原。唐武德元年（618），爲尚書令，封秦王。在唐統一全國的過程中戰功甚多。九年，發動“玄武門之變”，即皇帝位，次年改元貞觀。在位期間，繼續沿用均田制、租庸調法、府兵制和科舉制，以房玄齡、杜如晦、魏徵等爲相，社會安定，經濟復蘇，史稱“貞觀之治”。貞觀四年（630），平東厥。九年，平吐谷渾。十四年，平高昌。十五年，以文成公主和親於吐蕃贊普松贊干布。唐太宗對少數民族採取較爲開明的政策，被尊稱爲“天可汗”。統治中期以後，生活日漸奢靡，征戰頻仍，加

劇了國內矛盾。卒葬昭陵（位於今陝西禮泉縣東北），謐文皇帝。紀見《舊唐書》卷二至卷三、《新唐書》卷二。

　　[4]陝縣：縣名。治所在今河南三門峽市陝州區。　丞：官名。即縣丞。縣衙屬官。根據縣的等級，品秩在從九品到從七品之間。

　　皇甫德參：人名。籍貫不詳。唐朝官員。事見《新唐書》卷九七。

　　[5]魏徵：人名。鉅鹿郡（治所一說在今河北巨鹿縣，一說在今河北館陶縣，一說在今河北晋州市）人。唐初政治家、文學家。隋末參加瓦崗軍，後隨李密歸唐，一度曾被竇建德俘獲。竇建德敗後，復歸長安，成爲李建成的心腹。唐太宗李世民即位後，任其爲尚書左丞、秘書監、侍中、太子太師等。以直言敢諫著稱。曾與房玄齡等主持編修周、隋、梁、陳、齊五代史，其中《隋書》由魏徵主要負責並親撰序論。魏徵言論主要見於《魏鄭公諫錄》和《貞觀政要》。傳見《舊唐書》卷七一、《新唐書》卷九七。

　　[6]朕何愛焉：中華書局本有校勘記：“‘愛’，原作‘憂’，據《册府》卷四一改。”

　　[7]傾輸：《輯本舊史》之影庫本粘籤：“原本作‘頃輸’，據《通鑑》作‘傾輸’。胡三省注云：謂傾其胸臆而輸忠于上也。今改正。”見《通鑑》卷二七九清泰二年三月壬戌條胡注。

　　[8]凡百在位：中華書局本有校勘記：“‘位’，原作‘下’，據《册府》卷四一改。”

　　夏四月辛巳，宰臣判三司張延朗奏：[1]“州縣官徵科條格，[2]其令録在任徵科，依限了絶，一年加階，[3]兩年與試銜，三年皆及限了絶，與服色。攝任者一年內了絶，仍攝，[4]二年三年內皆及限，與真命。其主簿同縣令條。[5]本判官一年加階，二年改試銜，三年轉官。本曹官省限內了絶，與試銜轉官。[6]諸節級三年內並了絶者，與賞錢三十貫。[7]其責罰依天成四年五月五日敕施行。"[8]從之。癸未，御史中丞盧損等進清泰元年以前十一年制敕堪悠久施行者三百九十四道，[9]編爲三十卷。其不中選者，各令所司封閉，不得行用。詔其新編敕如可施行，付御史臺頒行。[10]以宰相盧文紀兼太微宮使、弘文館大學士，姚顗加門下侍郎、監修國史，張延朗兼集賢殿大學士。[11]以樞密使韓昭胤爲中書侍郎兼兵部尚書、平章事，[12]充樞密使。乙酉，以前威勝軍節度使張萬進爲鄜州節度使。[13]辛卯，以宣徽南院使劉延皓爲刑部尚書，充樞密使；以司天監耿瑗爲太府卿；以僞蜀右衛上將軍胡杲通爲司天監；以宣徽北院使房暠爲左衛上將軍，充宣徽南院使；以樞密副使劉延朗爲左領軍上將軍，充宣徽北院使兼樞密副使。[14]

[1]張延朗：人名。汴州（今河南開封市）人。五代後唐大臣，歷任三司使、宰相。傳見本書卷六九、《新五代史》卷二六。

[2]條格：《宋本册府》卷六三三《銓選部·條制門五》清泰二年（935）四月條作"賞罰列"、卷六三六《銓選部·考課門二》清泰二年四月條作"賞罰例"。《册府》卷六三三之"賞罰列"應爲"賞罰例"之誤。

[3]其令録在任徵科，依限了絶，一年加階：《宋本册府》卷六三三、卷六三六作："縣令、録事參軍正官，一年依限徵科了絶，加階。"

[4]仍攝：中華書局本有校勘記："原作'及攝'，據《册府》卷六三三、卷六三六改。"

[5]主簿：官名。漢代以後歷朝均置。唐代京城百司和地方官署，均設主簿。管理文書簿籍，參議本署政事，爲官署中重要佐

官。其官階品秩，因官署而不同。　縣令：官名。爲縣的行政長官，掌治本縣。唐代之縣，分赤（京）、次赤、畿、次畿、望、緊、上、中、中下、下十等。縣令分六等，正五品上至從七品下。　其主簿同縣令條：《宋本册府》卷六三三、卷六三六作：“主簿一年二年如縣令條，三年總了，別任使。”

[6]與試銜轉官：中華書局本有校勘記：“‘轉官’二字原闕，據《册府》卷六三三、卷六三六補。”

[7]三十貫：《册府》卷六三三、卷六三六作“三十千”。

[8]天成：後唐明宗李嗣源年號（926—930）。

[9]“御史中丞盧損”至“三百九十四道”：明本《册府》卷六一三《刑法部·定律令門五》：“三年四月，御史中丞盧損等進清泰元年已前十一年内制勑可久遠施行者，凡三百九十四道，編爲三十卷。其不中選者，各令本司封閉，不得行用。詔付御史臺頒行。”

[10]御史臺：官署名。秦漢始置。古代國家的監察機構。掌糾察官吏違法，肅正朝廷綱紀。大事廷辨，小事奏彈。

[11]太微宫使：官名。唐朝尊老子爲祖，建玄元廟奉祀。天寶二年（743）改西京玄元廟爲太清宫，東京爲太微宫，天下諸郡爲紫極宫，又改譙郡紫極宫爲太清宫。設太清宫使、太微宫使。宋敏求《春明退朝録》：“唐制，宰相四人，首相爲太清宫使，次三相皆帶館職，洪（正字犯宣祖廟諱）文館大學士、監修國史、集賢殿大學士，以此爲次序。”　弘文館大學士：官名。唐武德四年（621）始置修文館，以安置文學之士，典司書籍。唐太宗即位，改爲弘文館，置學士、大學士，以高官兼領。　姚顗：人名。京兆萬年（今陝西西安市長安區）人。唐末進士，五代後梁至後晉大臣。傳見本書卷九二、《新五代史》卷五五。　門下侍郎：官名。門下省副長官。唐後期三省長官漸爲榮銜，中書、門下侍郎却因參議朝政而職位漸重，常常用爲以“同三品”或“同平章事”任宰相者的本官。正三品。　監修國史：官名。北齊始置史館，以宰相爲之。唐史館

沿置，爲宰相兼職。　張延朗：《輯本舊史》之影庫本粘籤："原本作'正朗'，今據《薛史》列傳改正。"見《輯本舊史》卷六九《張延朗傳》。　集賢殿大學士：官名。唐中葉置，位在學士之上，以宰相兼。掌修書之事。

[12]韓昭胤：人名。籍貫不詳。五代後唐大臣，廢帝親信。歷任鳳翔節度判官、樞密使、同平章事，官至尚書左僕射。事見本書卷四六。《輯本舊史》原作"韓昭裔"，乃避雍正帝名諱改，今據《通鑑》卷二七九清泰元年五月丙午、清泰二年四月癸未、十二月壬申等條，《新五代史》卷七《唐本紀七》清泰元年五月丙午條改，下文同改，不再出注。　中書侍郎：官名。中書省副長官。唐後期三省長官漸爲榮銜，中書、門下侍郎却因參議朝政而職位漸重，常常用爲以"同三品"或"同平章事"任宰相者的本官。正三品。　兵部尚書：官名。尚書省兵部主官。掌兵衛、武選、車輦、甲械、厩牧之政令。正三品。　平章事：官名。"同中書門下平章事"的簡稱。唐高宗以後，凡實際任宰相之職者，常在其本官後加同平章事的職銜。後成爲宰相專稱。後晋天福五年（940），升中書門下平章事爲正二品。

[13]威勝軍：方鎮名。治所在越州（今浙江紹興市）。原作"武勝軍"，《宋本册府》卷四四八《將帥部·殘酷門》作："張萬進，歷威勝、保大、彰義三軍節度使。"《太平寰宇記》卷一四二《山南東道一·鄧州》條作："後唐同光元年改爲威勝軍。周廣順二年改爲武勝軍。"據改。　張萬進：人名。突厥人。五代後唐、後晋將領。傳見本書卷一三。　鄜州：州名。治所在今陝西富縣。

[14]辛卯：《舊五代史考異》："《歐陽史》作夏五月辛卯，《通鑑》從《薛史》作四月。"見《新五代史》卷七《唐本紀七》清泰二年五月辛卯條、《通鑑》卷二七九清泰二年四月辛卯條。四月乙丑朔，辛卯爲二十七日，五月甲午朔，無辛卯。《新五代史》誤。　宣徽南院使：官名。唐始置。宣徽南院長官。初用宦官，五代以後改用士人。與宣徽北院使通掌内諸司及三班内侍之名籍，郊祀、

朝會、宴享供帳之儀，檢視內外進奉名物。參見王永平《論唐代宣徽使》，《中國史研究》1995 年第 1 期；王孫盈政《再論唐代的宣徽使》，《中華文史論叢》2018 年第 3 期。　劉延皓：人名。應州渾元（今山西渾源縣）人。五代將領，後唐劉皇后之弟。傳見本書卷六九、《新五代史》卷一六。　刑部尚書：官名。尚書省刑部主官。掌天下刑法及徒隸、勾覆、關禁之政令。正三品。　司天監：官署名。其長官亦稱司天監，掌天文、曆法以及占候等事。參見趙貞《唐宋天文星占與帝王政治》，北京師範大學出版社 2016 年版。

耿璦：人名。籍貫不詳。五代官員。事見本書卷三七。　太府卿：官名。南朝梁始置。太府寺長官。掌國家財帛庫藏出納、關市稅收等務。從三品。　右衛上將軍：官名。掌宮禁宿衛。唐代置十六衛，即左右衛、左右驍衛、左右武衛、左右威衛、左右領軍衛、左右金吾衛、左右監門衛、左右千牛衛，各置上將軍，從二品；大將軍，正三品；將軍，從三品。　胡杲通：人名。石壕（今河南三門峽市）人。事見本書本卷、卷四六。　宣徽北院使：官名。唐始置。宣徽北院的長官。初用宦官，五代以後改用士人。與宣徽南院使通掌內諸司及三班內侍之名籍，郊祀、朝會、宴享供帳之儀，檢視內外進奉名物。　房暠：人名。京兆長安（今陝西西安市長安區）人。五代後唐、後晉大臣。傳見本書卷九六。　左衛上將軍：官名。唐代置十六衛之一。掌宮禁宿衛。從二品。　樞密副使：官名。樞密院副長官。　劉延朗：人名。宋州虞城（今河南虞城縣）人。五代後唐大臣。傳見本書卷六九、《新五代史》卷二七。　左領軍上將軍：官名。唐代置十六衛之一。掌宮禁宿衛。從二品。以樞密副使劉延朗爲左領軍上將軍：《通鑑》卷二七九清泰二年四月癸巳條作："以左領軍衛大將軍劉延朗爲本衛上將軍，充宣徽北院使，兼樞密副使。"

五月丙申，新州、振武奏，契丹寇境。[1]乙巳，詔：

"天下見禁囚徒，自五月十二日以前，除十惡五逆、放火燒舍、持仗殺人、官典犯贓、偽行印信、合造毒藥并見欠省錢外，^[2]罪無輕重，一切釋放。"庚戌，詔不得貢奉寶裝龍鳳雕鏤刺作組織之物。^[3]庚戌，中書奏：^[4]"準天成三年正月敕，^[5]凡廟諱但迴避正文，其偏旁文字不在減少點畫。今定州節度使楊檀、檀州、金壇等名，^[6]酌情制宜，並請改之。其表章文案偏旁字闕點畫，凡臣僚名涉偏旁，亦請改名。"詔曰："偏旁文字，音韻懸殊，止避正呼，不宜全改。楊檀宜賜名光遠，^[7]餘依舊。"甲寅，以户部侍郎楊凝式爲秘書監，以尚書禮部侍郎盧導爲尚書右丞，以尚書右丞鄭韜光爲尚書左丞。^[8]丙辰，以端明殿學士李專美爲兵部侍郎，以端明殿學士李崧爲户部侍郎，以翰林學士馬裔孫爲禮部侍郎，以禮部郎中、充樞密院直學士吕琦爲給事中，並充職如故。^[9]太子少保致仕任圜贈尚書右僕射，以順化軍節度使兼彰聖都指揮使、北面行營排陣使安審琦爲邢州節度使。^[10]庚申，以兵部尚書李鏻爲太常卿，以禮部尚書王權爲户部尚書，以太常卿李懌爲禮部尚書。^[11]癸亥，以六軍諸衛判官、給事中張允爲右散騎常侍。^[12]

[1]新州：州名。治所在今河北涿鹿縣。　契丹：古部族、政權名。公元4世紀中葉宇文部爲前燕攻破，始分離而成單獨的部落，自號契丹。唐貞觀中，置松漠都督府，以其首領爲都督。唐末强盛，916年迭剌部耶律阿保機建立契丹國（遼）。先後與五代、北宋並立，保大五年（1125）爲金所滅。參見張正明《契丹史略》，中華書局1979年版。

[2]持仗：明本《册府》卷九三《帝王部·赦宥門一二》清泰二年五月乙巳條作"杖"，較優。

[3]詔不得貢奉寶裝龍鳳雕鏤刺作組織之物：詔文詳見《宋本册府》卷一六〇《帝王部·革弊門二》清泰二年五月庚戌條、明本《册府》卷一六八《帝王部·却貢獻門》清泰二年五月條。

[4]庚戌：《輯本舊史》之影庫本粘籤："庚戌，與上文複見，疑是衍文，或有舛誤。今無别本可考，姑仍其舊，附識于此。"
中書：官署名。爲"中書門下"的簡稱。唐代以來爲宰相處理政務的機構。

[5]準天成三年正月敕：中華書局本有校勘記："'天成三年正月'六字原闕，據《通鑑》卷二七九胡注引《薛史》補。按本書卷三九《唐明宗紀五》繫其事於天成三年正月。"見《通鑑》卷二七九清泰二年五月庚戌條胡注引《薛史》，《輯本舊史》卷三九《唐明宗紀五》天成三年（928）正月癸亥條載："詔應廟諱文字，只避正文，其偏旁文字，不用虧缺點畫。"

[6]檀州：州名。治所在今北京市密雲區。　金壇：縣名。治所在今江蘇常州市金壇區。　今定州節度使楊檀、檀州、金壇等名："定州節度使"，《通鑑》卷二七九清泰二年五月庚戌條作"振武節度使"，胡注："楊檀時不鎮定州，當從《通鑑》。"又本卷上文清泰二年二月庚午條作："振武軍節度使楊檀移鎮定州，兼北面行營馬步都虞候。"《新五代史》卷五一《楊光遠傳》："光遠自易州刺史拜振武軍節度使。清泰二年，徙鎮中山，兼北面行營都虞候。禦契丹于雲、應之間。"

[7]楊檀宜賜名光遠：中華書局本有校勘記："'宜'字原闕，據《通鑑》卷二七九胡注引《薛史》、《册府》卷三補。"見《通鑑》卷二七九清泰二年五月庚戌條胡注引《薛史》、明本《册府》卷三《帝王部·名諱門》清泰二年五月條。

[8]户部侍郎：官名。尚書省户部次官。協助户部尚書掌天下田户、均輸、錢穀之政令。正四品下。　楊凝式：人名。華陰（今

陕西华阴市）人。唐末、五代官员。傳見本書卷一二八。　秘書監：官名。東漢始置。掌圖書秘記等事宜。三品。　尚書禮部侍郎：官名。尚書省禮部次官。協助禮部尚書掌禮儀、祭享、貢舉之政。正四品下。　盧導：人名。范陽（今河北涿州市）人。唐末進士，五代後梁至後晉官員。傳見本書卷九二、《新五代史》卷五四。

尚書右丞：官名。尚書省佐貳官。唐中期以後，與尚書左丞實際主持尚書省日常政務，權任甚重。後梁開平二年（908）改爲右司侍郎，後唐同光元年（923）復舊爲右丞。唐時爲正四品下，後唐長興元年（930）升爲正四品。　鄭韜光：人名。洛京河清（今河南洛陽市）人。五代後蜀官員。傳見本書卷九二。　尚書左丞：官名。尚書省佐貳官。唐中期以後，與尚書右丞實際主持尚書省日常政務，權任甚重。正四品上。後梁開平二年（908）改爲左司侍郎，後唐同光元年（923）復舊爲左丞。正四品。

[9]端明殿學士：官名。後唐明宗始置，以翰林學士充任，負責誦讀四方書奏。　李專美：人名。京兆萬年（今陝西西安市長安區）人。五代後梁至後晉官員。傳見本書卷九三。中華書局本有校勘記："原作'李導美'，據殿本、劉本、邵本校改。按本書卷九三有《李專美傳》。"又見《通鑑》卷二七九清泰二年六月條。　兵部侍郎：官名。兵部副長官，與尚書分掌武官銓選、勳階、考課之政。正四品下。　李崧：人名。深州饒陽（今河北饒陽縣）人。後晉宰相，歷仕後唐至後漢。傳見本書卷一〇八、《新五代史》卷五七。　禮部郎中：官名。尚書省禮部頭司禮部司長官。掌禮樂、學校、衣冠、符印、表疏、圖書、冊命、祥瑞、鋪設，及百官、宮人喪葬贈賻之數。從五品上。　樞密院直學士：官名。五代後唐同光元年（923），改直崇政院置，選有政術文學者充任。充皇帝侍從，備顧問應對。　呂琦：人名。幽州安次（今河北廊坊市）人。後唐、後晉大臣。傳見本書卷九二、《新五代史》卷五六。

[10]太子少保：官名。與太子少傅、太子少師合稱"太子三少"，唐後期、五代時多爲大臣、勳貴加官。從二品。　任圜：人

名。京兆三原（今陝西三原縣）人。五代後唐將領、大臣。傳見本書卷六七、《新五代史》卷二八。　尚書右僕射：官名。秦始置。隋、唐前期以左、右僕射佐尚書令總理六官，綱紀庶務；如不置尚書令，則總判省事，爲宰相之職。唐後期多爲大臣加銜。從二品。

彰聖都指揮使：官名。所部統兵將領。五代軍隊編制，五百人爲一指揮，設指揮使、副指揮使；十指揮爲一軍，設都指揮使、副都指揮使。　行營排陣使：官名。唐節度使所屬武官中有排陣使，五代後梁時設於諸軍，爲先鋒之職。參見王軼英《中國古代排陣使述論》，《西北大學學報》2010 年第 6 期。　邢州：州名。治所在今河北邢臺市。《輯本舊史》之影庫本粘籤："原本作'鄧州'，今從《歐陽史》改正。"《新五代史》安審琦兩見，未載其爲邢州節度使，但安審琦是時爲邢州節度使則《舊五代史》本傳及《通鑑》等均有記載。

[11]李鏻：人名。唐朝宗室。五代大臣。傳見本書卷一〇八、《新五代史》卷五七。　禮部尚書：官名。尚書省禮部主官。掌禮儀、祭享、貢舉之政。正三品。　王權：人名。太原（今山西太原市）人。五代官員。傳見本書卷九二、《新五代史》卷五六。　戶部尚書：官名。尚書省戶部長官。掌管全國土地、戶籍、賦稅、財政收支諸事。正三品。　李懌：人名。京兆（今陝西西安市）人。五代大臣。傳見本書卷九二、《新五代史》卷五五。

[12]六軍諸衛判官：官名。唐代置六軍諸衛，以判六軍諸衛事爲禁軍六軍與諸衛的最高統帥。判官爲其屬官。　張允：人名。鎮州束鹿（今河北辛集市）人。五代後唐至後漢官員。傳見本書卷一〇八、《新五代史》卷五七。　右散騎常侍：中華書局本有校勘記："'右'，本書卷一〇八《張允傳》、《新五代史》卷五七《張允傳》作'左'。"

六月甲子朔，新州上言，契丹入寇。乙丑，有司上言，宣憲皇太后陵請以順爲名，[1]從之。振武奏，契丹二萬騎在黑榆林。[2]丁卯，以太子少保致仕朱漢賓卒廢朝。[3]壬申，命史官修撰《明宗實錄》。契丹寇應州。以新州節度使楊漢賓爲同州節度使，以前晋州節度使翟璋爲新州節度使。[4]庚辰，北面招討使趙德鈞奏，[5]行營馬步軍都虞候、定州節度使楊光遠，行營排陣使、邢州節度使安審琦，帥本軍至易州，[6]見進軍追襲契丹次。河東節度使石敬瑭奏，邊軍乏芻糧，其安重榮巡邊兵士欲移振武就糧。[7]從之。尋又奏，懷、孟租稅，[8]請指揮於忻、代州輸納。[9]朝廷以邊儲不給，詔河東戶民積粟處，量事抄借，仍於鎮州支絹五萬匹，送河東充博糴之直。[10]是月，北面轉運副使劉福配鎮州百姓車子一千五百乘，[11]運糧至代州。時水旱民飢，河北諸州困於飛輓，逃潰者甚衆，軍前使者繼至，督促糧運，由是生靈咨怨。辛巳，詔諸州府署醫博士。[12]丙戌，以前許州節度使李從昶爲右龍武統軍，以前彰國軍節度使沙彥珣爲右神武統軍。[13]

[1]宣憲皇太后陵請以順爲名：中華書局本有校勘記："'順'下原有'從'字，據《册府》卷三一删。"見明本《册府》卷三一《帝王部·奉先門四》清泰二年（935）六月乙丑條，並言爲太常卿李懌所定。

[2]黑榆林：地名。位於獨石口北百六十里元上都故址（今内蒙古錫林郭勒盟正藍旗召乃門蘇木）以西之榆木山。參見賈敬顏《五代宋金元人邊疆行記十三種疏證稿》，中華書局2004年版。

[3]朱漢賓：人名。亳州譙縣（今安徽亳州市）人。五代後

梁、後唐將領。傳見本書卷六四、《新五代史》卷四五。

[4]楊漢賓：人名。籍貫不詳。五代後唐、後晉將領。事見《通鑑》卷二七七、卷二八〇。 同州：州名。治所在今陝西大荔縣。 翟璋：人名。籍貫不詳。後唐、後晉將領。傳見本書卷九五。

[5]招討使：官名。唐始置。戰時任命，兵罷則省。常以大臣、將帥或地方軍政長官兼任。掌招撫討伐等事務。 趙德鈞：人名。幽州（今北京市）人。初爲幽州節度使劉守光部將，再爲後唐將領，後投降遼國。傳見本書卷九八。

[6]易州：州名。治所在今河北易縣。

[7]河東：方鎮名。治所在太原府（今山西太原市）。 石敬瑭：人名。沙陀部人。五代後唐將領、後晉開國皇帝。936 年至942 年在位。紀見本書卷七五至卷八〇、《新五代史》卷八。 安重榮：人名。朔州（今山西朔州市朔城區）人。五代後唐、後晉將領。傳見本書卷九八、《新五代史》卷五一。

[8]懷：州名。治所在今河南沁陽市。 孟：州名。治所在今河南孟州市。 懷、孟：《輯本舊史》之影庫本粘籤：“原本作‘瓌盂’，今從《冊府元龜》改正。”檢《冊府》未見相關內容。但五代無瓌州、盂州，有懷州、孟州，應爲形近之誤。

[9]忻：州名。治所在今山西忻州市。 代州：州名。治所在今山西代縣。

[10]送河東充博粜之直：中華書局本有校勘記：“‘粜’，原作‘采’，據《冊府》卷四八四、《通鑑》卷二七九改。”《宋本冊府》卷四八四《邦計部·經費門》清泰二年六月乙酉條敘其事作“博糴軍儲”，《通鑑》卷二七九清泰二年六月乙酉條敘其事作“糴軍糧”，據改。按，“糴”同“粜”。

[11]北面轉運副使：官名。負責統籌租稅錢糧轉輸運送。 劉福：人名。籍貫不詳。劉贇牙將。事見本書本卷、卷一〇五。

[12]詔諸州府署醫博士：中華書局本有校勘記：“‘署’，疑當

作'置'，《册府》卷五五三載和凝清泰二年上言'請依本朝，州置醫博士'。"見《宋本册府》卷五五三《詞臣部‧獻替門二》和凝條。"置"確優於"署"。

[13]許州：五代方鎮忠武軍（匡國軍）治所，在今河南許昌市。 李從昶：人名。籍貫不詳。五代將領。傳見本書卷一三二。

彰國軍：方鎮名。治所在應州（今山西應縣）。 沙彥珣：人名。籍貫不詳。五代後唐將領。事見本書本卷、卷四八。 右神武統軍：官名。唐置六軍，分左右羽林、左右龍武、左右神武，即"北衙六軍"。興元元年（784），六軍各置統軍，以寵勳臣。五代沿之。其品秩，《唐會要》卷七一、《舊唐書》卷一二記載爲從二品，《通鑑》卷二二九記載爲從三品。

秋七月丙申，石敬瑭奏，斬挾馬都指揮使李暉等三十六人，以謀亂故也。時敬瑭以兵屯忻州，一日軍士喧譟，遽呼萬歲，乃斬暉等以止之。[1]御史中丞盧損奏："準天成二年七月敕，每月首、十五日入閤，罷五日起居。臣以爲中旬排仗，有勞聖躬，請只以月首入閤，五日起居依舊。又準天成三年五月、長興二年七月敕，許諸州節度使帶使相歲薦僚屬五人，餘薦三人，防禦、團練使薦二人，[2]今乞行釐革。又長興二年八月敕，州縣佐官差充馬步判官，[3]仍同一任，乞行止絶，依舊銜前選補。"詔曰："今後藩臣帶使相許薦三人，餘薦二人，直屬京防禦、團練使薦一人，餘並從之。"丁酉，迴紇可汗仁美遣使貢方物。[4]西京弓弩指揮使任漢權奏，六月二十一日與川軍戰於金州之漢陰，王師不利，其部下兵士除傷痍外，已至鳳翔。[5]先是，鼇屋鎮將劉贇引軍入川界，爲蜀將全師郁所敗，金州都監崔處訥重傷，諸州屯兵潰散。[6]金州防禦使馬全節收合州兵，[7]固守獲全。以樞密使劉延皓爲天雄軍節度使。甲辰，以右神武統軍沙彥珣權知雲州。乙巳，以徐州節度使張敬達充北面行營副總管。[8]時契丹入邊，石敬瑭屢請益兵，朝廷軍士多在北鄙，俄聞忻州諸軍呼譟，帝不悅，乃命敬達爲北軍之副，以減敬瑭之權也。丁巳，宰臣盧文紀等上疏，[9]其略曰：

[1]李暉：人名。瀛州束城（今河北河間市）人。五代官員。傳見本書卷一二九。　"秋七月丙申"至"乃斬暉等以止之"：《舊五代史考異》："《契丹國志》：契丹屢攻北邊，時石敬瑭將大兵屯忻州，潞王遣使賜軍士夏衣，傳詔撫諭軍士，呼萬歲者數四。敬瑭懼，幕僚段希堯請誅其倡者，敬瑭命劉知遠斬三十六人以殉。潞王聞，益疑之。"見《契丹國志》卷二《太宗嗣聖皇帝紀上》天顯九年（934）六月條。

[2]防禦：官名。唐代始置，設有都防禦使、州防禦使兩種。常由刺史或觀察使兼任，實際上爲唐代後期州或方鎮的軍政長官。

團練使：官名。唐代中期以後，於不設節度使的地區設團練使，掌本區各州軍事。

[3]馬步判官：官名。五代由牙校充任，與馬步都虞候同掌州馬步院刑獄事。北宋初沿置，太祖開寶六年（973）七月一日罷，改爲司寇參軍。

[4]迴紇：古部族名。原係突厥鐵勒部的一支。唐天寶三載（744）建立回鶻汗國，9世紀中葉，回鶻汗國瓦解。其中一支爲甘州回鶻。11世紀初，甘州回鶻爲西夏所滅。參見楊蕤《回鶻時代——10—13世紀陸上絲綢之路貿易研究》，中國社會科學出版社2015年版。　可汗：古代鮮卑、蠕蠕、突厥、回紇、蒙古等族君長的稱謂。《新唐書》卷二一五上《突厥傳上》："可汗，猶單于也，

妻曰可敦。" 仁美：人名。即藥羅葛仁美。甘州回鶻首任可汗，尊號烏母主可汗，後唐封賜英義可汗。事見《新五代史》卷五。

[5]指揮使：官名。即控鶴軍指揮使，所部統兵將領。 任漢權：人名。籍貫不詳。本書僅此一見。 金州：州名。治所在今陝西安康市。 漢陰：縣名。治所在今陝西石泉縣南漢江西南岸石泉咀附近。

[6]盩厔：縣名。治所在今陝西周至縣。 劉贇：人名。後漢宗室。其父劉崇爲後漢高祖劉知遠弟，過繼爲劉知遠養子。傳見本書卷一〇五、《新五代史》卷一八。 全師郁：人名。籍貫不詳。後唐將領。本書僅此一見。 都監：官名。唐代中葉命將出征，常以宦官爲監軍、都監。後爲臨時委任的統兵官，稱都監、兵馬都監。掌屯戍、邊防、訓練之政令。 崔處訥：人名。籍貫不詳。五代官員。本書僅此一見。

[7]金州：《輯本舊史》之影庫本粘籤："原本作'全川'，今從《歐陽史》改正。"見《新五代史》卷四七《馬全節傳》。 馬全節：人名。魏郡元城（今河北大名縣）人。五代後唐、後晉將領。傳見本書卷九〇、《新五代史》卷四七。

[8]徐州：州名。治所在今江蘇徐州市。 張敬達：人名。代州（今山西代縣）人。五代後唐將領。傳見本書卷七〇、《新五代史》卷三三。 行營副總管：官名。北面行營副長官。

[9]宰臣盧文紀等上疏：明本《册府》卷三一四《宰輔部·謀猷門四》盧文紀條詳録盧文紀疏，《通鑑》卷二七九清泰二年（935）七月丁巳條略載其疏。

臣近蒙召對，面奉天旨："凡軍國庶事，利害可否，卿等合盡言者。"臣等謬處台衡，奉行制敕，但緣事理，互有區分，軍戎不在於職司，錢穀非關於局分，苟陳異見，即類侵官。況才不濟時，識非經遠，因五日起居之例，於兩班旅見之時，略獲對敡，兼承顧問。衛士周環於階陛，庶臣羅列於殿庭，四面聚觀，十手所指，臣等苟欲各伸愚短，此時安敢敷陳。韓非昔懼於說難，孟子亦憂於言責。[1]臣竊奉本朝故事，[2]肅宗初平寇難，[3]再復寰瀛，頗經涉於艱難，尤勤勞於委任。每正衙奏事，則泛咨訪於群臣；及便殿詢謀，則獨對敡於四輔。自上元年後，於長安東內置延英殿，宰臣如有奏議，聖旨或有特宣，皆於前一日上聞。[4]對御之時，祇奉冕旒，旁無侍衛。獻可替否，得曲盡於討論；捨短從長，故無虞於漏洩。君臣之際，情理坦然。伏望聖慈，俯循故事，或有事關軍國，謀繫否臧，未果決於聖懷，要詢訪於臣輩，則請依延英故事，前一日傳宣。或臣等有所聽聞，切關利害，難形文字，須面敷敡，臣等亦依故事，前一日請開延英。當君臣奏議之時，祇請機要臣僚侍立左右。兼乞稍霽威嚴，[5]恕臣荒拙，雖乏鷹鸇之効，庶盡葵藿之心。

[1]韓非：人名。戰國時韓國人。法家主要代表人物。師事荀子。曾數次上書韓王安修明法度，不見用。著作傳入秦國，得秦王政賞識。後出使秦國，得見秦王。不久遭李斯、姚賈讒害，自殺於獄中。其學說兼採商鞅、申不害、慎到的觀點，提出法、術、勢三者結合的法治思想。主張中央集權，君主專制，强調獨尊法家。韓非思想集先秦法家之大成，著作有《韓非子》。傳見《史記》卷六三《老子韓非列傳》。參見《中國歷史大辭典·先秦史》，上海辭

書出版社 1996 年版。　孟子：人名。戰國時鄒人。儒家主要代表人物。爲子思門人。以唐、虞、三代之德遊說齊宣王、梁惠王，皆不被採納。曾遊歷齊、魏、滕、宋等國，一度爲齊宣王客卿，因主張不見用，晚年居鄒，退而與弟子萬章等著《孟子》一書。主要主張有 "仁政" "王道" "省刑罰，薄稅斂" "民爲貴，社稷次之，君爲輕" "富貴不能淫，貧賤不能移，威武不能屈" 等。有 "亞聖" 之稱。傳見《史記》卷七四《孟子荀卿列傳》。參見《中國歷史大辭典·先秦史》，上海辭書出版社 1996 年版。

[2]故事：中華書局本有校勘記："'故事'，原作'政事'，據殿本、《冊府》卷三一四改。"見明本《冊府》卷三一四《宰輔部·謀猷門四》盧文紀條。

[3]肅宗：即唐肅宗李亨。唐玄宗之子。756 年至 761 年在位。天寶十四載（755）爆發安史之亂，次年叛軍攻占潼關，唐玄宗逃往四川，其在靈武即皇帝位，遙尊唐玄宗爲太上皇。爲收復長安、洛陽，平定藩鎮的叛亂，肅宗借兵回紇。至德二載（757）收復長安、洛陽，三載迎玄宗歸長安。寶應元年（762），李輔國、程元振發動事變，殺死張皇后和越王係等，擁立太子李豫，肅宗憂驚而死。紀見《舊唐書》卷一〇、《新唐書》卷六。

[4]上元：唐高宗李治年號（674—676）。　自上元年後：《冊府》卷三一四作 "上元元年後"，《通鑑》卷二七九清泰二年七月丁巳條作 "上元以來"。　長安：地名。位於今陝西西安市。　延英殿：宮殿名。唐、五代、宋時皇宮常設之便殿，宰相以下在延英殿奏事，稱爲延英奏對。參見袁剛《延英奏對制度初探》，《北京大學學報》1989 年第 5 期。　聖旨或有特宣：《輯本舊史》之影庫本粘籤："原本作'或特有宜'，今據《冊府元龜》改正。"見《冊府》卷三一四。

[5]威嚴：《冊府》卷三一四作 "嚴顔"。

詔曰：“卿等濟代英才，鎮時碩德，或締搆於興王之日，或經綸於纘聖之時，鹽梅之任俱崇，藥石之言並切，請復延英之制，以伸議政之規。而況列聖遺芳，皇朝盛事，載詳徵引，良切歎嘉。恭惟五日起居，先皇垂範，俟百僚之俱退，召四輔以獨昇，接以温顏，詢其理道，計此時作事之意，亦昔日延英之流。[1]朕叨獲嗣承，切思遵守，將成其美，不爽兼行。其五日起居，仍令仍舊，尋常公事，亦可便舉奏聞。或事屬機宜，理當祕密，量事緊慢，不限隔日，及當日便可於閤門祗候，具牓子奏聞。請面敷敫，即當盡屏侍臣，端居便殿，佇聞高議，以慰虛懷。朕或要見卿時，亦令當時宣召，[2]但能務致理之實，何必拘延英之名。有事足可以討論，有言足可以陳述，[3]宜以沃心爲務，勿以逆耳爲虞。勉罄謀猷，以裨寡昧。”帝性仁恕，聽納不倦，嘗因朝會謂盧文紀等曰：“朕在藩時，人說唐代爲人主端拱而天下治，蓋以外恃將校，内倚謀臣，故端拱而事辦。朕荷先朝鴻業，卿等先朝舊臣，每一相見，除承奉外，略無社稷大計一言相救，坐視朕之寡昧，其如宗社何！”文紀等引咎致謝，因奏延英故事，故有是詔。

[1]延英：《輯本舊史》之影庫本粘籤：“原本脫‘英’字，今從《册府元龜》增入。”見《册府》卷三一四。

[2]當時：中華書局本有校勘記：“‘當時’，《册府》卷三一四作‘常侍’。”

[3]陳述：《輯本舊史》之影庫本粘籤：“原本作‘陳迹’，今據《册府元龜》改正。”見《册府》卷三一四。

　　八月庚午，滑州節度使高允韜卒。[1]壬申，以右衛上將軍王景戡爲左衛上將軍，以右神武統軍婁繼英爲右衛上將軍。[2]己卯，以西上閤門使、行少府少監兼通事舍人蘇繼顏爲司農卿，[3]職如故。辛巳，以權知雲州、右神武統軍沙彥珣爲雲州節度使。鄴都殺人賊陳延嗣并母、妹、妻等並棄市。[4]延嗣父子相承，與其妹、妻於諸州郡誘人殺之，而奪其財，前後被殺者數百人，至是事泄而誅之。癸未，以前潞州行軍司馬陳玄爲將作監，[5]以玄善醫，故有是命。丁亥，以洺州團練使李彥舜爲義成軍節度使、檢校太傅。[6]太原奏，達靼部族於靈丘安置。[7]己丑，以太子少保致仕戴思遠卒廢朝。[8]庚寅，以前兗州節度使楊漢章爲左神武統軍，以前邢州節度使康思立爲右神武統軍。[9]潞州奏，前雲州節度使安重霸卒。

　　[1]滑州：州名。治所在今河南滑縣。　高允韜：人名。延州（今陝西延安市）人。五代軍閥。高萬興之子。傳見本書卷一三二。
　　[2]王景戡：人名。籍貫不詳。事見本書卷三四、卷三七、卷三九、卷四〇、卷四二等。　婁繼英：人名。籍貫不詳。五代後梁至後晉將領。傳見《新五代史》卷五一。
　　[3]西上閤門使：官名。五代承唐閤門使之制，置東西上閤門使，宋沿置，爲閤門司的主官。　少府少監：官名。隋置少府監以掌百工製作，其長官亦稱少府監，次官稱少府少監。煬帝時，少監一度改稱少令。從四品下。　通事舍人：官名。東晉始置。唐代爲中書省屬官，全稱中書通事舍人。掌殿前承宣通奏。從六品上。蘇繼顏：人名。籍貫不詳。五代官員。事見本書卷四四、卷七七、卷一三二。　司農卿：官名。司農寺長官。佐司農卿掌管倉廩、籍

田、苑囿諸事。從三品上。

　　[4]陳延嗣：人名。籍貫不詳。本書僅此一見。

　　[5]潞州：州名。治所在今山西長治市。　陳玄：人名。京兆（今陝西西安市）人。醫學世家。傳見本書卷九六。　將作監：官名。秦代設將作少府，唐代改將作監，其長官即爲將作監。掌宮廷器物置辦及宮室修建事宜。從三品。

　　[6]洺州：州名。治所在今河北邯鄲市永年區。　李彥舜：人名。籍貫不詳。事見本書本卷、卷七六。　義成軍：方鎮名。亦稱永平軍。治所在滑州（今河南滑縣）。中華書局本承《輯本舊史》作“義武軍”，有校勘記：“本書卷七六《晋高祖紀二》、《通鑑》卷二八八記李彥舜爲‘前義成軍節度使’。按本卷上文，是時楊光遠爲定州義武軍節度使，朱玉龍《方鎮表》以爲‘義武’當是‘義成’之誤。”但未改。本卷上文清泰二年（935）五月，楊檀（光遠）已移鎮定州義武軍，又《新五代史》卷七《唐本紀七》清泰三年五月楊光遠仍爲“義武軍節度使”，知李彥舜不可能爲義武軍節度使。又據《輯本舊史》卷七六《晋高祖紀二》天福二年六月丙戌“以前義成軍節度使李彥舜爲左武衛大將軍”、《通鑑》卷二八八乾祐元年十月丁酉條載“王景崇遣前義成節度使酸棗李彥舜等逆蜀兵”，故改爲“義成軍”。義成軍治滑州，義武軍治定州。
　　檢校太傅：官名。爲散官或加官，以示恩寵，無實際執掌。

　　[7]太原：府名。治所在今山西太原市。　達靼：中國古代北方民族名。又譯爲達怛、達旦、達達、塔塔兒等。族名始見於唐末，原爲突厥的一族，後依附於回鶻。回鶻衰亡後，其族始强，占據陰山以北的蒙古草原，建有韃靼國。傳見《新五代史》卷七四。
　　靈丘：縣名。治所在今山西靈丘縣。

　　[8]戴思遠：人名。籍貫不詳。後梁、後唐將領。傳見本書卷六四。

　　[9]楊漢章：人名。籍貫不詳。五代將領。事見《通鑑》卷二八〇。　左神武統軍：官名。唐置六軍，分左右羽林、左右龍武、

左右神武，即“北衙六軍”。興元元年（784），六軍各置統軍，以寵勳臣。五代沿之。其品秩，《唐會要》卷七一、《舊唐書》卷一二記載爲從二品，《通鑑》卷二二九記載爲從三品。　康思立：人名。晋陽（今山西太原市）人。五代後唐將領。傳見本書卷七〇、《新五代史》卷二七。

九月己亥，以河陽節度使、侍衛馬軍都指揮使安從進爲襄州節度使，以襄州節度使趙在禮爲宋州節度使。[1]癸卯，以忠正軍節度使、侍衛步軍都指揮使宋審虔爲河陽節度使，[2]典軍如故。己酉，禮部貢院奏：[3]“進士請夜試，童子依舊表薦，重置明算、道舉。舉人落第後，別取文解。五科試紙，不用中書印，用本司印。”並從之。以宣徽南院使房暠爲刑部尚書，充樞密使；[4]以宣徽北院使、充樞密副使劉延朗爲宣徽南院使，充樞密副使。丙辰，以左僕射李愚卒廢朝。

[1]河陽：方鎮名。全稱“河陽三城”。治所在孟州（今河南孟州市）。　安從進：人名。索葛部人。五代後唐、後晋將領。傳見本書卷九八、《新五代史》卷五一。　襄州：州名。治所在今湖北襄陽市。　趙在禮：人名。涿州（今河北涿州市）人。五代後唐、後晋將領。傳見本書卷九〇、《新五代史》卷四六。　宋州：州名。治所在今河南商丘市睢陽區。

[2]忠正軍：方鎮名。治所在壽州（今安徽壽縣）。　侍衛步軍都指揮使：官名。五代時侍衛親軍最高長官，多由皇帝親信擔任。　宋審虔：人名。籍貫不詳。五代後唐官員。事見本書本卷、卷四六、卷七六、卷九〇。《舊五代史考異》：“原本脱‘虔’字，今據《通鑑》增入。”見《通鑑》卷二八〇天福元年（936）五月

辛卯條。

[3]禮部貢院：官署名。亦稱“試院”“棘院”等。科舉考試的場所和機構。始設於唐，後歷代因之。

[4]以宣徽南院使房暠爲刑部尚書，充樞密使：《舊五代史考異》：“《歐陽史》作刑部尚書房暠爲樞密使。據《薛史》，暠由宣徽南院使遷授，非先爲刑部尚書也。”見《新五代史》卷七《唐本紀七》清泰二年九月己酉條。

冬十月丁卯，幸崇道宫、甘泉亭。[1]己巳，以左衛上將軍李頔爲左領軍上將軍。[2]北面行營總管石敬瑭奏自代州歸鎮。庚午，以晉州節度使張温卒廢朝。甲戌，幸趙延壽、張延朗第。丁丑，以端明殿學士、兵部侍郎李專美爲祕書監，充宣徽北院使。庚寅，以左諫議大夫唐汭爲左散騎常侍。[3]

[1]崇道宫：宫殿名。位於今河南洛陽市。　甘泉亭：地名。位於今河南洛陽市。

[2]李頔：人名。一作“李頔”。陳州項城（今河南沈丘縣）人。李罕之之子。傳見本書卷九一。

[3]左諫議大夫：官名。隸門下省。唐代置左、右諫議大夫各四人，分隸門下省、中書省。掌諫諭得失，侍從贊相。正四品下。

唐汭：人名。籍貫不詳。五代官員。事見本書本卷、卷四五、卷七六、卷七八。　左散騎常侍：官名。門下省屬官。掌侍奉規諷，備顧問應對。正三品下。

十一月庚子，以左驍衛上將軍郝瓊爲左金吾上將軍，以光禄卿王玟爲太子賓客。[1]甲辰，[2]以徐州節度使張敬達爲晉州節度使，依前充大同、振武、威塞、彰國等軍兵馬副總管。[3]丁未，以秘書少監丁濟爲太子詹事。[4]乙卯，以前金州防禦使馬全節爲滄州留後。[5]渤海國遣使朝貢。[6]

[1]左驍衛上將軍：官名。唐代置十六衛之一。掌宮禁宿衛。從二品。　郝瓊：人名。籍貫不詳。後唐將領。事見本書本卷、卷四五、卷四六。　左金吾上將軍：官名。唐代置十六衛之一。掌宮禁宿衛。從二品。　王玟：人名。籍貫不詳。本書僅此一見。　太子賓客：官名。爲太子官屬。唐高宗顯慶元年（656）始置。掌侍從規諫、贊相禮儀。正三品。

[2]甲辰：中華書局本有校勘記："以上二字原闕，據邵本補。按是月壬辰朔，甲辰爲十三日。"其前條庚子爲九日，後二條丁未、乙卯分別爲十六日、二十四日。

[3]大同：方鎮名。治所在代州（今山西代縣）。　威塞：方鎮名。治所在新州（今河北涿鹿縣）。

[4]秘書少監：官名。唐承隋制，置秘書省，設秘書少監二人協助秘書監工作。從四品上。　丁濟：人名。籍貫不詳。本書僅此一見。　太子詹事：官名。掌領太子之詹事府，爲太子官屬之長。正三品。

[5]滄州：州名。治所在今河北滄縣舊州鎮。　留後：官名。唐、五代節度使多以子弟或親信爲留後，以代行節度使職務，亦有軍士、叛將自立爲留後者。掌一州或數州軍政。　以前金州防禦使馬全節爲滄州留後：《舊五代史考異》："《通鑑》：劉延朗欲除全節絳州刺史，群議沸騰。帝聞之，以爲橫海留後。"中華書局本有校勘記："'除'，原作'誅'，據殿本、劉本、《通鑑》卷二七九改。"見《通鑑》卷二七九清泰二年（935）十一月乙卯條。

[6]渤海國：古國名、族名。周代稱爲肅慎，漢魏稱爲挹婁，

隋唐稱爲靺鞨，分佈在今松花江、牡丹江流域及黑龍江中下游，其中以黑水部和靺鞨部最強。唐聖曆元年（698），粟末靺鞨部首領大祚榮建立震國。先天二年（713），唐封大祚榮左驍衛員外大將軍、渤海郡王，自此去靺鞨號，改稱渤海。立國二百二十九年，傳十五世。渤海與唐朝經濟、文化交流密切，有"海東盛國"之稱。遼天顯元年（926），爲遼太祖阿保機所滅，改稱東丹。遼聖宗時並入遼。金滅遼後，渤海人成爲金的屬民，漸與女真、漢人融合。　渤海國遣使朝貢：《舊五代史考異》："《歐陽史》渤海遣使者來繫於九月之後。據《薛史》則事在十一月，非九月也。"殿本案語："《歐陽史》作九月乙卯，渤海遣使者來。《五代會要》作十二月，渤海遣使列周道等入朝貢方物。俱與是書作十一月異。""列周道"，中華書局本有校勘記："原作'列周卿'，據《五代會要》卷三○改。"見《會要》卷三○渤海條清泰二年十二月記事、《新五代史》卷七《唐本紀七》清泰二年九月乙卯條。

　　十二月戊辰，禁用鉛錢。壬申，[1]以中書侍郎兼兵部尚書、充樞密使韓昭胤爲檢校司空、同平章事，充河中節度使。[2]甲戌，以宗正少卿李延祚爲將作監致仕。[3]丁丑，故武安軍節度使、累贈太傅劉建峰贈太尉，[4]從湖南之請也。[5]戊寅，太常奏："來年正月一日上辛，祀昊天上帝於圜丘，[6]依禮大祠不朝。"詔曰："祀事在質明前，儀仗在日出後，事不相妨，宜依常年受朝。"壬午，以翰林學士承旨、户部侍郎程遜爲兵部侍郎，[7]翰林學士、工部侍郎崔梲爲户部侍郎，[8]翰林學士、中書舍人和凝爲工部侍郎，[9]並依前充職。乙酉，以前秘書監楊凝式爲兵部侍郎。己丑，以前同州節度使馮道爲司空，[10]以尚書右僕射劉昫爲左僕射，[11]以太子少師盧質爲右僕射，[12]以兵部侍郎馬縞兼國子祭酒。[13]《永樂大典》卷七千一百七十四。[14]

[1]壬申：中華書局本有校勘記："原作'壬辰'，據殿本、劉本改。影庫本粘籤：'壬辰，以前後干支推之，當作壬申。'按是月壬戌朔，無壬辰，壬申爲十一日。"亦見《通鑑》卷二七九清泰二年（935）十二月壬申條。

[2]檢校司空：官名。爲散官或加官，以示恩寵，無實際執掌。河中：方鎮名。治所在河中府（今山西永濟市）。

[3]宗正少卿：官名。唐、五代宗正寺次官。通判本寺事務。從四品上。 李延祚：人名。籍貫不詳。本書僅此一見。

[4]武安軍：方鎮名。治所在潭州（今湖南長沙市）。 劉建峰：人名。蔡州朗山（今河南確山縣）人。唐末、五代將領。傳見《新唐書》卷一九〇。"建峰"，《輯本舊史》之影庫本粘籤："原本作'逮崇'，今從《新唐書》改正。"《舊唐書》卷二〇上《昭宗紀上》乾寧三年（896）四月壬午條，《新唐書》卷一〇《昭宗紀》乾寧元年五月條、卷一九〇《劉建鋒傳》及《通鑑》卷二六〇乾寧二年四月戊戌條均作"劉建鋒"。《宋本冊府》卷一七九，明本《冊府》卷四〇九《將帥部·退讓門二》張佶條、卷八一四《總錄部·讓門》張佶條作"劉建峰"。 太尉：官名。與司徒、司空並爲三公，唐後期、五代時多爲大臣、勳貴加官。正一品。 故武安軍節度使、累贈太傅劉建峰贈太尉：中華書局本有校勘記："'武安軍'下原有'州'字，據《冊府》卷一七九、《新唐書》卷一九〇《劉建鋒傳》刪。"見《宋本冊府》卷一七九《帝王部·姑息門四》清泰二年十二月條、《新唐書》卷一九〇《劉建鋒傳》。

[5]湖南：方鎮名。又稱武安軍節度。治所在潭州（今湖南長沙市）。

[6]昊天上帝：昊天爲天之總神。上帝爲南郊所祭受命帝。

《周禮·春官·大宗伯》："以禋祀祀昊天上帝。"鄭玄注："昊天上帝，冬至於圜丘所祀天皇大帝。"　圜丘：帝王祭天的祭壇。又作"圓丘"。《周禮·春官·大司樂》："冬日至，於地上之圜丘奏之。"賈公彥疏："案《爾雅》：土之高者曰丘。取自然之丘。圜者，象天圜。"

　　[7]翰林學士承旨：官名。爲翰林學士之首。掌拜免將相、號令征伐等詔令的起草。《舊唐書·職官志二·翰林院》："例置學士六人，内擇年深德重者一人爲承旨，所以獨承密命故也。"　程遜：人名。壽春（今安徽壽縣）人。五代官員。傳見本書卷九六。中華書局本有校勘記："原作'程遂'，據本書卷四三《唐明宗紀九》、卷四六《唐末帝紀上》、卷七六《晋高祖紀二》改。按本書卷九六有《程遜傳》。"見《輯本舊史》卷四三《唐明宗紀九》長興三年（928）十二月壬戌條、卷四六《唐末帝紀上》清泰元年八月乙亥條、卷七六《晋高祖紀二》天福二年（937）五月戊寅、十一月甲戌等條。

　　[8]工部侍郎：官名。尚書省工部次官。協助尚書掌管百工山澤水土之政令，考其功以詔賞罰，總所統各司之事。正四品下。崔梲：人名。安平（今河北安平縣）人。唐末刑部郎中崔涿之子，五代官員。傳見本書卷九三、《新五代史》卷五五。《舊五代史考異》："原本訛'崔稑'，今據《歐陽史》改正。"見《新五代史》卷五五《崔梲傳》。

　　[9]中書舍人：官名。中書省屬官。掌起草文書、呈遞奏章、傳宣詔命等。正五品上。　和凝：人名。鄆州須昌（今山東東平縣）人。後晋宰相。傳見本書卷一二七、《新五代史》卷五六。

　　[10]馮道：人名。瀛州景城（今河北滄縣）人。五代時官拜宰相，歷仕後唐至後周，亦曾臣服於契丹。傳見本書卷一二六、《新五代史》卷五四。　司空：官名。與太尉、司徒並爲三公。唐後期、五代時多爲大臣、勳貴加官。正一品。　以前同州節度使馮道爲司空：《通鑑》卷二七九繫馮道除官事於清泰二年十二月乙

酉條。

　　[11]劉昫：人名。涿州歸義（今河北容城縣）人。五代大臣，曾任宰相、監修國史，領銜撰進《舊唐書》。傳見本書卷八九、《新五代史》卷五五。　左僕射：官名。秦始置。隋唐前期，以左、右僕射佐尚書令總理六官、綱紀庶務；如不置尚書令，則總判省事，爲宰相之職。唐後期多爲大臣加銜。從二品。

　　[12]太子少師：官名。與太子少傅、太子少保合稱“太子三少”，唐後期、五代時多爲大臣、勳貴加官。從二品。　盧質：人名。河南（今河南洛陽市）人。五代大臣。傳見本書卷九三、《新五代史》卷五六。　右僕射：中華書局本有校勘記：“‘右’，原作‘左’，據殿本、邵本校、本書卷九三《盧質傳》改。”《輯本舊史》九三《盧質傳》載“清泰末，復爲右僕射”。

　　[13]馬縞：人名。籍貫不詳。五代官員。傳見本書卷七一、《新五代史》卷五五。　國子祭酒：官名。國子監的主管官。掌教授生徒。從三品。

　　[14]《大典》卷七一七四“唐”字韻“廢帝潞王（一）”事目。

舊五代史　卷四八

唐書二十四

末帝紀下

清泰三年春正月辛卯朔,[1]帝御文明殿受朝賀,[2]仗
衛如式。乙未，百濟遣使獻方物。[3]戊戌，幸龍門佛寺
祈雪。[4]癸卯，以給事中、充樞密院直學士吕琦爲端明
殿學士，以六軍諸衛判官、尚書工部郎中薛文遇爲樞密
院直學士。[5]乙巳，以上元夜京城張燈，帝微行，置酒
於趙延壽之第。[6]丁未，皇子河南尹、判六軍諸衛事重
美封雍王。[7]己未，以前司農卿王彦鎔爲太僕卿。

[1]清泰：五代後唐廢帝李從珂年號（934—936）。
[2]文明殿：宮殿名。位於今河南洛陽市。爲五代洛陽宮城的
正殿，大朝會、大册拜等禮儀活動在此舉行。
[3]百濟：朝鮮古國。此處指後百濟。892 年，新羅國將領甄
萱叛亂，900 年稱王，建立百濟國，史稱後百濟。936 年，爲高麗
所滅。

[4]龍門：地名。位於今河南洛陽市。因兩山相對如闕，伊河從中流過，又名伊闕。唐以後習稱龍門。

[5]給事中：官名。秦始置。隋唐以來，爲門下省屬官。掌讀署奏抄，駁正違失。正五品上。　樞密院直學士：官名。五代後唐同光元年（923），改直崇政院置，選有政術文學者充任。充皇帝侍從，備顧問應對。　吕琦：人名。幽州安次（今河北廊坊市）人。後唐、後晉大臣。傳見本書卷九二、《新五代史》卷五六。　端明殿學士：官名。後唐明宗始置，以翰林學士充任，負責誦讀四方書奏。　六軍諸衛判官：官名。唐代置六軍諸衛，以判六軍諸衛事爲禁軍六軍與諸衛的最高統帥。判官爲其屬官。　尚書工部郎中：官名。尚書省屬官，位在侍郎之下、員外郎之上。主持尚書省工部之工部司事務。從五品上。　薛文遇：人名。籍貫不詳。五代大臣。事見本書本卷及《通鑑》卷二七九、卷二八〇。　以六軍諸衛判官、尚書工部郎中薛文遇爲樞密院直學士：《新五代史》卷二七《劉延朗傳》載廢帝即位後，“薛文遇亦爲職方郎中、樞密院直學士”。

[6]趙延壽：人名。常山（今河北正定縣）人，本姓劉，爲後唐將領趙德鈞養子。仕至後唐樞密使，遼朝幽州節度使、燕王。傳見本書卷九八、《遼史》卷七六。

[7]河南尹：官名。唐開元元年（713）改洛州爲河南府，治所在今河南洛陽市，河南府尹總其政務。從三品。　判六軍諸衛事：官名。後唐沿唐代舊制，置六軍諸衛，以判六軍諸衛事爲禁軍六軍與諸衛的最高統帥。　重美：人名。即李重美。後唐廢帝李從珂之子。傳見本書卷五一、《新五代史》卷一六。　雍王：《輯本舊史》之影庫本粘籤：“原本作‘壅王’，今從《歐陽史》改正。”見《新五代史》卷七《唐本紀七》清泰三年（936）正月丁未條，亦見於《通鑑》卷二八〇天福元年（936）正月丁未條。

　　二月戊辰，吐渾寧朔、奉化兩府留後李可久加檢校司徒。[1]可久本姓白氏，前朝賜姓。庚午，監修國史姚顗，史官張昭遠、李詳、吳承範等修撰《明宗實錄》三十卷上之。[2]以大理卿竇維爲光祿卿，以前許州節度判官張登爲大理卿。[3]丁丑，以太常卿李鏻爲兵部尚書，以兵部尚書梁文矩爲太常卿。[4]庚辰，以前鄜州節度使皇甫立爲潞州節度使。[5]辛巳，以前均州刺史仇暉爲左威衛上將軍，保順軍節度使鮑君福加檢校太尉、同平章事。[6]丁亥，以昭義節度使安元信卒廢朝。

　　[1]寧朔：羈縻府。治所在今河北蔚縣。　奉化：羈縻府。治所在今河北蔚縣。中華書局本有校勘記：“‘奉化’二字原闕，據《册府》卷九七六、《五代會要》卷二八補。”見《宋本册府》卷九七六《外臣部‧褒異門二》清泰三年（936）二月戊辰條。《會要》卷二八吐渾條清泰三年二月記事載“以寧朔、奉化兩府留後白可久超授檢校司徒”，白可久即李可久。　留後：官名。唐、五代節度使多以子弟或親信爲留後，以代行節度使職務，亦有軍士、叛將自立爲留後者。掌一州或數州軍政。　李可久：人名。又作“白可久”。吐谷渾人。白承福之子。事見本書卷八四、卷一一一，《新五代史》卷八、卷七四。　檢校司徒：官名。爲散官或加官，以示恩寵，無實際執掌。

　　[2]監修國史：官名。北齊始置史館，以宰相爲之。唐史館沿置，爲宰相兼職。　姚顗：人名。京兆萬年（今陝西西安市長安區）人。唐末進士，五代後梁至後晉大臣。傳見本書卷九二、《新五代史》卷五五。　張昭遠：人名。滄州無棣（今山東慶雲縣）人。五代、宋朝官員。傳見《宋史》卷三二六。　李詳：人名。籍貫不詳。五代後唐至後周官員，歷任左補闕、中書舍人、尚書右

丞、吏部侍郎。事見本書卷四二、卷七七、卷八四、卷一一一。中華書局本有校勘記："原作'李祥'，據《册府》卷五五四、卷五五七改。本卷下一處同。"見《輯本舊史》卷八一《晋少帝紀一》天福八年（943）五月辛卯條、卷八四《晋少帝紀四》開運三年（946）七月壬辰條、《宋本册府》卷五五〇《詞臣部·恩獎門》李懌條、卷五五四《國史部·恩獎門》姚顗條、卷五五七《國史部·採撰門三》姚顗條。《舊五代史考異》："《五代會要》：同修撰官中書舍人張昭遠、李祥，直館左拾遺吳承範，右拾遺楊昭儉等，各頒賚有差。"見《會要》卷一八修國史條清泰三年二月記事，作"李祥"。　吳承範：人名。魏州（今河北大名縣）人。後唐、後晋官員。傳見本書卷九二。

[3]大理卿：官名。爲大理寺長官。負責大理寺的具體事務，掌邦國折獄詳刑之事。從三品。　竇維：人名。籍貫不詳。後唐官員。事見本書本卷、卷四五。　光禄卿：官名。南朝梁天監七年（508）改光禄勳置，隋、唐沿置。掌宫殿門户、帳幕器物、百官朝會膳食等。從三品。　許州：州名。治所在今河南許昌市。　節度判官：官名。唐末、五代藩鎮僚佐，位行軍司馬下。　張登：人名。籍貫不詳。本書僅此一見。　以前許州節度判官張登爲大理卿：中華書局本有校勘記："本書卷七八《晋高祖紀四》、《册府》卷五五九、卷六〇七有'大理卿張澄'，疑即其人。"見《輯本舊史》卷七八《晋高祖紀四》天福四年正月乙卯條、《宋本册府》卷五五九《國史部·論議門》曹國珍條、明本《册府》卷六〇七《學校部·撰集門》曹國珍條。

[4]太常卿：官名。太常寺長官。掌宗廟禮儀。正三品。　李鏻：人名。唐朝宗室。五代大臣。傳見本書卷一〇八、《新五代史》卷五七。　兵部尚書：官名。尚書省兵部主官。掌兵衛、武選、車輦、甲械、厩牧之政令。正三品。　梁文矩：人名。鄆州（今山東東平縣）人。五代後梁至後晋官員。傳見本書卷九二。

[5]鄜州：州名。治所在今陝西富縣。　節度使：官名。唐時

在重要地區所設掌握一州或數州軍、民、財政的長官。　皇甫立：人名。代北（今山西代縣）人。五代後唐至後漢官員。傳見本書卷一〇六。　潞州：州名。治所在今山西長治市。

[6]均州：州名。治所在今湖北丹江口市。　刺史：官名。漢武帝時始置。州一級行政長官，總掌考覈官吏、勸課農桑、地方教化等事。唐中期以後，節度、觀察使轄州而設，刺史爲其屬官，職任漸輕。從三品至正四品下。　仇暉：人名。籍貫不詳。五代官員。事見本書本卷。　左威衛上將軍：官名。唐置，掌宫禁宿衛。唐代置十六衛，即左右衛、左右驍衛、左右武衛、左右威衛、左右領軍衛、左右金吾衛、左右監門衛、左右千牛衛。各置上將軍，從二品；大將軍，正三品；將軍，從三品。　保順軍：方鎮名。治所在洮州（今甘肅臨潭縣）。《輯本舊史》之影庫本粘籤："保順，原本作'任順'；君福，原本作'居福'。今俱從《十國春秋》改正。"見清人吳任臣《十國春秋》卷八四《吳越·鮑君福傳》。又見《輯本舊史》卷四四《明宗紀十》長興四年（933）十一月辛巳條、卷七八《晉高祖紀四》天福四年九月己卯條、卷七九《晉高祖紀五》天福五年十二月壬辰條。　鮑君福：人名。餘姚（今浙江杭州市）人。五代十國吳越國將領。事見《十國春秋》卷八四。

檢校太尉：官名。爲散官或加官，以示恩寵，無實際執掌。太尉，與司徒、司空並爲三公。　同平章事：官名。唐高宗以後，凡實際任宰相之職者，常在其本官後加同平章事的職銜。後成爲宰相專稱。

三月庚子，[1]中書門下奏：[2]"準閤門分析内外官辭見謝規例：諸州判官、軍將進奉到闕，舊例門見門辭；今後只令朝見，依舊門辭。新除諸道判官、書記以下，無例中謝，並放謝放辭，得替到京無例見；今後兩使判官許中謝，赴任即門辭，其書記以下並依舊例。朝臣文五品、武四品以上舊例中謝，其以下無例對謝；今請依天成四年正月敕，[3]凡升朝官並許中謝。諸道都押衙、馬步都指揮、虞候、鎮將、諸色場院，[4]無例謝辭，並進牓子放謝放辭，得替到闕，無例入見。在京鹽麴稅官、兩軍巡即許中謝，[5]新除令、錄並中謝，次日門辭，兼有口敕誡勵。文武兩班所差弔祭使及告廟祠祭，只正衙辭，不赴內殿。諸道進奏官到闕，見，得假，進牓子，放門辭。"[6]從之。辛丑，權知福建節度使王昶奏，節度使王延鈞以去年十月十四日卒。[7]是時延鈞父子雖僭竊於閩嶺，猶稱藩於朝廷，故有是奏。甲辰，以右神武統軍楊漢章爲彰武軍節度使。[8]丙午，以翰林學士、禮部侍郎馬胤孫爲中書侍郎、同平章事。[9]丁巳，以端明殿學士呂琦爲御史中丞。[10]戊午，御史中丞盧損責授右贊善大夫，知雜侍御史韋梲責授太僕寺丞，侍御史魏遜責授太府寺主簿，侍御史王岳責授司農寺主簿。[11]初，延州保安鎮將白文審聞兵興岐下，[12]專殺郡人趙思謙等十餘人，[13]已伏其罪，復下臺追繫推鞫，未竟。會去年五月十二日德音，除十惡五逆、放火殺人外並放。盧損輕易即破械釋文審，[14]帝大怒，收文審誅之。臺司稱奉德音釋放，不得追領祇證。中書詰云，德音言"不在追窮枝蔓"，無"不得追領祇證"六字，擅改敕語。大理斷以失出罪人論，[15]故有是命。是月，有蛇鼠鬭於師子門外，[16]鼠生而蛇死。

[1]三月庚子：中華書局本有校勘記："'月'，原作'日'，據殿本、邵本校、《冊府》卷一〇八、《五代會要》卷六改。"見《會

要》卷六雜録條清泰三年（936）三月記事、明本《册府》卷一〇八《帝王部・朝會門二》清泰三年三月庚子條。

[2]中書門下：官署名。唐代以來爲宰相處理政務的機構。參見劉後濱《唐代中書門下體制研究——公文形態・政務運行與制度變遷》，齊魯書社 2004 年版。

[3]天成：後唐明宗李嗣源年號（926—930）。

[4]都押衙：官名。"押衙"即"押牙"。唐、五代時期節度使辟署的屬官，有稱左、右都押衙或都押衙者。掌領方鎮儀仗侍衛、統率軍隊。參見劉安志《唐五代押牙（衙）考略》，武漢大學歷史系魏晋南北朝隋唐史研究室編《魏晋南北朝隋唐史資料》第 16 輯，武漢大學出版社 1998 年版。　馬步都指揮：官名。唐五代方鎮高級軍官。　虞候：官名。唐五代方鎮高級軍官。

[5]在京鹽麯税官、兩軍巡即許中謝："兩軍巡"，中華書局本有校勘記："'兩軍巡'，原作'兩官巡'，據《册府》卷一〇八改。《五代會要》卷六作'兩軍巡使'。"見《會要》卷六雜録條、《册府》卷一〇八。

[6]放門辭：中華書局本有校勘記："'放'字原闕，據《册府》卷一〇八、《五代會要》卷六補。"見《會要》卷六雜録條、《册府》卷一〇八。

[7]福建：方鎮名。治所在今福建福州市。　王昶：人名。原名王繼鵬。五代十國南閩國君。傳見本書卷一三四、《新五代史》卷六八。　王延鈞：人名。即王鏻。王審知次子，五代十國南閩國君。傳見本書卷一三四、《新五代史》卷六八。　節度使王延鈞以去年十月十四日卒：《通鑑》卷二七九繫王延鈞卒日於清泰二年十月庚辰，清泰二年十月壬戌朔，庚辰爲爲十九日，與《薛史》異。

[8]右神武統軍：官名。唐置六軍，分左右羽林、左右龍武、左右神武，即"北衙六軍"。興元元年（784），六軍各置統軍，以寵勳臣。五代沿之。其品秩，《唐會要》卷七一、《舊唐書》卷一二記載爲從二品；《通鑑》卷二二九記載爲從三品。　楊漢章：人

名。籍貫不詳。五代將領。事見《通鑑》卷二八〇。　彰武軍：方鎮名。治所在延州（今陝西延安市）。

[9]翰林學士：官名。由南北朝始設之學士發展而來，唐玄宗改翰林供奉爲翰林學士，備顧問，代王言。掌拜免將相、號令征伐等詔令的起草。　禮部侍郎：官名。尚書省禮部次官。協助禮部尚書掌禮儀、祭享、貢舉之政。正四品下。　馬胤孫：人名。一作“馬裔孫”。棣州滴河（今山東商河縣）人。後唐進士、宰相。傳見本書卷一二七、《新五代史》卷五五。中華書局本從《輯本舊史》作“馬裔孫”，應爲避清雍正帝諱改，今據明本《册府》卷三三五《宰輔部·不稱門》馬胤孫條、《新五代史》卷七《唐本紀七·廢帝紀》清泰三年三月丙午條、《通鑑》卷二八〇天福元年（936）三月丙午條回改。　中書侍郎：官名。中書省副長官。唐後期三省長官漸爲榮銜，中書、門下侍郎却因參議朝政而職位漸重，常常用爲以“同三品”或“同平章事”任宰相者的本官。正三品。

[10]以端明殿學士吕琦爲御史中丞：《舊五代史考異》：“《通鑑》，吕琦與李崧建和親契丹之策，爲薛文遇所沮，改爲御史中丞，蓋疏之也。”見《通鑑》卷二八〇天福元年三月丁巳條。

[11]御史中丞：官名。如不置御史大夫，則爲御史臺長官。掌司法監察。正四品下。　盧損：范陽涿縣（今河北涿州市）人。後梁、後唐官員。　右贊善大夫：官名。即太子右贊善大夫。掌規諫太子過失、贊相禮儀等事。正五品。　知雜侍御史：官名。即侍御史知雜事。唐置，以資深御史充任，總管御史臺庶務。五代沿置。韋税：人名。籍貫不詳。五代官員。事見本書本卷、卷七六。中華書局本有校勘記：“原作‘韋税’，據《册府》卷五二一（宋本）、卷五二二改。”見《宋本册府》卷五二一《憲官部·不稱門》盧損條、卷五二二《憲官部·譴讓門》崔協條。　太僕寺丞：官名。北齊始置太僕寺。後世沿用。丞爲太僕寺卿的佐官，掌衙署内部事務。從六品上。　侍御史：官名。秦始置。掌糾舉百官，推鞫獄訟。從六品下。　魏遜：人名。籍貫不詳。本書僅此一見。　太

府寺主簿：官名。太府寺卿佐官。掌太府寺簿書及用印。從七品
上。　王岳：人名。籍貫不詳。本書僅此一見。　司農寺主簿：官
名。司農寺卿佐官。掌印，署抄目，勾檢稽失。從七品上。

[12]延州：州名。治所在今陝西延安市。　保安鎮：地名。位
於今陝西志丹縣。　白文審：人名。籍貫不詳。保安鎮將。事見本
書本卷。

[13]趙思謙：人名。籍貫不詳。本書僅此一見。

[14]盧損：人名。范陽（今河北涿州市）人。唐末、五代官
員。傳見本書卷一二八、《新五代史》卷五五。

[15]大理：官署名。掌邦國折獄詳刑之事。

[16]師子門：城門名。位於今河南洛陽市。

　　夏四月己未朔，以左衛上將軍王景戡爲左神武統
軍，以左領軍上將軍李頃爲華清宮使。[1]戊辰，以太子
詹事盧演爲工部尚書致仕。[2]辛未，以中書舍人、史館
修撰張昭遠爲禮部侍郎，以前滄州節度使李金全爲右領
軍上將軍。[3]是月，有熊入京城搏人。

　　[1]左衛上將軍：官名。唐代置十六衛之一。掌宮禁宿衛。從
二品。　王景戡：人名。籍貫不詳。事見本書卷三四、卷三七、卷
三九、卷四〇、卷四二等。　左神武統軍：官名。唐置六軍，分左
右羽林、左右龍武、左右神武，即“北衙六軍”。興元元年
（784），六軍各置統軍，以寵勳臣。五代沿之。其品秩，《唐會要》
卷七一、《舊唐書》卷一二記載爲從二品，《通鑑》卷二二九記載
爲從三品。　左領軍上將軍：官名。唐代置十六衛之一。掌宮禁宿
衛。從二品。“領軍”，《輯本舊史》之影庫本粘籤：“原本作‘衡
軍’，今從《薛史》列傳改正。”“左領軍”，中華書局本作“右領
軍”，校勘記：“‘右’，本書卷四七《唐末帝紀中》作‘左’。”《輯

本舊史》卷四七《唐末帝紀中》清泰二年（935）十月己巳條載
"以左衛上將軍李頙爲左領軍上將軍"，又卷九一《李頙傳》"（晉）
高祖即位之二年，加特進、檢校太尉、右領軍衛上將軍"、卷七八
《晉高祖紀四》天福四年（939）七月癸卯"以華清宮使李頙爲右
領軍衛上將軍"、卷七九《晉高祖紀五》天福六年六月壬寅"右領
衛上將軍李頙卒，贈太師"。知李頙授右領軍衛上將軍乃晉高祖天
福年間事，故改。　李頙：人名。一作"李頋"。陳州項城（今河
南沈丘縣）人。李罕之之子。傳見本書卷九一。

　　[2]太子詹事：官名。掌領太子之詹事府，爲太子官屬之長。
正三品。　盧演：人名。籍貫不詳。本書僅此一見。　工部尚書：
官名。尚書省工部主官。掌百工、屯田、山澤之政令。正三品。

　　[3]中書舍人：官名。中書省屬官。掌起草文書、呈遞奏章、
傳宣詔命等。正五品上。　史館修撰：官名。北齊始置史館。唐初
隸秘書省著作局。唐貞觀三年（629）移於禁中，隸門下省。修本
朝史由史官負責，修前代史多由他官編纂，宰相監修，正式確立史
館修史、宰相監修之制。開元二十五年（737），徙史館於中書省。
天寶後，他官兼領史職者，謂之史館修撰，初入者爲直館。　滄
州：州名。治所在今河北滄縣舊州鎮。　李金全：人名。吐谷渾
族，早年爲後唐明宗李嗣源奴僕，驍勇善戰，因功升遷。後晉時封
安遠軍節度使，後投奔南唐。傳見本書卷九七、《新五代史》卷四
八。　右領軍上將軍：官名。唐代置十六衛之一。掌宮禁宿衛。從
二品。

　　五月辛卯，以河東節度使、兼大同彰國振武威塞等
軍蕃漢馬步總管、檢校太師、兼中書令、駙馬都尉石敬
瑭爲鄆州節度使，進封趙國公。[1]以河陽節度使、充侍
衛馬步軍都指揮使宋審虔爲河東節度使。[2]甲午，以前
晉州節度使、大同彰國振武威塞等軍蕃漢副總管張敬達

充西北面蕃漢馬步都部署，[3]落副總管。乙未，詔："諸州兩使判官、畿赤令有闕，取省郎中、員外、補闕、拾遺、三丞、五博、少列宮僚，[4]選擇擢任。"以忠正軍節度使、侍衛步軍都指揮使張彥琪爲河陽節度使，充侍衛馬軍都指揮使；以彰聖都指揮使、饒州刺史符彥饒爲忠正軍節度使，充侍衛步軍都指揮使。[5]丙申，以雍王重美與汴州節度使范延光結婚，詔充王從溫主之。[6]丁酉，以國子祭酒馬縞卒廢朝。[7]戊戌，昭義奏，河東節度使石敬瑭叛。[8]以鴻臚卿兼通事舍人、判四方館王景崇爲衛尉卿，充引進使。[9]壬寅，削奪石敬瑭官爵，便令張敬達進軍攻討。乙巳，以晉州節度使張敬達爲太原四面兵馬都部署，尋改爲招討使；以河陽節度使、侍衛馬軍都指揮使張彥琪爲太原四面馬步軍都指揮使；以邢州節度使安審琦爲太原四面馬軍都指揮使；以陝州節度使相里金爲太原四面步軍都指揮使；以右監門上將軍武廷翰爲壕寨使。[10]丙午，以定州節度使楊光遠爲太原四面兵馬副部署、兼馬步都虞候，尋改爲太原四面副招討使，都虞候如故；以前彰武軍節度使高行周爲太原四面招撫兼排陣使。[11]初，帝疑河東有異志，與近臣語及其事，帝曰："石郎與朕近親，在不疑之地，流言毀譽，朕心自明，萬一失歡，如何和解？"左右皆不對。翌日，欲移石敬瑭於鄆州，房暠等堅言不可，司天監趙延乂亦言星辰失度，[12]尤宜安靜，由是稍緩其事。會薛文遇獨宿於禁中，帝召之，諭以太原之事。文遇奏曰："臣聞作舍於道，三年不成，國家利害，斷自宸旨。以臣料之，石敬瑭除亦叛，不除亦叛，不如先事圖之。"帝喜曰：
"聞卿此言，豁吾憤氣。"先是，有人言國家明年合得一
賢佐主謀，平定天下，帝意亦疑賢佐者屬在文遇，即令
手書除目，子夜下學士院草制。翌日，宣制之際，兩班
失色。居六七日，敬瑭上章云："明宗社稷，陛下纂承，
未契輿情，宜推令辟。許王先朝血緒，養德皇闈，儻循
當璧之言，免負鬩牆之議。"帝覽奏不悅，手攘抵地，
召馬胤孫草詔報曰："父有社稷，傳之於子；君有禍難，
倚之於親。卿於鄂王，故非疏遠。往歲衛州之事，天下
皆知；今朝許王之言，人誰肯信！英賢立事，安肯如
斯"云。戊申，張敬達奏，西北面先鋒都指揮使安審信
率雄義左第二指揮二百二十七騎，並部下共五百騎，剽
劫百井，叛入太原。[13]又奏，大軍已至太原城下。詔安
審信及雄義兵士妻男並處斬，家產沒官。先是，雄義都
在代州屯戍，[14]其指揮使安元信謀殺代州刺史張朗，[15]
事洩，戍兵自潰，奔安審信軍，審信與之入太原。太常
奏，於河南府東權立宣憲太后寢宮，從之。[16]己酉，振
武節度使安叔千奏，西北界巡檢使安重榮驅掠戍兵五百
騎叛入太原。[17]以新授河東節度使宋審虔爲宣州節度
使[18]，充侍衛馬軍都指揮使。壬子，鄆都屯駐捧聖都
虞候張令昭逐節度使劉延皓，[19]據城叛。翌日，令昭召
副使邊仁嗣已下，[20]逼令奏請節旄。

[1]河東：方鎮名。治所在太原（今山西太原市）。　大同：
方鎮名。治所在代州（今山西代縣）。　彰國：方鎮名。治所在應
州（今山西應縣）。　振武：方鎮名。後梁貞明二年（916）以前，

治所位於單于都護府城（今内蒙古和林格爾縣）。貞明二年單于都護府城爲契丹占據。此後至後唐清泰三年（936），治所位於朔州（今山西朔州市朔城區）。後晉時隨燕雲十六州割予契丹，改名順義軍。　威塞：方鎮名。治所在新州（今河北涿鹿縣）。　蕃漢馬步總管：官名。五代後唐置，爲蕃漢馬步軍總指揮官。　檢校太師：官名。爲散官或加官，以示恩寵，無實際執掌。　中書令：官名。漢代始置，隋、唐前期爲中書省長官，屬宰相之職；唐後期多爲授予元勳大臣的虛銜。正二品。　駙馬都尉：官名。漢武帝時始置，魏晉以後，公主夫婿多加此稱號。從五品下。　石敬瑭：人名。沙陀部人。五代後唐將領、後晉開國皇帝。936年至942年在位。紀見本書卷七五至八○、《新五代史》卷八。　鄆州：州名。治所在今山東東平縣。　"以河東節度使"至"進封趙國公"：《舊五代史考異》："《歐陽史·廢帝紀》于五月以前即書石敬瑭反，與《晉本紀》自相矛盾。據《薛史》，五月辛卯始移敬瑭于鄆州，戊戌始聞拒命也。《五代春秋》《通鑑》俱與《薛史》同。"見《五代春秋》卷下後唐末帝條，《通鑑》卷二八○天福元年（936）五月辛卯、甲午、戊戌條。

[2]河陽：方鎮名。全稱"河陽三城"。治所在孟州（今河南孟州市）。　馬步軍：中華書局本有校勘記："'馬步軍'，《通鑑》卷二八○作'馬軍'。"見《通鑑》卷二八○天福元年五月戊申條。

都指揮使：官名。唐末、五代軍隊多置都指揮使、指揮使，爲統兵將領。　宋審虔：人名。籍貫不詳。五代後唐官員。事見本書本卷、卷四六。

[3]晉州：州名。治所在今山西臨汾市。　蕃漢副總管：官名。北面行營副長官。　張敬達：人名。代州（今山西代縣）人。五代後唐將領。傳見本書卷七○、《新五代史》卷三三。　蕃漢馬步都部署：官名。五代後唐始置，爲臨時委任的大軍區統帥。掌管屯戍、攻防等事務。

[4]取省郎中、員外、補闕、拾遺、三丞、五博、少列宮僚：

中華書局本沿《輯本舊史》作“取省郎、遺、補、丞、博、少列、宮僚”，並引《輯本舊史》之案語：“以上疑有脫誤。”《會要》卷一三起請雜錄條載清泰三年五月敕、《輯本舊史》卷一四九《職官志·釐革》清泰三年五月乙未條、《宋本册府》卷六三三《銓選部·條制門五》清泰三年四月詔均作：“取郎中、員外，補闕、拾遺，三丞、五博，少列宮僚，選擇擢任。”今據補。

　　[5]忠正軍：方鎮名。治所在壽州（今安徽壽縣）。　張彦琪：人名。籍貫不詳。事見本書本卷、卷一一〇。　饒州：州名。治所在今江西鄱陽縣。　符彦饒：人名。陳州宛丘（今河南淮陽縣）人。符存審次子。五代後唐、後晉將領。傳見本書卷九一、《新五代史》卷二五。

　　[6]汴州：州名。治所在今河南開封市。　范延光：人名。相州臨漳（今河北臨漳縣）人。五代後唐、後晉將領。傳見本書卷九七、《新五代史》卷五一。　從温：人名。即李從温。後唐明宗之侄。傳見本書卷八八、《新五代史》卷一五。

　　[7]國子祭酒：官名。古代國子學或太學長官。晉武帝司馬炎始置。掌邦國儒學訓導之政令，領太學、國子學及國子監所屬各學。從三品。　馬縞：人名。籍貫不詳。五代官員。傳見本書卷七一、《新五代史》卷五五。

　　[8]昭義：方鎮名。又稱澤潞。治所在潞州（今山西長治市）。《輯本舊史》之影庫本粘籤：“昭義，原本作‘達義’，今從《通鑑》增入。”《舊五代史考異》：“《通鑑》作昭義節度使皇甫立奏，石敬瑭叛。”見《通鑑》卷二八〇天福元年五月戊戌條。石敬瑭十一月始改元天福，稱帝，該年亦爲唐清泰三年。

　　[9]鴻臚卿：官名。秦時稱典客，漢初改大行令，漢武帝時改大鴻臚，北齊置鴻臚寺，以鴻臚寺卿爲主官，後代沿置。掌四夷朝貢、宴飲賞賜、送迎外使等禮儀活動。從三品。　通事舍人：官名。東晉始置。唐代時爲中書省屬官，全稱中書通事舍人。掌殿前承宣通奏。從六品上。　判四方館：官名。隋始置四方館，以通事

謁者爲主官。唐、五代沿置，以通事舍人或判四方館事爲主官。掌四方往來及互市事務。　王景崇：人名。邢州（今河北邢臺市）人。後漢時升任鳳翔節度使。傳見本書附錄、《新五代史》卷五三。

衛尉卿：官名。北魏置。掌供宮廷、祭祀、朝會之儀仗帷幕，通判本寺事務。正三品。　引進使：官名。五代後梁始置，爲引進司長官。掌臣僚藩屬進奉禮物事宜。從五品。

［10］乙巳：中華書局本沿《輯本舊史》作“乙卯”。五月己丑朔，乙卯爲二十七日，《舊五代史考異》引《通鑑》卷二八〇繫於天福元年五月乙巳條。“壬寅”（十四日）已削石敬瑭官爵，並令張敬達前往討伐，乙卯（二十七日）纔任命，不合常理。其後有戊申（二十日）、己酉（二十一日）、壬子（二十四日）記事，據下句所引《通鑑》，可知“乙卯”爲“乙巳”（十七日）之誤，據改。

太原：府名。治所在今山西太原市。　招討使：官名。自後梁至後周均設此職，負責某一路、某一道或某一方征討招撫之事。掌管區域較大而且主官資深者，則委以諸道行營都招討使和副都招討使，否則爲行營招討使和副招討使。　邢州：州名。治所在今河北邢臺市。　安審琦：人名。沙陀部人。五代將領。歷仕後唐至後周。傳見本書卷一二三。　陝州：州名。治所在今河南三門峽市陝州區。　相里金：人名。并州（今山西太原市）人。五代後晉將領。傳見本書卷九〇、《新五代史》卷四七。　右監門上將軍：官名。唐代置十六衛之一。掌宮禁宿衛。從二品。　武廷翰：人名。籍貫不詳。事見本書本卷、卷一一一。　壕寨使：官名。掌修造壕寨壁壘等軍事工程。　以晉州節度使張敬達爲太原四面兵馬都部署，尋改爲招討使：《舊五代史考異》：“《通鑑》：乙巳，以張敬達兼太原四面排陣使。丙午，以爲太原四面都部署。丁未，又知太原行府事，不言其爲招討使。《歐陽史》又作都招討使，與《薛史》微異。”見《通鑑》卷二八〇天福元年五月乙巳、丙午、丁未條，《新五代史》卷七《唐本紀七》清泰三年五月乙卯條。

［11］丙午：中華書局本沿《輯本舊史》作“丙辰”，有校勘

記:"《通鑑》卷二八〇作'丙午'。按是月己丑朔,丙午爲十八日,丙辰爲二十八日,下文戊申爲二十日,丙辰不當在戊申前。"但未改,今據改。　定州:州名。治所在今河北定州市。　楊光遠:人名。沙陀部人。五代後唐、後晉將領。傳見本書卷九七、《新五代史》卷五一。　兵馬副部署:官名。五代後唐始置,爲臨時委任的大軍區副統帥。掌管屯戍、攻防等事務。　馬步都虞候:官名。五代時期出征軍隊高級統兵官。　副招討使:官名。行營統兵官。位次行營都統、招討使。掌招撫討伐事務。　高行周:人名。幽州(今北京市)人。五代名將。傳見本書卷一二三、《新五代史》卷四八。　招撫:官名。即行營招撫使。掌招撫征伐之事。係臨時設置之統兵官。　排陣使:官名。多以任節度使的武臣出任,或由軍事指揮官兼任,多側重監督軍隊。參見王軼英《中國古代排陣使述論》,《西北大學學報》2010年第6期。

[12]房暠:人名。京兆長安(今陝西西安市長安區)人。五代後唐、後晉大臣。傳見本書卷九六。　司天監:官名。唐、五代司天監的主官即稱司天監,曾隨其官署改稱過太史令、秘書閣郎中、渾天監等。掌天文、曆法以及占候等事。　趙延乂:人名。一作"趙延義"。秦州(今甘肅秦安縣)人。五代十國時前蜀大臣趙温珪之子。通術數。傳見本書卷一三一、《新五代史》卷五七。

[13]安審信:人名。沙陀部人。五代將領安審琦從兄。五代後唐至後周將領。傳見本書卷一二三。　百井:地名。百,一作"柏"。即今山西陽曲縣東北柏井。

[14]代州:州名。治所在今山西代縣。中華書局本有校勘記:"原作'伏州',據劉本、邵本校、《通鑑》卷二八〇改。按本書卷九〇《安元信傳》:'清泰三年,遷雄義都指揮史,受詔屯於代州,太守張朗遇之甚厚。'本卷下一處同。"見《通鑑》卷二八〇天福元年五月戊申條。五代亦無"伏州"。

[15]安元信:人名。代北(今山西代縣)人。五代後唐、後晉將領。事見本書卷三二。　張朗:人名。徐州蕭縣(今安徽蕭

縣）人。後梁、後唐、後晉將領。傳見本書卷九〇。

[16]太常：官名。西漢置太常，南朝梁改稱太常卿。太常寺長官。掌宗廟祭祀、禮樂及教育等。正三品。　河南府：府名。治所在今河南洛陽市。　宣憲太后：即宣憲皇后魏氏。後唐明宗李嗣源之妻，末帝李從珂之母。鎮州平山（今河北平山縣）人。傳見本書卷四九、《新五代史》卷一五。"宣憲"，《輯本舊史》之影庫本粘籤："原本作'令憲'，今據《五代會要》改正。"見《會要》卷一《帝號》末帝從珂條，又見《輯本舊史·末帝紀中》清泰二年（935）二月己丑、三月己酉條，明本《册府》卷三一《帝王部·奉先門四》清泰三年五月條。

[17]安叔千：人名。沙陀部人。五代後唐至後周將領。傳見本書卷一二三、《新五代史》卷四八。　巡檢使：官名。五代始設巡檢，設於京師、陪都、重要的州及邊防重鎮。　安重榮：人名。朔州（今山西朔州市朔城區）人。五代後唐、後晉將領。傳見本書卷九八、《新五代史》卷五一。

[18]宣州：州名。治所在今安徽宣城市。

[19]鄴都：地名。治所在今河北大名縣。五代後唐同光元年（923），改魏州爲興唐府，建號東京。三年，改東京爲鄴都。　都虞候：官名。捧聖爲五代禁軍番號，因全爲騎兵，故又稱"捧聖馬軍"。都虞候，五代時期部隊統兵官。　張令昭：人名。籍貫不詳。五代後唐將領。事見本書本卷、卷四九、卷六九、卷九六、卷一〇七。　劉延皓：人名。應州渾元（今山西渾源縣）人。五代將領，後唐劉皇后之弟。傳見本書卷六九、《新五代史》卷一六。

[20]副使：官名。即節度副使。唐、五代方鎮屬官。位於行軍司馬之下、判官之上。　邊仁嗣：人名。籍貫不詳。五代後唐將領，時任天雄軍節度副使。事見本書本卷、《新五代史》卷一六。

六月辛酉，天雄軍節度使劉延皓削奪官爵，勒歸私第。[1]癸亥，以天雄軍守禦、右捧聖第二軍都虞候張令昭爲檢校司空、行右千牛將軍，[2]權知天雄軍府事。丙寅，御敷政殿，遣工部尚書崔居儉奉宣憲皇太后寶册於寢宮。[3]時陵園在河東，適會兵興，故權於京城修奉寢宮上謚焉。己巳，以西上閤門副使、少府監兼通事舍人劉顗爲鴻臚卿，[4]職如故。庚午，詔曰："時雨稍愆，頗傷農稼，分命朝臣祈禱。"辛未，工部尚書致仕許寂卒。[5]以權知魏府事、右千牛將軍張令昭爲齊州防禦使，以捧聖右第三指揮使邢立爲德州刺史，以捧聖第五指揮使康福進爲鄭州刺史。[6]甲戌，以汴州節度使范延光爲天雄軍四面招討使，知行府事。丙子，以西京留守李周爲天雄軍四面副招討使兼兵馬都監。[7]詔河東將佐節度判官趙瑩以下十四人並籍没家産。[8]

[1]天雄軍：方鎮名。治所在魏州（今河北大名縣）。　"六月辛酉"至"勒歸私第"：《通鑑》卷二八〇繫於天福元年（936）六月庚申條。

[2]檢校司空：官名。爲散官或加官，以示恩寵，無實際執掌。　右千牛將軍：官名。唐代置十六衛之一。掌宫禁宿衛。從三品。

[3]敷政殿：宫殿名。位於今河南洛陽市。　崔居儉：人名。清河（今河北清河縣）人。崔蕘之子。五代大臣。傳見本書附録、《新五代史》卷五五。

[4]西上閤門副使：官名。唐代大明宫之正殿（宣政殿）、内殿（紫宸殿）以東、西上閤門相連，閤門遂爲外朝、内朝之分界。因設閤門使，掌内外通報、宣旨。五代、宋朝相沿設置閤門、閤門使。正六品。　少府監：官名。少府監長官，隋初置，唐初廢，太宗時復置。掌百工技巧之事。從三品。　劉顗：人名。籍貫不詳。

五代官員。事見本書本卷、卷七六、卷七七。

[5]許寂：人名。籍貫不詳。前蜀官員。傳見本書卷七一。

[6]齊州：州名。治所在歷城縣（今山東濟南市）。　防禦使：官名。唐代始置，設有都防禦使、州防禦使兩種。常由刺史或觀察使兼任，實際上爲唐代後期州或方鎮的軍政長官。　邢立：人名。籍貫不詳。事見本書本卷。　德州：州名。治所在今山東德州市陵城區。　以捧聖右第三指揮使邢立爲德州刺史：中華書局本有校勘記：“‘三’，《册府》卷一七九作‘二’。‘邢立’，《册府》卷一七九作‘开立’。本卷下一處同。”見《宋本册府》卷一七九《帝王部·姑息門四》清泰三年（936）六月條。　康福進：人名。籍貫不詳。本書僅此一見。《舊五代史考異》：“康福進，疑當作康福，據《册府元龜》引《薛史》亦作康福進，今姑仍其舊。”見《册府》卷一七九《帝王部·姑息門四》。　鄭州：州名。治所在今河北任丘市鄭州鎮。

[7]西京：都城名。即京兆府，治所在今陝西西安市。　留守：官名。在都城、陪都或軍事重鎮所設留守，由地方行政長官兼任。
李周：人名。即李敬周。避後晉高祖石敬瑭諱改名李周。邢州内丘（今河北内丘縣）人。五代後唐、後晉將領。傳見本書卷九一、《新五代史》卷四七。　兵馬都監：官名。唐代中葉命將出征，常以宦官爲監軍、都監。後爲臨時委任的統兵官，稱都監、兵馬都監。掌屯戍、邊防、訓練之政令。

[8]趙瑩：人名。華州華陰（今陝西華陰市）人。後晉高祖時曾任門下侍郎、同平章事。傳見本書卷八九、《新五代史》卷五六。

秋七月戊子，范延光奏，領軍至鄴都攻城。己丑，誅右衛上將軍石重英、皇城副使石重裔，[1]皆敬瑭之子也。時重英等匿於民家井中，獲而誅之，並族所匿之家。奚首領達剌干遣通事介老奏，奚王李素姑謀叛入契

丹，已處斬訖，達刺干權知本部落事。[2]辛卯，沂州奏，
誅都指揮使石敬德，並族其家，敬瑭之弟也。[3]乙未，
以前彰武軍節度使高行周爲潞州節度使，充太原四面招
撫、排陣使；[4]以潞州節度使皇甫立爲華州節度使。[5]丁
酉，雲州節度使沙彥珣奏，此月二日夜，步軍指揮使桑
遷作亂，以兵圍子城，彥珣突圍出城，就西山據雷公
口。[6]三日，招集兵士入城誅亂軍，軍城如故。辛丑，
以將作監丞、介國公宇文頡爲汝州襄城令。[7]乙巳，以
衛尉卿聶延祚爲太子賓客。[8]戊申，范延光奏，此月二
十一日收復鄴都，群臣稱賀。己酉，以禮部侍郎張昭遠
爲御史中丞；以御史中丞呂琦爲禮部侍郎、充端明殿學
士。庚戌，中書奏：“劉延皓賓佐等，帥臣既已削奪，
其行軍司馬李延筠、副使邊仁嗣以下，望命放歸田
里。”[9]奏入，帝大怒，詔大理曰：“帥臣失守，已行削
奪，其僚佐合當何罪？”既而竟依中書所奏。壬子，詔
范延光誅張令昭部下五指揮及忠銳、忠肅兩指揮。繼范
延光奏，追兵遣襲張令昭部下敗兵至邢州沙河，斬首三
百級，並獻張令昭、邢立、李貴等首級。[10]又奏，獲張
令昭同惡捧聖指揮使米全以下諸指揮使都頭凡十三
人，[11]並磔於府門。癸丑，左衛上將軍仇暉卒。[12]洺州
奏擒獲魏府作亂捧聖指揮使馬彥柔以下五十八人，邢、
磁州相次擒獲亂兵，並送京師。彰聖指揮使張萬迪以部
下五百騎叛入太原，詔誅家屬於懷州本營。[13]

　　[1]右衛上將軍：官名。唐代置十六衛之一。掌宮禁宿衛。從
二品。　　石重英：人名。沙陀部人。石敬瑭之子。傳見本書卷八

七。《舊五代史考異》：“重英，《通鑑》作重殷。又，《通鑑考異》引《廢帝實錄》作姪男尚食使重乂、供奉官重英。並與《薛史》不同。”《通鑑》卷二八〇繫於天福元年（936）七月戊子條。　皇城副使：官名。皇城司副長官。佐皇城使拱衛皇城。　石重裔：人名。沙陀部人。石敬瑭之子。傳見本書卷八七。

〔2〕奚：部族名。源出鮮卑宇文部。原稱庫莫奚，後省稱奚。參見畢德廣《奚族文化研究》，科學出版社 2016 年版。　達剌干：人名。奚族人。事見本書本卷。　介老：人名。奚族人。奚族通事。事見本書本卷。　李素姑：人名。又名拽剌。五代奚族部落聯盟首領。前首領掃剌之子。後唐明宗天成四年（929），父死代立。清泰二年（935），欲背後唐投契丹，得後唐末帝李從珂撫慰。年底，後唐亡。次年二月，降契丹。事見本書卷七九、卷九〇、卷九八、《新五代史》卷七四。　契丹：古部族、政權名。公元 4 世紀中葉宇文部爲前燕攻破，始分離而成單獨的部落，自號契丹。唐貞觀中，置松漠都督府，以其首領爲都督。唐末强盛，916 年迭剌部耶律阿保機建立契丹國（遼）。先後與五代、北宋並立，保大五年（1125）爲金所滅。參見張正明《契丹史略》，中華書局 1979 年版。

〔3〕沂州：州名。治所在今山東臨沂市。　石敬德：人名。沙陀部人。石敬瑭之弟。事見本書卷八七、《新五代史》卷一七。

〔4〕充太原四面招撫、排陣使：《輯本舊史》之影庫本粘籤：“原本脱‘招’字，今據《通鑑》增入。”見《通鑑》卷二八〇天福元年五月丁未條。

〔5〕華州：州名。治所在今陝西渭南市華州區。

〔6〕雲州：州名。治所在今山西大同市。　沙彦珣：人名。籍貫不詳。五代後唐將領。事見本書本卷、卷四七。　桑遷：人名。籍貫不詳。本書僅此一見。　西山：山名。位於今山西大同市。雷公口：地名。位於今山西大同市西北雷公山。

〔7〕將作監丞：官名。隋唐與宋置，屬將作監，協助監與少監處理監務。從六品下。　宇文頡：人名。籍貫不詳。事見本書本

卷、卷七九。　汝州：州名。治所在今河南汝州市。　襄城：縣名。治所在今河南襄城縣。

[8]聶延祚：人名。籍貫不詳。事見本書卷四二、卷八〇、卷八二。　太子賓客：官名。爲太子官屬。唐高宗顯慶元年（656）始置。掌侍從規諫、贊相禮儀。正三品。

[9]中書：官署名。"中書門下"的簡稱。唐代以來爲宰相處理政務的機構。參見劉後濱《唐代中書門下體制研究——公文形態‧政務運行與制度變遷》，齊魯書社 2004 年版。　行軍司馬：官名。出征將領及節度使的屬官。掌軍籍符伍，號令印信，是藩鎮重要的軍政官員。　李延筠：人名。籍貫不詳。本書僅此一見。　望命：《輯本舊史》之影庫本粘籤："原本作'望名'，今從《册府元龜》改正。"檢《册府》未見。

[10]沙河：水名。位於今河北邢臺市。　斬首三百級：《新五代史》卷一六《唐廢帝家人傳四》作："屯駐諸軍亂者三千餘人皆死。"　李貴：人名。籍貫不詳。本書僅此一見。

[11]米全：人名。籍貫不詳。本書僅此一見。

[12]左衛上將軍：官名。唐代置十六衛之一。掌宮禁宿衛。從二品。中華書局本有校勘記："'左衛上將軍'，本卷上文作'左威衛上將軍'。"　仇暉：人名。籍貫不詳。五代官員。事見本書本卷。

[13]洺州：州名。治所在今河北邯鄲市永年區。　馬彥柔：人名。籍貫不詳。本書僅此一見。　磁州：州名。治所在今河北磁縣。　張萬迪：人名。籍貫不詳。傳見《新五代史》卷三三。　懷州：州名。治所在今河南沁陽市。　詔誅家屬於懷州本營：《通鑑》卷二八〇繫於天福元年七月丙辰條。

八月戊午，契丹遣使梅里入朝。[1]己未，以汴州節度使范延光爲天雄軍節度使、守太傅、兼中書令，[2]以西京留守李周爲汴州節度使、檢校太尉、同平章事。癸亥，應州奏，[3]契丹三千騎迫城。詔端明殿學士呂琦往河東忻、代諸屯戍所犒軍。以左龍武大將軍袁羲爲右監門上將軍，[4]以振武軍節度使安叔千充代北兵馬都部署。己巳，雲州沙彥珣奏，供奉官李讓勳送夏衣到州，縱酒凌轢軍都行，劫殺兵馬都監張思愻、都指揮使党行進，其李讓勳已處斬訖。[5]張敬達奏，造五龍橋攻太原城次。戊寅，以鎮州節度使董温琪充東北面副招討使。[6]己卯，洺州獻野繭二十斤。[7]辛巳，張敬達奏，賊城內出騎軍三十隊、步卒三千人衝長連城，高行周襲殺入壕，溺死者大半，擒賊將安小喜以下百餘人，甲馬一百八十匹。

[1]梅里：人名。契丹使者。“梅里”又可作官名。遥輦時有官稱“梅録”，也作“梅落”“梅老”，此即回鶻的“媚録”“密録”。不同時期不同民族轉寫方式不同，職掌也有變化，或總兵爲指揮官，或爲“皇家總管”。參見李桂芝《遼金簡史》，福建人民出版社1996年版，第19—20頁。中華書局本有校勘記：“原作‘美稜’，注云：‘舊作“梅里”，今改正。’按此係輯録《舊五代史》時所改，今恢復原文。”又見《宋本册府》卷九八〇《外臣部·通好門》清泰三年（936）八月戊午條。

[2]太傅：官名。與太師、太保並爲三師。唐後期、五代時多爲大臣、勳貴加官。正一品。

[3]應州：州名。治所在今山西應縣。

[4]左龍武大將軍：官名。唐置六軍，分左右羽林、左右龍武、左右神武，即“北衙六軍”。五代沿置。大將軍，正三品。　袁羲：人名。籍貫不詳。五代後唐至後周將領。事見本書卷三七、卷八三、卷一〇二、卷一〇三、卷一一〇、卷一一一、卷一一二、卷一一三、卷一一四、卷一一五。

[5]供奉官：泛指侍奉皇帝左右的臣僚，亦爲東、西頭供奉官統稱。　李讓勳：人名。籍貫不詳。事見本書本卷。　張思愻：人名。籍貫不詳。本書僅此一見。　党行進：人名。籍貫不詳。本書僅此一見。

[6]鎮州：州名。治所在今河北正定縣。　董溫琪：人名。籍貫不詳。事見本書本卷、卷四七、卷九四、卷九七。

[7]己卯，洺州獻野繭二十斤：明本《册府》卷二五《帝王部·符瑞門四》繫於六月。

　　九月甲辰，張敬達奏，此月十五日，與契丹戰於太原城下，[1]王師敗績。時契丹主自率部族來援太原，[2]高行周、符彥卿率左右廂騎軍出鬭，[3]蕃軍引退。已時後，蕃軍復成列，張敬達、楊光遠、安審琦等陣於賊城西北，倚山橫陣，諸將奮擊，蕃軍屢却。至晡，我騎軍將移陣，蕃軍如山而進，王師大敗，投兵仗相藉而死者山積。是夕，收合餘衆，保於晉祠南晉安寨，蕃軍塹而圍之，自是音聞阻絶，朝廷大恐。[4]是日，遣侍衞步軍都指揮使符彥饒率兵屯河陽，詔范延光率兵由青山路趨榆次，詔幽州趙德鈞由飛狐路出敵軍後，耀州防禦使潘環合防戍軍出慈、隰以援張敬達。[5]以前絳州刺史韓彥惲爲太子賓客。[6]契丹主移帳於柳林。[7]乙巳，詔取二十二日幸北面軍前。戊申，帝發京師，路經徽陵，帝親行謁奠。夕次河陽，召群臣議進取，盧文紀勸帝駐河橋。[8]庚戌，樞密使趙延壽先赴潞州。[9]辛亥，幸懷州。召吏部侍郎龍敏訪以機事，敏勸帝立東丹王贊華爲契丹主，以兵援送入蕃，則契丹主有後顧之患，不能久駐漢地矣。[10]帝深以爲然，竟不行其謀。[11]帝自是酣飲悲歌，形神慘沮。臣下勸其親征，則曰："卿輩勿説石郎，使我心膽墮地。"其怯懦也如此。

[1] 張敬達奏，此月十五日，與契丹戰於太原城下：《輯本舊史》之影庫本粘籤："張敬達與契丹戰于太原，《薛史·晋紀》作辛丑，蓋辛丑日戰，越四日甲辰乃奏到也。《通鑑》亦作辛丑，《遼史》作庚午，與《薛史》異。《歐陽史》作甲辰，戰于太原，殊誤。"見《輯本舊史》卷七五《晋本紀一》清泰三年（936）九月辛丑條、《新五代史》卷七《唐本紀七》清泰三年三月甲辰條、《通鑑》卷二八〇天福元年（936）九月辛丑條、《遼史》卷三《太宗紀上》天顯十一年（936）九月庚子條。是月丁亥朔，庚子十四日，辛丑十五日，甲辰十八日。

[2] 契丹主：中華書局本有校勘記："'主'，原作'王'，據殿本、劉本、《册府》卷四四三、卷九八七、《通鑑》卷二八〇改。本卷下一處同。"見明本《册府》卷四四三《將帥部·敗衄門三》張敬達條、《宋本册府》卷九八七《外臣部·征討門六》清泰三年九月甲辰條、《通鑑》卷二八〇天福元年九月辛丑條。

[3] 符彦卿：人名。陳州宛丘（今河南淮陽縣）人。後周、宋初將領。後周世宗宣懿皇后、宋太宗懿德皇后，皆符彦卿女。傳見《宋史》卷二五一。

[4] 晋祠：宫祠名。位於今山西太原市晋源區晋祠鎮。《輯本舊史》之影庫本粘籤："原本作'普祠'，今從《遼史》改正。"見《輯本舊史》卷一一〇《周太祖紀一》清泰末條、《通鑑》卷二八〇天福元年五月丁未條胡注引《薛史》。 晋安寨：地名。位於今山西太原市。 蕃軍塹而圍之，自是音聞阻絶，朝廷大恐：《輯本舊史》之案語："《遼史·太宗紀》云：己亥，次太原。庚子，遣使諭敬瑭曰：'朕興師遠來，當即與卿破賊。'會唐將高行周、符

彥卿以兵來拒，遂勒兵陣於太原，及戰，佯爲之却。唐將張敬達、楊光遠又陣于西，未成列，以兵薄之，而行周、彥卿爲伏兵所斷，首尾不相救。敬達、光遠大敗，棄仗如山，斬首數萬，敬達走保晉安寨。與《薛史》大略相同。《高模翰傳》云：九月，徵兵出太原，模翰與敬達軍接戰，敗之，太原圍解。翌日復戰，又敗之，張敬達鼠竄晉安寨。《通鑑》及《契丹國志》皆不言翌日復戰。《遼史》紀、傳互異，疑傳文誤也。"見《通鑑》卷二八〇天福元年九月辛丑、壬寅條，《遼史》卷三《太宗紀上》天顯十一年九月己亥、庚子等條、卷七六《高模翰傳》天顯十一年九月條。

[5]符彥饒：人名。陳州宛丘（今河南淮陽縣）人。符存審次子。五代後唐、後晉將領。傳見本書卷九一、《新五代史》卷二五。
遣侍衛步軍都指揮使符彥饒率兵屯河陽：中華書局本有校勘記："'遣'下原有'使'字，據殿本、《册府》卷九八七、《通鑑》卷二八〇刪。"見《宋本册府》卷九八七《外臣部·征討門六》清泰三年九月甲辰條、《通鑑》卷二八〇天福元年九月甲辰條。　榆次：縣名。治所在今山西晉中市榆次區。　詔范延光率兵由青山路趨榆次：《舊五代史考異》："《遼史》避太宗諱作范延廣。"見《遼史》卷三《太宗紀上》天顯十一年十月、十二年三月丁卯、六月庚戌等條，遼太宗名德光。又見《册府》卷九八七。　幽州：州名。治所在今北京市。　趙德鈞：人名。幽州（今北京市）人。初爲幽州節度使劉守光部將，後爲後唐將領，復投降遼國。傳見本書卷九八。
飛狐路：古道名。北起今山西大同市，南抵今河北定州市。　耀州：州名。治所在今陝西銅川市耀州區。　潘環：人名。洛陽（今河南洛陽市）人。五代將領。傳見本書卷九四。　慈：州名。治所在今山西吉縣。　隰：州名。治所在今山西隰縣。　耀州防禦使潘環合防戍軍出慈、隰以援張敬達：中華書局本有校勘記："'耀州'，原作'輝州'，據《册府》卷九八七、《通鑑》卷二八〇改。按本書卷九四《潘環傳》：'清泰中，移耀州。''慈'，原作'磁'，據《册府》（宋本）卷九八七、《通鑑》卷二八〇改。按本書卷一五〇

《郡縣志》，慈州、隰州屬河東道，磁州屬河北道。此役在河東
道。”見《册府》卷九八七、《通鑑》卷二八〇天福元年九月甲
辰條。

[6]絳州：州名。治所在今山西新絳縣。　韓彥惲：人名。籍
貫不詳。五代後唐大臣。事見本書卷三四、卷三八、卷三九、卷四
四、卷四五、卷四六、卷一四三。

[7]柳林：地名。位於今山西柳林縣。

[8]盧文紀：人名。京兆萬年（今陝西西安市長安區）人。唐
末進士，五代宰相。傳見本書卷一二七、《新五代史》卷五五。

[9]樞密使：官名。樞密院長官，五代時以士人爲之，備顧問，
參謀議，出納詔奏，權侔宰相。參見李全德《唐宋變革期樞密院研
究》，國家圖書館出版社 2009 年版。

[10]吏部侍郎：官名。尚書省吏部次官。協助吏部尚書掌文
選、勳封、考課之政。正四品上。　龍敏：人名。幽州永清（今河
北永清縣）人。五代大臣。傳見本書卷一〇八、《新五代史》卷五
六。　東丹王贊華：人名。本名耶律倍，小名突欲。遼太祖耶律阿
保機長子，封東丹王。其弟耶律德光即位，是爲遼太宗。突欲憤而
降後唐，明宗賜名李贊華。傳見《遼史》卷七二。

[11]帝深以爲然，竟不行其謀：《舊五代史考異》：“《遼史·
義宗傳》云：‘倍雖在異國，常思其親，問安之使不絕。後明宗養
子從珂弑其君自立，倍密報太宗曰：“從珂弑君，盍討之！”’是東
丹王實啟兵端，唐君臣或知其陰謀，故龍敏之説不行。”見《遼
史》卷七二《義宗倍傳》。《通鑑》卷二八〇大福元年（清泰三年）
九月條：“帝（唐末帝）議近臣可使北行者，張延朗與翰林學士須
昌、和凝等皆曰：‘趙延壽父德鈞以盧龍兵來赴難，宜遣延壽
會之。’”

冬十月丁巳夜，彗星出虛、危，長尺餘。壬戌，詔

天下括馬，[1] 又詔民十户出兵一人，[2] 器甲自備。[3] 戊辰，
代州刺史張朗超授檢校太保，以其屢殺敵衆，故以是命
獎之。[4] 癸酉，幽州趙德鈞以本軍二千騎與鎮州董温琪
由吳兒谷趨潞州。[5]

[1] 詔天下括馬：詔書詳見《會要》卷一二馬條清泰三年
（936）十月敕。

[2] 十户：《通鑑》從《廢帝實録》作“七户”，見卷二八〇天
福元年（936）十月壬戌條及《考異》。

[3] 器甲自備：《輯本舊史》之案語：“《契丹國志》云：唐發
民爲兵，每七户出征夫一人，自備鎧仗，謂之‘義軍’，凡得馬二
千餘匹，征夫五千人，民間大擾。與《薛史》互有詳略，今附録于
此。”見《契丹國志》卷二《太宗嗣聖皇帝上》天顯十年（935）
十月條。

[4] 檢校太保：官名。爲散官或加官，以示恩寵，無實際執掌。
太保，與太師、太傅合稱三師。 “戊辰”至“故以是命獎之”：
中華書局本有校勘記：“以上二十六字原闕，據殿本、劉本補。”

[5] 吳兒谷：地名。即吾兒峪。位於今山西黎城縣東北太行山
口。 二千騎：中華書局本有校勘記：“‘二千’，殿本、劉本、本
書卷九八《趙德鈞傳》、《通鑑》卷二八〇作‘三千’。”見《通
鑑》卷二八〇天福元年十月條。

十一月戊子，以趙德鈞爲諸道行營都統，以趙延壽
爲河東道南面行營招討使，以劉延朗副之。[1] 庚寅，以
范延光爲河東道東南面行營招討使，以李周副之。帝以
吕琦嘗佐幽州幕，乃命齎都統官告以賜德鈞，兼犒軍
士。琦至，從容宣帝委任之意，德鈞曰：“既以兵相委，

焉敢惜死！"德鈞志在併范延光軍，奏請與延光會合。帝以詔諭延光，延光不從。丁酉，延州上言，節度使楊漢章爲部衆所殺，以前坊州刺史劉景巖爲延州留後。[2]庚子，趙德鈞奏，大軍至團柏谷，[3]前鋒殺蕃軍五百騎。范延光奏，軍至榆次，蕃軍退入河東川界。潘環奏，隰州逐退蕃軍。壬寅，趙德鈞奏，軍出谷口，蕃軍漸退，契丹主見駐柳林砦。[4]時德鈞累奏乞授延壽鎮州節制，帝怒曰："德鈞父子堅要鎮州，苟能逐退蕃戎，[5]要代予位，亦甘心矣。若觀寇要君，但恐犬兔俱斃。"德鈞聞之不悦。

[1]劉延朗：人名。宋州虞城（今河南虞城縣）人。五代後唐大臣。傳見本書卷六九、《新五代史》卷二七。

[2]坊州：州名。治所在今陝西黃陵縣。 劉景巖：人名。延州（今陝西延安市）人。高允權妻之祖父，家富於財，爲高允權誣殺。傳見《新五代史》卷四七。中華書局本有校勘記："原作'劉景嚴'，據本書卷七六《晉高祖紀二》、《册府》卷一七九、《通鑑》卷二八〇、《新五代史》卷四七《劉景巖傳》改。"見《輯本舊史》卷七六《晉高祖紀二》天福二年（937）正月庚午條、《宋本册府》卷一七九《帝王部·姑息門四》清泰三年（936）十二月條、《通鑑》卷二八〇天福元年十一月丁酉條。

[3]團柏谷：地名。位於今山西祁縣，是太原與上黨地區間交通要道。

[4]"趙德鈞奏"至"契丹主見駐柳林砦"：《輯本舊史》之案語："《遼史》：初圍晉安，分遣精兵守其要害，以絕援兵之路。而李從珂遣趙延壽以兵二萬屯團柏谷，范延廣以兵二萬屯遼州，幽州趙德鈞以所部兵萬餘由上黨趨延壽軍，合勢進擊。知此有備，皆逗

遲不進。《通鑑》云：契丹主雖軍柳林，其輜重老弱皆在虎北口，每日冥，結束以備倉卒遁逃。所敘契丹軍勢，彼此互異。"中華書局本有校勘記："'輜'字原闕，據《通鑑》卷二八〇補。"見《通鑑》卷二八〇天福元年十一月條。

[5]蕃戎：《通鑑》卷二八〇天福元年十一月條作"胡寇"。

閏月丙辰，日南至，群臣稱賀於行宮，帝曰："晉安寨内將士，應思家國矣。"因泣下久之。丁巳，以岢嵐軍爲勝州。[1]辛酉，以右龍武統軍李從昶爲左龍武統軍，以前邠州節度使楊思權爲右龍武統軍。[2]壬戌，丹州刺史康承詢停任，配流鄧州。[3]時承詢奉詔率義軍赴延州，義軍亂，承詢奔鄜州，[4]故有是責。甲子，太原行營副招討使楊光遠殺招討使張敬達於晉安寨，以兵降契丹。時契丹圍寨，自十一月以後芻糧乏絶，軍士毁居屋茅、淘馬糞、削松柿以供餱飼，[5]馬尾鬣相食俱盡。楊光遠謂敬達曰："少時人馬俱盡，不如奮命血戰，十得三四，猶勝坐受其弊。"敬達曰："更少待之。"一日，光遠伺敬達無備，遂殺之，與諸將同降契丹。時馬猶有五千匹，戎王並以漢軍與石敬瑭，其馬及甲仗即齎驅出塞。[6]丁卯，戎王立石敬瑭爲大晉皇帝，約爲父子之國，改元爲天福。[7]戎王與晉高祖南行，趙德鈞父子與諸將自團柏谷南奔，王師爲蕃騎所蹙，投戈棄甲，自相騰踐，擠於巖谷者不可勝紀。己巳，帝聞晉安寨爲敵所陷，詔移幸河陽，時議以魏府軍尚全，戎王必憚山東，未敢南下，車駕可幸鄴城。帝以李崧與范延光相善，召入謀之。薛文遇不知而繼至，帝變色，崧躡文遇足，乃出。帝曰："我見此物肉顫，適擬抽刀刺之。"崧曰："文遇小人，致誤大事，刺之益醜。"[8]崧因請帝歸京。壬申，車駕至河陽。甲戌，晉高祖與戎王至潞州，戎王遣蕃將大詳率五千騎送晉高祖南行。[9]丁丑，車駕至自河陽。時左右勸帝固守河陽。居數日，符彥饒、張彥琪至，奏帝不可城守。是日晚，至東上門，小黃門鳴鞘於路，索然無聲。己卯，帝遣馬軍都指揮使宋審虔率千餘騎至白馬坡，[10]言踏陣地，時諸將謂審虔曰："何地不堪交戰，誰人肯立於此？"審虔乃請帝還宮。庚辰，晉高祖至河陽。辛巳辰時，帝舉族與皇太后曹氏自燔於玄武樓。[11]晉高祖入洛，得帝燼骨於火中，來年三月，詔葬於徽陵之封中。帝在位共二年，年五十三。[12]《永樂大典》卷七千一百七十四。[13]

[1]岢嵐軍：軍名。治所在今山西岢嵐縣。　勝州：州名。治所在今山西岢嵐縣。

[2]右龍武統軍：官名。唐置六軍，分左右羽林、左右龍武、左右神武，即"北衙六軍"。興元元年（784），六軍各置統軍，以寵勳臣。五代沿之。其品秩，《唐會要》卷七一、《舊唐書》卷一二記載爲從二品，《通鑑》卷二二九記載爲從三品。　李從昶：人名。深州博野（今河北蠡縣）人。李茂貞次子。後唐將領。傳見本書卷一三二。　左龍武統軍：官名。唐置六軍，分左右羽林、左右龍武、左右神武，即"北衙六軍"。興元元年（784），六軍各置統軍，以寵勳臣。五代沿之。其品秩，《唐會要》卷七一、《舊唐書》卷一二記載爲從二品，《通鑑》卷二二九記載爲從三品。　邠州：州名。治所在今陝西彬縣。　楊思權：人名。邠州新平（今陝西彬縣）人。後唐、後晉將領。傳見本書卷八八、《新五代史》卷四八。

[3]丹州：州名。治所在今陝西宜川縣。　康承詢：人名。籍貫不詳。本書僅此一見。　鄧州：州名。治所在今河南鄧州市。

[4]"甲子"至"以兵降契丹"：《舊五代史考異》："《歐陽史》《通鑑》俱作閏十一月甲子，《五代春秋》作十一月，誤。"《五代春秋》卷下後唐末帝條本繫於清泰三年（936）閏十一月，不誤。又見《新五代史》卷七《唐本紀七》清泰三年閏十一月甲子條、《通鑑》卷二八〇天福元年（936）閏十一月甲子條。

[5]松梜：《輯本舊史》之影庫本粘籤："原本作'松肺'，今據《歐陽史》改正。"檢《新五代史》相關條目未見。見《通鑑》卷二八〇天福元年閏十一月記事。

[6]時馬及甲仗即齎驅出塞：《舊五代史考異》："《遼史》云：所降軍士及馬五千匹以賜晉帝。與《薛史》異，《通鑑》從《薛史》。"見《通鑑》卷二八〇天福元年閏十一月甲子條、《遼史》卷三《太宗紀上》天顯十一年（936）閏十一月甲子條云："楊光遠、安審琦殺敬達以降。上……命以禮葬。所降軍士及馬五千匹以賜晉帝。"

[7]天福：後晉高祖石敬瑭年號，出帝石重貴沿用，共九年（936—944）。　"丁卯"至"改元爲天福"：《舊五代史考異》："《歐陽史》作十一月丁酉，契丹立晉。《通鑑考異》引《廢帝實錄》作閏月丁卯，《薛史》蓋據《實錄》也。《通鑑》從《歐陽史》。"《輯本舊史》之案語："契丹立晉，是書《晉高祖紀》作十一月丁酉，此紀作閏月丁卯，前後互異。據《通鑑考異》引《廢帝實錄》亦作閏月丁卯，蓋契丹立晉在十一月丁酉，唐人至閏十一月丁卯始奏聞也。《實錄》誤以奏聞之日爲立晉之日，是書《唐紀》亦仍其誤。"見《新五代史》卷七《唐本紀七》清泰三年十一月丁酉條、《通鑑》卷二八〇天福元年十一月丁酉條《考異》引《廢帝實錄》。

[8]李崧：人名。深州饒陽（今河北饒陽縣）人。後晉宰相，歷仕後唐至後漢。傳見本書卷一〇八、《新五代史》卷五七。

"戎王與晋高祖南行"至"擠於巖谷者不可勝紀"：《輯本舊史》之案語："《通鑑》：丁卯，至團柏，與唐兵戰，趙德鈞、趙延壽先遁，符彦饒、張彦琦、劉延朗、劉在明繼之。蓋繫日以《薛史》爲據。《遼史》作庚申，聞德鈞等援兵將遁，詔夜發兵追擊。與《薛史》異。"見《通鑑》卷二八〇天福元年閏十一月甲戌條、《遼史》卷三《太宗紀上》天顯十一年閏十一月諸條。　益醜：《輯本舊史》之影庫本粘籤："原本作'益魏'，今從《通鑑》改正。"見《通鑑》卷二八〇天福元年閏十一月己巳條。

[9]大詳：人名。契丹將領。本書僅此一見。中華書局本有校勘記："原作'大詳衮'，注云：'舊作"相温"，今改正。'殿本考證：'舊作"大相温"，今改正。'按此係輯録《舊五代史》時所改，今恢復原文。"《遼史·百官志》多有"詳穩"之名，此條之"大詳"或即"大詳穩"，《通鑑》之"太相温"。

[10]白馬坡：地名。疑位於今河南洛陽市附近。《輯本舊史》之案語："胡三省注《通鑑》云：白司馬阪在洛陽北，史遺'司'字。"見《通鑑》卷二八〇天福元年閏十一月己卯條。"白馬坡"或應作"白司馬阪"。

[11]玄武樓：宮殿名。位於今河南洛陽市。

[12]年五十三：中華書局本有校勘記："殿本、《五代會要》卷一作'年五十二'。"見《會要》卷一帝號條末帝從珂。

[13]《大典》卷七一七四"唐"字韻"廢帝潞王(一)"事目。

史臣曰：末帝負神武之才，有人君之量。由尋戈而踐阼，慚德應深；及當宁以居尊，政經未失。屬天命不祐，人謀匪臧，坐俟焚如，良可悲矣！稽夫衽金甲於河壖之際，斧眺樓於梁壘之時，出没如神，何其勇也！及乎駐革輅於覃懷之日，絶羽書於汾晋之辰，涕淚霑襟，何其怯也！是知時之來也，雕虎可以生風；運之去也，應龍不免爲醢。則項籍悲歌於帳下，信不虛矣。《永樂大典》卷七千一百七十四。[1]

　　[1]《大典》卷七一七四"唐"字韻"廢帝潞王（一）"事目。《輯本舊史》在本紀末引《五代史闕文》："晋高祖引契丹圍晋安寨，降楊光遠。清泰帝至自覃懷，京師父老迎帝於上東門外，帝垂泣不止。父老奏曰：'臣等伏聞前唐時中國有難，帝王多幸蜀以圖進取。陛下何不且入西川？'帝曰：'本朝兩川節度使皆用文臣，所以玄宗、僖宗避寇幸蜀。今孟氏已稱尊矣，吾何歸乎！'因慟哭入内，舉族自焚。"見《五代史闕文·後唐史》清泰帝條。